全 世 界 无 产 者 ， 联 合 起 来 ！

纪念列宁诞辰150周年

列宁著作特辑

# 列宁论新经济政策

中共中央 马克思 恩格斯
列 宁 斯大林 著作编译局编译

人民出版社

# 出　版　说　明

2020 年 4 月 22 日,是列宁诞辰 150 周年。

列宁是伟大的无产阶级革命家。他创造性地运用马克思主义理论,在俄国建立了新型的无产阶级政党,领导广大人民群众夺取了十月社会主义革命的胜利,创建了世界上第一个社会主义国家。这场伟大的革命实现了一次历史性飞跃,使社会主义从理论变成了现实,从而开创了人类历史的新纪元。苏维埃政权建立后,列宁对社会主义建设道路进行了卓有成效的探索,为世界社会主义运动的发展作出了划时代的贡献。

列宁是杰出的无产阶级思想家。他把马克思主义理论精髓与新形势下的实际情况相结合,深入探究和揭示资本主义发展到帝国主义阶段的内在规律,全面总结和提炼无产阶级革命和社会主义建设的经验,根据新的时代特征和新的实践需要,提出新的战略思想和新的理论观点,丰富和发展了马克思主义的基本原理,把马克思、恩格斯创立的科学理论体系推进到列宁主义阶段。在长期的革命斗争实践中，列宁十分关注中华民族的前途和命运。他的思想理论是中国共产党和中国人民为实现中华民族伟大复兴而奋斗的光辉指针。

为了纪念这位伟大的革命导师，推进马克思主义中国化、时代化、大众化事业，我们精选了列宁在各个时期写的具有代表性的重要著作，编成"列宁著作特辑"，奉献给广大读者，以适应新时代学习和研究马克思主义科学理论的需要。

"列宁著作特辑"包含三部著作的单行本，即《帝国主义是资本主义的最高阶段》、《国家与革命》和《唯物主义和经验批判主义》，此外还有一部专题选编本《列宁论新经济政策》。这些著作的译文以及相关资料和编者引言，均采自"马列主义经典作家文库"。

人民出版社
二〇二〇年三月

# 目 录

## 插　图

# 编 者 引 言

　　《列宁论新经济政策》辑录列宁在 1921 年至 1923 年间所写的有关苏维埃俄国实施新经济政策的著作,共 15 篇。

　　新经济政策是指列宁领导的苏维埃俄国从 1921 年起为恢复和发展国民经济、逐步向社会主义过渡而实施的一系列新的经济政策,其主要内容是:以粮食税代替余粮收集制,广泛利用商品货币关系建立大工业和小农经济之间的联系,大力发展商品经济,把商业作为社会主义建设的重要环节;允许私人经营企业,支持个体小工业企业的发展;以租让制、租赁制等形式实行国家资本主义,利用资本主义的资金和技术发展社会主义经济;在国营企业中坚持经济核算和物质利益原则,并采取相应的管理方法;发展合作社,通过合作社吸引农民走社会主义道路,等等。列宁在制定和实施新经济政策过程中,把马克思主义基本原理同俄国的实际相结合,对经济文化比较落后的俄国如何建设社会主义作了创造性探索,他的这些新构想丰富发展了科学社会主义理论,也为经济文化相对落后的国家探索社会主义建设道路提供了宝贵经验和有益启示。

1920 年秋,苏维埃俄国反对外国武装干涉与平定反革命武装叛乱的斗争基本结束,开始进入恢复国民经济和探索社会主义建设道路的新时期。在这一历史转折关头,列宁深入分析了当时的政治经济形势,总结了战时共产主义政策的经验和教训,认为这些政策已经不能适应新时期的发展要求,党必须从当时的俄国实际情况出发,调整战略思路,制定新的方针政策,引领苏维埃俄国向社会主义逐步过渡。1921 年 3 月,列宁主持召开了俄共(布)第十次代表大会,正式宣布停止实行战时共产主义政策,改行新经济政策。

在俄共(布)第十次代表大会上所作的《俄共(布)中央政治工作报告》和《关于以实物税代替余粮收集制的报告》中,列宁分析了实行战时共产主义政策遇到的困难和挫折及其原因,指出:我们以前的纲领在理论上是正确的,但是在实践上却行不通。在理论上,胜利了的无产阶级应当领导农民向社会化的、集体的劳动过渡,但是在实践上,在一个小农生产者占人口大多数的国家里,实行社会主义革命必须通过一系列特殊的过渡办法,改造小农要花几代人的时间,要有强大的物质技术基础。把余粮收集制改为粮食税,首先是一个政治问题,本质在于工人阶级如何对待农民。为了恢复和发展农业生产,必须给农民一定的流转自由,使农民获得同他们的经济基础即个体小经济相适应的刺激、动力和动因。掌握国家政权的无产阶级必须处理好同农民的关系,这是社会主义革命取得胜利的重要条件。

列宁在 1921 年 4 月写的《论粮食税(新政策的意义及其条件)》论证了用粮食税代替余粮收集制和利用国家资本主义的必

要性和可行性。列宁指出,根据俄国的社会经济结构和生产力发展水平,我们还不能实行从小生产向社会主义的直接过渡,所以作为小生产的自发产物的资本主义在一定程度上是不可避免的。在这种情况下,我们应当利用国家资本主义作为小生产和社会主义之间的中间环节,作为提高生产力的手段、途径、方法和方式。列宁详细评述了国家资本主义的四种主要形式——租让制、合作制、代购代销制和租赁制,同时指出,只要无产阶级牢牢掌握政权,我们就一定能防范和克服资本主义的消极影响,利用资本主义特别是国家资本主义来促进社会主义。列宁在《在全俄工会中央理事会共产党党团会议上关于租让问题的报告》中,针对工会内部在租让制问题上的意见分歧,对租让合同的条款作了详细说明,着重指出,实行租让制就是利用资本主义的资金和技术来发展社会主义经济,改善工人和农民的生活状况。

列宁在 1921 年 5 月为俄共(布)第十次全国代表会议起草了《关于新经济政策问题的决议草案》。在这个草案中,列宁指出,新经济政策是一个要在若干年内长期实行的政策,因此党和国家工作人员必须以十分清醒的认识极其仔细和认真地加以执行。应当把商品交换提高到首要地位,把它作为新经济政策的首要杠杆。如果不在工业和农业之间实行系统的商品交换或产品交换,无产阶级和农民就不可能建立正常的关系,就不可能在从资本主义到社会主义的过渡时期建立十分巩固的经济联盟。

在《十月革命四周年》和《新经济政策和政治教育委员会的任务》中,列宁总结了苏维埃俄国四年来经济建设的成败得失,进一步阐明了实行新经济政策的必要性。他指出,在一个经济文化比较落后的农民国家,要实现从资本主义向社会主义的转变,必须有一个漫长而复杂的过渡。我们曾经设想用国家直接下命令的办法,按共产主义原则来调节国家的生产和分配,这种构想是错误的,现在正用新经济政策来纠正这一错误。实行粮食税和租让政策能改善人民生活,恢复和发展工业,这是巩固苏维埃政权,坚持社会主义道路的正确决策,建设社会主义既要借助革命热情,又要考虑个人利益,搞好经济核算。

在《在莫斯科省第七次党代表会议上关于新经济政策的报告》中,列宁回顾了苏维埃政权几年来探索社会主义道路的曲折历程,指出社会主义是前无古人的事业,不可能一劳永逸地找到一条唯一正确的发展道路,要善于从失败的经历中找到符合俄国实际的新的方式方法。这种新的方式方法就是新经济政策。列宁根据实行新经济政策以来的实际情况,第一次提出了苏维埃经济同市场、同商业的关系问题,指出由国家来调节商业和货币流通,是苏维埃政权面临的一项重要而又紧迫的任务。

在《论黄金在目前和在社会主义完全胜利后的作用》一文中,列宁结合新经济政策的实践,阐明了在无产阶级专政条件下革命与改良的关系,指出在经济文化落后的俄国可以采用改良主义的办法来建设社会主义。所谓改良主义的办法,就是不摧毁旧的社会经济结构——商业、小经济、小企业、资本主义,而是活跃商业、小企业、资本主义,审慎地逐渐地掌握它们,对它们实行国家调节。苏维埃政权只有紧紧抓住商业这一环节,才能掌握整个历史事变的链条,否则就建不成社会主义社会经济关系的基础。

列宁还论述了在实施新经济政策过程中工会和司法机关的作用和任务。在《关于工会在新经济政策条件下的作用和任务的提纲草案》中,列宁明确指出:在容许自由贸易和资本主义有一定发展的条件下,工会最主要的任务之一就是要从各方面全力维护工人阶级和劳动群众的利益。苏维埃俄国的一切政治经济工作都是由工人阶级的先锋队共产党来领导的,工会应当成为国家政权最亲密的、不可缺少的合作者。工会是共产主义的学校,也是劳动者学习管理社会主义工业的学校。联系群众是工会一切工作的基本条件。在《关于司法人民委员部在新经济政策条件下的任务》中,列宁要求惩治苏维埃政权的政治敌人和滥用新经济政策的犯罪行为,维护社会主义法律的严肃性,做好法制宣传,为新经济政策的实施创造良好的法制环境。

1922 年 3 月,俄共(布)召开第十一次代表大会。列宁在《俄共(布)中央委员会政治报告》中总结了一年来执行新经济政策的三点经验:一、用新经济政策来检验无产阶级政权是否真正做到了把新经济同农民经济结合起来,这种结合是新经济政策的意义和政策基础之所在;二、通过国营企业同资本主义企业的竞赛来检验共产党人的经营管理水平,新经济政策的关键,就是促进共产党人努力提高管理经济工作的能力;三、充分运用无产阶级掌握的政治权力和经济手段,学会管理的本领,合理地利用和限制国家资本主义,使之为社会主义服务。列宁还论述了资本主义制度下的国家资本主义和无产阶级专政条件下的国家资本主义的根本区别,指出,对后一种国家资本主义,任何理论、任何著作都没有探讨过,连马克思也没有对此写下只言片语,一切都要靠共产党人同人民群众一起在实践中进行探索。列宁还在共产国际第四次代表大会上作的报告《俄国革命的五年和世界革命的前途》《在莫斯科苏维埃全会上的讲话》以及《答〈曼彻斯特卫报〉记者阿·兰塞姆问》等文献中,进一步总结了新经济政策实施一年多来的实践经验,肯定了新经济政策取得的初步成就,提出了进一步贯彻新经济政策的具体任务和要求,并满怀信心地指出:新经济政策的俄国将变成社会主义的俄国。

1923 年 1 月,列宁抱病口授了《论合作社》一文,批评了在实行新经济政策时对发展合作社的深远意义重视不够、估计不足的倾向,论述了合作社的性质和通过合作社吸引农民走社会主义道路的构想。列宁认为,在工人阶级掌握国家政权和生产资料的前提下,在工人和农民结成牢固联盟的形势下,苏维埃政权完全有必要也完全有可能通过合作社来建设社会主义;在这种情况下,合作社的发展也就等于社会主义的发展。列宁还深刻地指出,我们不得不承认我们对社会主义的整个看法根本改变了。这种根本的改变表现在:从前我们是把重心放在而且也应该放在政治斗争、革命、夺取政权等等方面,而现在重心改变了,转到和平的文化组织工作上去了。为此我们需要认清并完成两个划时代的主要任务:一是改造我们从旧时代接收过来的国家机关,二是在农民中进行文化工作,这种文化工作,就其经济目的来说,就是合作化。要是完全实现了合作化,我们也就在社会主义基地上站稳了脚跟。

列宁关于新经济政策的思想在我国受到高度重视。早在 1949 年 6 月,中外出版社就编辑出版了《列宁论新经济政策》一书,书中选收了《论粮食税》等七篇著作或者著作节选和列宁的两封书信。2001 年 4 月,人民出版社出版了中央编译局编辑的《列宁论新经济政策》,其中选收了《论粮食税》等 16 篇著作或者著作节选。本版《列宁论新经济政策》对 2001 年版本的选文略作调整,译文和资料采用了《列宁全集》中文第 2 版和《列宁选集》第 3 版修订版的最新编译成果。

# 列宁论新经济政策

# 俄共（布）第十次
# 代表大会文献[1]（节选）

## （1921 年 3 月）

## 2
# 俄共（布）中央政治工作报告（节选）

## （3 月 8 日）

　　下面谈一谈经济问题。小资产阶级自发势力提出的贸易自由这一口号说明什么呢？它说明在无产阶级和小农的关系中，还存在一些尚待解决的困难问题和任务。我指的是，在一个无产阶级占少数而小资产阶级占大多数的国家里，当无产阶级革命日益开展的时候，胜利了的无产阶级应当怎样来对待小业主的问题。在这样的国家里，无产阶级的作用就是要领导这些小业主向社会化的、集体的、公社的劳动过渡。这在理论上是毫无疑问的。在我们许多立法文件中都说到了这个过渡，但是我们知道，问题不在于立法文件，而在于实际执行，同时我们知道，只要我们有了实力雄厚的大工业，能够给小生产者好处，使他们实际看到这种大经济的优越性，就能保证实现这一过渡。

　　凡是对社会革命及其任务深思熟虑过的马克思主义者和一切社会党人，在理论上总是这样提出问题的。而在我国，第一个特点

（这个特点我已经谈过，而且在俄国非常突出）就是我国的无产阶级不但是少数，而且是极少数，占大多数的是农民。我们在保卫革命时所处的条件决定了我们完成我们的任务时必然空前困难。实际显示大生产的一切优越性，我们还办不到，因为大生产遭到了破坏，本身很难维持，只有让这些小农忍受牺牲，大生产才能得到恢复。必须振兴工业，但是，要振兴工业就要有燃料，要燃料就要有木柴，要木柴就要靠农民和他们的马匹。在危机深重、饲料缺乏、牲畜大批死亡的情况下，农民不得不把东西贷给苏维埃政权来恢复暂时还不能向他们提供任何东西的大工业。就是这种经济情况造成了巨大的困难，就是这种经济情况迫使我们必须更深入地考虑从战争向和平转变的条件。在战时，我们只能对农民说："必须把东西贷给工农国家，它才能摆脱困境。"此外是没有其他办法的。当我们把全部注意力集中在恢复经济的时候，我们必须懂得，在大生产彻底胜利和恢复以前，我们面对的是一些为商品流转而生产的小农，小业主，小生产者。而大生产是不可能在旧的基础上恢复起来的，这需要很多年，至少要几十年，在我们这种遭受破坏的情况下，可能还要更长一些的时间。在这以前，我们还要同就是这样的一些小生产者打好多年的交道，因此，自由贸易的口号是必然会提出的。这个口号的危险性不在于它掩饰了白卫分子和孟什维克的意图，而在于它会在农民群众中得到传播，尽管农民群众是仇恨白卫分子的。它所以会得到传播，是因为它符合小生产者生存的经济条件。中央出于这种考虑，对以实物税代替余粮收集制的问题作出了决定，开展了讨论，并且你们今天已经通过决定，同意在代表大会上直接提出这个问题。[2]关于实物税和余粮收集制的立法问题，早在1918年年底我们就提出来了。实物税法在1918

年10月30日就通过了**3**。但是,这个向农民征收实物税的法令虽然通过了,却并没有执行。法令公布后的几个月内,我们接着又发布了几个条例,但是法令仍旧没有执行。另一方面,征收农户的余粮是战争环境迫使我们不得不采取的一种办法,这种办法对于农民经济所处的稍为和平的生存条件就不再适合了。农民需要心中有数,需要知道究竟有多少要交出去,有多少可以用来在当地流转。

过去我们的全部经济,不论是就整个来说,还是就各个部分来说,都适应战时的条件。考虑到这种条件,我们当时的任务就是必须收集一定数量的粮食,而完全无法顾到这样做对社会流转会有什么影响。现在我们从战争问题转到和平问题上来了,因此对实物税的看法也就不同了:我们不但要从保证国家方面着眼,而且要从保证小农户方面着眼。我们应当了解小农经济自发势力用什么经济形式表露对无产阶级的不满;这种不满已经表露出来,并且在目前的危机中变得愈来愈激烈了。我们在这方面必须尽最大的努力。这是对我们至关重要的事情。应当让农民在当地流转方面有一定的自由,把余粮收集制改为实物税,使小业主可以更好地安排自己的生产,根据税额的多少来确定生产规模的大小。自然,我们知道,在我们目前所处的环境里,这件事做起来是很难的。播种面积、单位面积产量、生产资料都减少了,余粮无疑也减少了,甚至往往根本没有余粮。我们必须考虑这种情况,考虑这种事实。农民为了不让工厂和城市完全挨饿,自己不得不挨一点饿。从全国范围来看,这是完全可以理解的事,但是我们并不指望分散的贫困的农民业主能理解这一点。我们知道,这方面非采取强制手段不可,而破产农民对强制手段的反应十分强烈。别以为这种办法一定能使我们摆脱危机。不过,我们同时还要作最大限度的让步,使小生产者有最好的条件去发挥自己的力量。从前我们适应的是战争任务。现在则要适应和平时期的条件。这个任务已经摆在中央面前,这就是要在无产阶级政权存在的条件下改行实物税,这和实行租让也是有紧密联系的。你们将要对这个任务进行专门的讨论,你们应当特别注意这个问题。无产阶级政权通过租让办法,就能同先进的资本主义国家达成协议,而达成这种协议就能使我国工业得到加强;工业不加强,我们便不能向共产主义制度继续前进;另一方面,在这个过渡时期,在农民占大多数的国家里,我们必须会采取从经济上满足农民要求的办法,采取尽量多的措施来改善农民的经济状况。当我们还没有把他们改造过来的时候,当大机器还没有把他们改造过来的时候,就应当保证他们有经营的自由。我们现在处在一种新旧交替的状态,我们的革命处在资本主义国家的包围中。只要我们还处在这种新旧交替的状态,我们就不得不寻求非常复杂的相互关系的形式。过去我们在战争的重压下,不能集中精力考虑怎样处理无产阶级国家政权(它掌握着已经遭到空前的破坏的大生产)同小农之间在经济上的相互关系,怎样找到同小农共处的形式;而只要小农还是小农,就必须保证小经济有一定的流转体系,否则小农便不能生存。我认为这个问题对苏维埃政权来说,是当前最重要的经济问题和政治问题。我认为这个问题可以对近一年来我们在战争结束后开始向和平状态转变的时期所做的工作,从政治上作出总结。

这个转变带来了极大的困难,小资产阶级自发势力暴露得十分明显,我们必须清醒地看待这种自发势力。我们是从阶级斗争的观点来看待这一系列现象的。无产阶级对小资产阶级的态度问题,是一个困难的问题,在这方面,无产阶级政权要取得胜利,就要采取许多复杂的办法，确切些说，要采取一系列复杂的过渡办法——这一点我们从来没有看错过。1918年底，我们颁布了关于实物税的法令，由此可见，共产党人当时认识到了这个问题，只是由于战争，我们没有能够实行这个法令。在国内战争的环境里，我们不得不采用战时的办法。但是，如果我们由此得出结论，认为只能采用这种办法和态度，那就大错特错了。这必将意味着苏维埃政权和无产阶级专政的垮台。当我们在经济危机的条件下实行向和平转变的时候，应当想到，在拥有大生产的国家里建设无产阶级国家，比在小生产占优势的国家里要容易些。完成这项任务要采取许多办法，我们决不能对这些困难视而不见，也决不能忘记，无产阶级是一回事，小生产又是一回事。我们不能忘记现在还有各种阶级存在，不能忘记小资产阶级的无政府主义反革命势力是导致白卫分子卷土重来的政治跳板。我们必须清醒地正视这个问题，应当认识到，一方面无产阶级政党内部要有高度的团结、沉着和纪律，另一方面在经济上也要有一套办法，这些办法过去只是由于战争而没有能够实行。我们应当承认，实行租让，购买机器和工具来满足农业的需要，这是必要的，这样就能换得粮食，恢复无产阶级同农民的正常关系，保证无产阶级在和平时期的生存。我希望我们以后再来谈谈这个问题。我重复一遍，我认为我们现在讨论的是一个很重要的问题，过去一年，可以说是从战争向和平转变的一年，它向我们提出了极端困难的任务。

载于1963年《俄共（布）第十次代表大会。速记记录（1921年3月8—16日）》一书

选自《列宁全集》中文第2版第41卷第21—25页

# 5
# 关于以实物税代替余粮收集制的报告

## （3 月 15 日）

同志们，关于以实物税代替余粮收集制的问题，首先而且主要是一个政治问题，因为这个问题的本质在于工人阶级如何对待农民。提出这个问题就意味着我们必须对这两个主要阶级之间的关系（这两个阶级之间的斗争或妥协决定着我国整个革命的命运）作新的、也许可以说是更慎重更精确的补充考察，并且作一定的修正。我没有必要来详细论述为什么要作这种修正的问题。你们大家当然都很清楚，好多事件，特别是战争、经济破坏、军队复员以及极端严重的歉收造成的极度贫困引起的事件，好多情况，使得农民处境特别困难、特别紧张，并且不可避免地加剧了农民的动摇，使他们从无产阶级方面倒向资产阶级方面。

现在简单地谈谈这个问题的理论意义，或者说如何从理论上看待这个问题。毫无疑问，在一个小农生产者占人口大多数的国家里，实行社会主义革命必须通过一系列特殊的过渡办法，这些办法在工农业雇佣工人占大多数的发达的资本主义国家里，是完全不需要采用的。在发达的资本主义国家里，有在几十年中形成的农业雇佣工人阶级。只有这样的阶级，才能够在社会上、经济上以及政治上成为直接向社会主义过渡的支柱。只有在这个阶级相当成熟的国家里，才能够从资本主义直接向社会主义过渡，而不需要采用全国性的特殊的过渡办法。我们在许许多多的著作中，在我们所有的讲话中，在所有的报刊上都一再强调说，俄国的情况不同，这里产业工人仅占少数，而小农则占大多数。在俄国这样的国家里，社会主义革命只有具备两个条件才能获得彻底的胜利。第一个条件是及时得到一个或几个先进国家社会主义革命的支援。你们知道，为了争取这个条件，我们做的工作比以往多得多，然而，要使它成为现实，我们所做的还远远不够。

另一个条件，就是实现自己专政的或者说掌握国家政权的无产阶级和大多数农民之间达成妥协。妥协，这是个很广泛的概念，它包含着一系列的措施和过渡办法。这里必须指出，我们应当在我们的全部宣传和鼓动工作中开诚布公地提出问题。有些人把政治理解为略施小计，有时甚至看做和欺骗差不多，这种人在我们当中应当受到最坚决的斥责。必须纠正他们的错误。阶级是欺骗不了的。三年来，为了提高群众的政治觉悟，我们做了很多工作。群众从尖锐的斗争中学到的东西最多。根据我们的世界观，根据我们几十年来的革命经验和我国革命的教训，我们必须直截了当地提出问题：这两个阶级的利益是各不相同的，小农需要的东西同工人需要的不一样。

我们知道，在其他国家的革命还没有到来之前，只有同农民妥协，才能拯救俄国的社会主义革命。在一切会议上，在一切报刊上，都应当直截了当地说明这一点。我们知道，工人和农民之间的这一妥协是不牢固的——这是客气一点说，"客气一点"这几个字不要写进记录。如果说得直率一点，那么这一妥协是相当糟糕的。我们至少不应当设法隐瞒什么，而应当直截了当地说：农民对于我们和他们之间所建立的这种形式的关系是不满意的，他们不要这种形式的关系并且不愿意再这样生活下去。这是不容置辩的。他们的这种意愿表达得已经很明确了。这是广大劳动群众的意愿。我们必须考虑到这一点。我们是十分清醒的政治家,能够直率地说:让我们来修正我们对农民的政策吧。目前的这种状况,再也不能继续下去了。

我们应当对农民说:"你们想要倒退,想要全部恢复私有制和自由贸易,那就必不可免地会再受地主和资本家的统治,许许多多的历史实例和革命实例,都证实了这一点。根据共产主义初步原理或政治经济学初步原理稍作推论,就可以证明这是不可避免的。让我们来分析一下吧。农民同无产阶级分道扬镳,向后倒退——并且让国家也倒退——以至再受资本家和地主的统治,这对农民是不是合算呢?你们合计一下吧,或者让我们一起来合计一下吧。"

我们认为,如果合计得正确,那么,虽然无产阶级的经济利益和小农的经济利益之间存在着我们所意识到的深刻矛盾,合计的结果是会有利于我们的。

不管我们的物资多么缺乏,满足中农要求这一问题还是必须解决的。在农民中间中农比过去大大增加,矛盾消除了,土地的分配使用平均得多了,富农已经大伤元气,一大部分已被剥夺了财产——在俄罗斯比在乌克兰要多些,在西伯利亚则要少些。可是,整个说来,统计材料完全无可争辩地表明,农村已经是均衡化了,平均化了,这就是说,向富农和无地农民这两方面的急剧分化已经消除了。一切都变得比较平均了,整个说来,农民已经处于中农的境况。

对于这种中农,对于这种有自己的经济特点和自己的经济根系的中农的要求,我们能不能予以满足呢? 如果某个共产党人,竟然想在三年内可以把小农业的经济基础和经济根系改造过来,那他当然是一个幻想家。老实说,这样的幻想家在我们中间是不少的。但是这也没有什么了不起的坏处。在我们这样的国家里没有幻想家,怎么能够发动社会主义革命呢? 实践显然已经表明,农业集体经营方面的各种各样的试验和创举,可以起多么巨大的作用。但是实践也表明,这种试验也起了不好的作用,人们怀着一片好心,到农村去组织公社、组织集体农庄,却不善于经营,因为他们没有集体工作的经验。这些集体农庄的经验只是提供了一个不该这样经营的例子,让周围农民见笑或者生气。

你们很清楚,这样的例子不知有过多少了。我再说一遍:这并不值得惊奇,因为改造小农,改造他们的整个心理和习惯,这件事需要花几代人的时间。只有有了物质基础,只有有了技术,只有在农业中大规模地使用拖拉机和机器,只有大规模电气化,才能解决小农这个问题,才能像人们所说的使他们的整个心理健全起来。只有这样才能根本地和非常迅速地改造小农。我说需要花几代人的时间,倒不是说需要几百年。你们都很清楚,要获得拖拉机和机器,要实现一个大国家的电气化,无论如何要有几十年的时间才行。客观情况就是这样。

我们应当努力满足农民的要求,因为他们感到不满足,不满意,而这种不满意是合理的,他们是不可能感到满意的。我们应当对他们说:"是的,这种状况再也不能继续下去了。"怎样去满足农民呢? 满足农民是什么意思呢? 我们从哪里能够找到对怎样满足农民这个问题的答案呢? 自然,这要从农民的要求本身中去寻找。这些要求我们是知道的。但是我们必须对这些要求加以审查,必须从经济科学的观点对我们所知道的有关农民的经济要求的一切加以考察。只要深入地研究一下这个问题,我们就会立刻对自己说:实质上可以用两个东西来满足小农。第一,需要有一定的流转自由,需要给小私有主一定的自由。第二,需要弄到商品和产品。如果没有什么可以流转,那还算什么流转自由;如果没有什么可以交易,那还算什么贸易自由!那就会成为纸上谈兵;而纸上的东西是满足不了各个阶级的,只有用物质的东西才能使它们满足。必须好好地理解这两个条件。关于第二个条件——我们怎样弄到商品,我们能不能弄到商品——关于这一点我们以后再谈。至于第一个条件——流转自由——需要在这里谈谈。

什么是流转自由呢?流转自由就是贸易自由,而贸易自由就是倒退到资本主义。流转自由和贸易自由,这就是指各个小业主之间进行商品交换。我们所有的人,哪怕是只学过一点马克思主义起码常识的,都知道这种流转和贸易自由不可避免地要使商品生产者分化为资本所有者和劳动力所有者,分化为资本家和雇佣工人,这就是说,重新恢复资本主义雇佣奴隶制,这种制度不是从天上掉下来的,它在全世界都正是从商品农业经济中生长起来的。我们在理论上很了解这一点,而在俄国,凡留心观察小农的生活和经营条件的人,都不会看不到这一点。

于是就发生一个问题:究竟是怎么回事,共产党难道可以承认贸易自由,可以实行这种自由吗?这里是否有不可调和的矛盾呢?对于这个问题,应当回答说:自然,这个问题在实际解决时是非常困难的。我事先就预见到,并且在和同志们的谈话中知道,在分发给你们的那个以实物税代替余粮收集制的初步草案中,发生问题最多的——发生这些问题是理所当然的和不可避免的——就是关于允许在地方经济流转范围内实行交换这一点。这一点是在第 8 节的结尾中说的。这是什么意思呢？它的范围究竟怎样？它怎样实现呢？如果谁想在这次代表大会上得到这个问题的答案，那他就错了。我们只有通过我们的立法来得到这个问题的答案；我们的任务只是规定原则路线，提出口号。我们的党是一个执政党，党的代表大会所通过的决定，对于整个共和国都是必须遵守的；在这里，我们应当在原则上解决这个问题。我们应当在原则上解决这个问题，使农民知道这一点，因为播种的季节就要到来了。然后再来发动我们整个机关，运用我们全部的理论力量和全部的实践经验，来研究这个工作应当怎样进行。能不能这样做呢？从理论上说来，能不能在一定的程度上给小农恢复贸易自由、资本主义自由而不至于因此破坏无产阶级政权的根基呢？能不能这样做呢？能够，因为问题在于掌握分寸。如果我们能获得纵然是数量不多的商品，把这些商品掌握在国家手中，掌握在控制政权的无产阶级手中，并且能把这些商品投入流转，那么我们作为国家，除了政治权力之外，还能够获得经济权力。把这些商品投入流转，就能够活跃小农业，这种小农业在严酷的战争和经济破坏的重压之下无法发展，现在已经陷于凋敝。小农只要还是小农，他们就必须有同他们的经济基础即个体小经济相适应的刺激、动力和动因。这就离不开地方流转自由。如果这种流转使国家能用工业品换得最低限度的一点粮食，以满足城市、工厂和工业的需要，那么在恢复经济流转的情况下，国家政权就能够仍旧保持在无产阶级手中并且得到巩固。农民要求在实践上向他们证明，掌握工厂和工业的工人能够同农民建立流转关系。另一方面，一个交通不便、幅员辽阔、各地气候悬殊、农业条件不同以及还具有其他种种特点的农业大国，必须让各地的农业和各地的工业在当地范围内有一定的流转自由,这是不可避免的。我们在这方面犯了很多错误,走得太远了:我们在商业国有化和工业国有化方面,在禁止地方流转方面走得太远了。这是不是一种错误呢?当然是一种错误。

在这方面,我们做了许多完全错误的事情;我们没有掌握好分寸,也不知道如何掌握这个分寸——如果看不到和不理解这一点,那就是一种莫大的罪恶了。然而这样做当时也是迫不得已:过去我们一直是生活在极端激烈艰苦的战争条件下,因此我们在经济方面也只能按战争方式行动,此外没有别的办法。一个经济遭到破坏的国家,竟然熬过了这样一场战争,这实在是一个奇迹。这个奇迹不是从天上掉下来的,它是从工人阶级和农民的经济利益中产生出来的,是工人阶级和农民的巨大的热情创造了这个奇迹;由于这种奇迹,我们打退了地主和资本家的进攻。但是同时,我们做得超过了理论上和政治上所必要的限度,这是不容置疑的事实。我们在鼓动和宣传当中,不应当掩饰这一点。我们可以在相当大的程度上允许地方流转自由,而又不破坏无产阶级政权,还能巩固这一政权。至于如何做到这一点,这是一个实践的问题。我的任务是向你们证明,这从理论上说是可能的。掌握国家政权的无产阶级,如果它手里有什么物资的话,它完全可以把这些物资投入流转,在一定程度上满足中农的要求,通过地方经济流转来满足他们的要求。

现在,简单地谈谈地方经济流转问题。首先我要讲一下合作社问题。当然,在实行地方经济流转的情况下,我们是需要合作社的,而现在合作社在我国已经奄奄一息。我们的党纲强调指出,最好的分配机构就是资本主义遗留下来的合作社,这个机构是需要保存下来的。党纲是这样说的。① 这一点我们是否执行了呢？执行得非常不够，而且在某些方面完全没有执行，其部分原因还是我们犯了错误，部分原因则是军事上需要。合作社生成比较会经营的、经济地位较高的分子，从而在政治上生成孟什维克和社会革命党人。这是一种化学定律——是没有办法的事！（笑声）孟什维克和社会革命党人[4]是些自觉不自觉地复辟资本主义、帮助尤登尼奇之流的人。这同样是一种定律。我们必须同他们作战。既然是战争，就要有作战姿态：我们当时必须保卫自己，而且我们做到了这一点。但是我们在目前的情况下能不能一成不变呢？不能。这样把自己的手脚束缚起来，无疑是一种错误。正因为如此，关于合作社问题，我提出了一个决议案，这个决议案很短，我现在把它读一下：

"鉴于俄共第九次代表大会[5]关于对合作社的态度的决议②完全是以承认余粮收集制原则为基础的，而现在余粮收集制已经为实物税所代替，俄共第十次代表大会决定：

撤销这项决议。

代表大会责成中央委员会拟定一些决定，使之在党和苏维埃系统中获得通过，以便根据俄共党纲并适应以实物税代替余粮收集制的情况，来改善和发展合作社的机构和活动。"[6]

你们会说，这说得不明确。这在某种程度上是说得不明确，但这是必要的。为什么说这是必要的呢？因为要十分明确，那就必须十分清楚，我们在全年当中能做成什么事情。谁知道这一点呢？

---

① 见《列宁全集》中文第2版第36卷第419页。——编者注
② 参看《苏联共产党代表大会、代表会议和中央全会决议汇编》1964年人民出版社版第2分册第23—25页。——编者注

谁也不知道,而且也不可能知道。

但是第九次代表大会的决议束缚了我们的手脚,这个决议说:"隶属于粮食人民委员部"。粮食人民委员部[7]是一个很好的机关;但是,当我们重新研究对小农的态度时,还规定合作社必须隶属于粮食人民委员部,从而束缚自己的手脚,那在政治上就犯了明显的错误。我们应当责成新选出来的中央委员会研究和确定一定的办法并作一定的修改,检验我们要采取的前进和后退的步骤——看看这应当做到什么程度,怎样保持政治利益,应当放开多少才能松动些,以及如何检验试验的结果。从理论上说,我们在这方面正面临着一系列的过渡阶段和过渡办法。有一点我们心中明白:第九次代表大会的决议设想我们的运动将沿着直线前进,而事实上,正像在革命史上常见的那样,运动是曲折前进的。用这样的决议把手脚束缚起来,这是政治错误。现在我们要撤销这个决议,我们说,应当以强调合作社机构的作用的党纲为指针。

我们要撤销这个决议,我们说,应当适应以实物税代替余粮收集制的情况。但是,我们在什么时候实行这一点呢?不会在收割以前,也就是说,还要过几个月。这在各地都一样吗?绝对不是。如果死板地把俄国中部、乌克兰和西伯利亚一律看待,用一个框框去套,那将是极为愚蠢的。我建议用代表大会通过决定的方式把这个关于地方流转自由的基本思想肯定下来。[8]我想,在这以后,中央委员会一定会在最近几天内公布一封信,信中会说——自然,中央委员会会说得比我现在说的好(我们会找到写文章的高手,他们会写好这封信的)——不要损毁任何东西,不要急于求成,不要弄巧成拙,要最大限度地满足中农的要求,而又不损害无产阶级的利益。把各种办法都拿来试验一下,根据实际经验加以研究,然后告诉我们,你们哪些经验是成功的,而我们可以设立一个专门委员会,甚至几个专门委员会,来研究所积累的经验。我想,为此我们会特邀《无产阶级专政时代的纸币》一书的作者普列奥布拉任斯基同志参加。这个问题很重要,因为货币周转是这么一回事,它可以很好地检查国内流转是否正常;如果这个流转失常,货币就会变成一张废纸。为了获得今后如何进行工作的经验,我们必须上十次地检验我们采用的各种办法。

人们会向我们提出一个问题,他们希望知道从什么地方弄到商品。要知道,贸易自由是需要商品的。而农民是很聪明的人,他们很会挖苦人。我们现在能不能弄到商品呢?现在可以弄到,因为我们在国际范围内的经济地位已经大大改善了。我们正在同国际资本作斗争。国际资本一看到我们的共和国就说:"这是些强盗,鳄鱼"(这句话是一位英国女艺术家一字不漏地转告我的,她是从一个极有威望的政治家那里听到这种话的[9])。既然是鳄鱼,那就只能嗤之以鼻。这就是国际资本的说法。这就是阶级敌人的说法。而从他们的观点看来,这样说是对的。但是这种结论的正确性需要用事实来检验。你既然是世界强大的力量,是世界资本,你既然说我们是"鳄鱼",而你手中又掌握着一切技术装备,那就开枪试试吧!然而,它试了之后,却因此吃了更大的苦头。这样,资本才不得不考虑现实的政治生活和经济生活,于是它说:"需要做生意"。这就是我们最伟大的胜利。我现在可以告诉你们,我们已经接到两项借款的建议,借款数目接近 1 亿金卢布。黄金我们是有的,但是黄金不能出卖,因为黄金是不能吃的东西。大家都遭到了经济破坏,在一切国家中,战争已把资本主义各国之间的货币关系弄得混乱不堪。此外,要同欧洲来往,就需要有船队,而我们却没有。船队在敌人手里。我们同法国没有签订任何条约,它认为我们欠了它的债,那就是说,对于我们的任何一条船,它都可以说,"来吧,这是我的"。他们有海军,我们却没有。由于这种情况,直到现在我们能使用的黄金的数量极小,小得可怜。现在银行资本家提出了两项借款的建议,数目为1亿。自然,这笔资本要的利息是掠夺性的。但是在此以前,他们根本就没有提起过这一点;在此以前,他们只是说:"我要一枪把你打死,我要把你所有的一切白白拿走。"现在他们因为无法把我们打死,于是就准备同我们做生意了。现在,同美国和英国的通商条约,可以说已经不成问题;租让的情况也是这样。昨天我还接到现在这里的万德利普先生的一封信,他发了一通怨言之外,还提到了一大堆关于租让和借款的计划。这是一位最讲实利的金融资本的代表人物,他同比较敌视日本的北美西部诸州有联系。这样,我们就有了弄到商品的经济可能性。至于我们怎样实际做到这一点,那是另一个问题,但是某种可能性总算已经有了。

我再说一遍:这种类型的经济关系,即表面上像是同外国资本主义结成同盟的经济关系,将使无产阶级的国家政权有可能在下面同农民进行自由的流转。我已经说过,我知道这种做法引起了一些嘲笑。莫斯科有一个知识分子官僚阶层,他们企图制造"舆论"。他们取笑说:"共产主义原来是这样的!它就好像是一个手里拄着拐杖、满脸裹着绷带的人,共产主义只能叫人莫名其妙。"这一类嘲笑我已经听够了,但这一类嘲笑不是打官腔,就是说风凉话!在战争结束的时候,俄国就像是一个被打得半死的人,他被打了七年,而现在,谢天谢地,他居然能够拄着拐杖走动了!这便是我们的处境!谁如果以为我们可以不要拐杖,那就是说他什么都不懂！在其他国家没有发生革命的情况下，我们还要花几十年的时间才能够摆脱这种处境。因此，只要能获得强大的先进资本主义的帮助，我们便不惜从我们的无限财富当中，从我们丰富的资源当中，拿出几亿以至几十亿的资财。花掉的这一切我们以后收回时是可以获得很大的利润的。在一个经济遭到空前破坏的国家里，在一个破产农民占人口绝大多数的国家里，如果没有资本的帮助，要保持无产阶级政权是不可能的——自然，由于这种帮助，资本是会向我们索取百分之百的利息的。我们必须理解这一点。所以，或者是建立这种类型的经济关系，或者是什么也没有。谁不这样提出问题，那他就是对实际的经济一窍不通，就是只会说风凉话。必须承认这样的事实，即群众已经精疲力竭，疲惫不堪了。既然四年战争的影响在各先进国家里到现在还没有完全消除，那么七年战争对我们又该有多么大的影响啊？！

在我们这个落后的国家里，经过七年战争之后，工人——他们作出了空前的牺牲——和农民群众都处于极端疲惫的状态。这种极端疲惫状态，已经是接近于完全不能工作的状态。现在需要有一个经济上的喘息时机。我们曾打算利用我们的黄金储备来换取生产资料。当然，最好是自己制造机器，不过，即使是购买机器，我们也是为了用这些买来的机器把我国的生产搞好。但是，为了达到这个目的，就需要有能够工作的工人和农民，而他们多半已经不能工作，因为他们已经精疲力竭，已经疲惫不堪了。必须帮助他们，必须动用我们的黄金储备去购买消费品，尽管这与我们以前的纲领不符。我们以前的纲领在理论上是正确的，但是在实践上却行不通。列扎瓦同志给我一份资料，我把它的内容讲一讲。从这份资料看，我们已经购买了几十万普特的各种各样的食物，它们正迅速地从立陶宛、芬兰和拉脱维亚运来。今天接到一个消息,说在伦敦已经签订了一项购买 1 850 万普特煤的合同,我们决定购买这些煤,是为了使彼得格勒的工业和纺织工业复苏。我们为农民去搞商品,这自然是违背纲领的,这是不正常的;但是必须给一个喘息时机,因为人民已经疲惫不堪了,不喘息一下是不能工作的。

我应当再就个体商品交换问题讲几句话。我们说流转自由,就是指个体商品交换,也就是鼓励富农。这是怎么回事呢?不要闭起眼睛不看这个事实:以实物税代替余粮收集制就是意味着富农在这种制度下会比过去有更大的发展。他们会在过去他们不能发展的地方发展起来。但是同这种现象作斗争不能采用禁止的办法,而应当自上而下由国家实行联合,由国家采取措施。如果你能给农民机器,那就能帮助他们发展,当你给他们机器或实现电气化的时候,几万或几十万个小富农就会被消灭掉。如果你还给不了这些东西,那就要给他们一定数量的商品。如果商品在你手中,那你就能掌握住政权,而停止、割断和取消这种可能,那就是取消流转的一切可能,就不能满足中农的要求,就不能同他们友好共处。俄国农民中成为中农的人愈来愈多了,害怕交换会成为个体交换是不必要的。在交换中,任何人都能给国家一些东西。一些人能提供余粮,另一些人能提供蔬菜,还有一些人则能提供劳务。情况基本上是这样:我们必须在经济上满足中农的要求,实行流转自由,否则,在国际革命推迟爆发的情况下,要在俄国保住无产阶级政权是不可能的,在经济上是不可能的。必须清楚地意识到这一点,并且对这一点毫不讳言。你们可以看到,在以实物税代替余粮收集制的决定草案中(草案已经分发给你们了)有很多不协调的地方,相互抵触的地方;正因为如此,我们才在该草案的末尾写道:

"代表大会基本上〈这个词的含义是意味深长的〉同意中央委员会所提出的以实物税代替余粮收集制的一些规定,并责成党中央委员会迅速使这些规定协调起来"①。我们知道,这些规定不协调;我们还来不及做协调工作,我们还没有接触有关细节的工作。全俄中央执行委员会和人民委员会将仔细地研究实行实物税的形式并通过相应的法律。预定的程序是这样:如果今天你们能通过这个草案,这个草案就将提交全俄中央执行委员会第一次会议,这个会议也不颁布法律,而仅仅颁布一个经过修改的条例,然后再由人民委员会和劳动国防委员会**10**把它变为法律,而更重要的是,由它们规定具体的细则。重要的是要使各地了解这件事的意义,并能起来响应。

为什么我们需要以实物税来代替余粮收集制呢? 余粮收集制是以征收所有的余粮,建立强制性的国家垄断制为前提的。当时我们不可能有其他的办法,因为我们处于极端贫困的状态。在理论上,不一定要认为国家垄断制从社会主义观点看来是最好的办法。在一个拥有工业、而且工业正在运转的农民国家里,如果有一定数量的商品,那是可以采用实物税和自由流转的制度作为一种过渡办法的。

这种流转对于农民来说是一种刺激、动因和动力。业主能够而且一定会为着自身的利益而努力,因为向他征收的将不是他所有的余粮,而仅仅是实物税;这种税额应当尽可能预先加以规定。主要的是要有一种能促使小农从事经营的刺激、动因和动力。我

① 参看《苏联共产党代表大会、代表会议和中央全会决议汇编》1964 年人民出版社版第 2 分册第 107 页。——编者注

们建设我们的国家经济必须适应中农经济的情况,我们在过去三年内没有能够把中农经济改造过来,在今后十年内也还不能把它改造好。

国家必须供应一定的粮食。所以去年我们的征粮数曾经有所增加。现在税额必须少一些。数字还没有确定,而且也无法确定。波波夫的《苏维埃共和国及与它结成联邦的各共和国的粮食产量》这本小册子,引用了我们的中央统计局[11]的材料,这些材料提供了确切的数字,指出了农业生产下降的原因。

要是发生歉收,征收余粮就不可能了,因为余粮根本就没有。那就不得不从农民的口中拿走粮食。要是有收成,那时大家稍微饿一点肚子,国家便可以因此而得救;或者是我们不能从那些吃不饱肚子的人那里取得粮食,那国家就会灭亡。我们必须向农民宣传这一点。要是收成还不坏,那就会有近 5 亿普特的余粮。这么多余粮就能保证消费,并且可以有一些储备。整个问题在于使农民有一种经济上的刺激和动因。应当对小业主说:"掌柜的,你生产粮食吧,国家只征收最低限度的实物税。"

我讲话的时间快完了,我应当结束了。我再说一遍:我们不能立刻颁布一项法律。我们决议的缺点就在于它不完全是法律——在党的代表大会上是不能制定法律的。因此我们提议,把中央委员会的决议作为基础予以通过,并且责成中央委员会协调决议中的各项规定。我们要把这项决议印出来,让地方工作人员尽量使之协调并加以修正。完全协调一致是不可能的,这是一种无法完成的任务,因为生活是五光十色的。寻找过渡办法——这是一项非常困难的任务。我们没有能够迅速地和直接地做到这一点,但是我们并不灰心,我们一定会达到自己的目的。稍微有点觉悟的农民都不会不理解，我们作为政府，是代表工人阶级的，是代表能够同占农民十分之九的劳动农民妥协的劳动者的，而任何倒退都意味着恢复沙皇的旧政府。喀琅施塔得[12]的经验就表明了这一点。那里不要白卫分子，也不要我们的政权，然而别的政权又没有。因此，他们所处的情况就是一种最好的宣传，这种宣传有利于我们而不利于其他任何新的政府。

我们现在有同农民妥协的可能性，我们必须实际地、巧妙地、机敏地、灵活地来做这件事。我们了解粮食人民委员部这个机关，我们知道这是我们最好的机关之一。把它同其他机关比较一下，我们就可以看出，这是一个较好的机关，应当把它保存下来，但是，机关必须服从于政治。如果我们不能同农民搞好关系，那么再好的粮食人民委员部机关对我们也毫无用处。那样的话，这个机关再好，也不会为我们的阶级服务，而会为邓尼金和高尔察克服务。既然政治要求坚决转变，要求灵活性和巧妙的过渡办法，那么领导者就应当理解这一点。一个坚定的机关，应当能够随机应变。如果机关的坚定性变成了僵化，阻碍了变革，那就免不了有一场斗争。所以，我们应当竭尽全力来达到自己的目的，使这个机关完全服从于政治。政治就是阶级之间的关系——这一点决定着共和国的命运。机关是一种辅助手段，它愈坚定，就愈好，愈能随机应变。如果它不能做到这一点，那它就没有任何用处了。

我请你们注意，主要的一点是：把一切详细地、周密地规定出来，需要几个月的时间。而现在我们应当注意的主要的一点是：我们必须今天晚上就把通过的决定用无线电向世界宣告，说明我们执政党的代表大会已经基本上决定以实物税代替余粮收集制，从而给小农许多刺激，推动他们来扩大经营，增加播种面积；代表大会正用这种办法来调整无产阶级和农民之间的关系,并且相信,用这种办法一定能够在无产阶级和农民之间建立起牢固的关系。(热烈鼓掌)

载于 1963 年《俄共(布)第十次代 表 大 会。速 记 记 录 (1921年3 月 8—16 日)》一书

选自《列宁选集》第 3 版修订版第 4卷第 444—459 页

# 在全俄工会中央理事会共产党党团会议上关于租让问题的报告[13]

（1921 年 4 月 11 日）

## 1

## 报　　告

同志们！租让问题在我们这里引起的意见分歧，大大出乎我们的意料，因为还在去年秋季以前，这个问题在原则上似乎就已经肯定下来了，而当人民委员会在去年 11 月 23 日颁布租让法令时，党内，至少在负责工作人员中间，并没有人出来反对，而且也看不出有什么意见分歧。当然，你们知道，党代表大会专门通过了一项决议，确认了租让法令，并且特别指出这项法令也适用于巴库和格罗兹尼①。由党代表大会加以通过，是为了使中央的政策不致发生动摇，因为中央在这个问题上出现不同意见，从某种意义上说与过去的派别划分完全不同，而是与巴库有很大的关系。巴库的某些同志不同意这样的看法：巴库（特别是巴库）也必须实行租让，

---

① 参看《苏联共产党代表大会、代表会议和中央全会决议汇编》1964 年人民出版社版第 2 分册第 110 页。——编者注

巴库的大部分油田最好实行租让。他们持有各种各样的理由,有的说,我们要自己"想办法",干吗把外国人叫来;有的说,那些在同资本家斗争中受过考验的老工人不能容忍再退回去受资本家的奴役,等等。

现在我不来评论,这些理由有多少符合总的原则,或者说有多少是巴库的"爱国主义"①,即巴库的地方主义。至于我自己,应当说我是坚决反对这种观点的,我认为,如果我们不能实行租让政策,不能把外国资本吸收到租让企业中来,那就根本谈不上采取重大的、实际的措施来改善我们的经济状况。如果不实行租让政策,不抛弃偏见,不抛弃地方"爱国主义",不抛弃行会"爱国主义"和所谓我们自己"想办法"的看法,我们就不能认真地提出立即改善经济状况的问题。必须下决心作出许多牺牲,忍受许多困苦和不便,必须下决心同旧的习惯决裂,甚至要根除顽症,才能把各主要工业部门大大向前推进,使它们的经济状况有所改善。我们无论如何都要做到这一点。

在党的代表大会上,大家的注意力都集中在对待农民的政策问题和粮食税问题上,后一问题现在在整个立法工作中占着首要地位,它已引起了全党的注意,成了主要的政治问题。在这两个问题上,我们已经意识到,如果不以恢复自由贸易和自由工业作拐棍,我们就不能迅速提高大工业的生产率以满足农民的需要。而现在我们要依靠这副拐棍站立起来,因为每一个头脑清醒的人都知道,不使用这副拐棍我们就跟不上生活的要求,因为目前的情况

① 双关语,原文"патриотизм"一词,既有"爱国主义"的意思,也有"乡土观念"的意思。——编者注

正在继续恶化——这从下面的情况也可以看出:今年春天由于一系列的原因,首先是自然原因,大部分木材不能浮运。燃料危机日益逼近。其次,从今年春天的气候条件来看,还可能出现歉收和饲料缺乏的情况,这样我们得到的燃料还会减少。如果再闹旱灾,危机的性质就会极端严重。必须认识到,在这种情况下,我们的党纲首先讲到的关于要坚决增加产量的这些话,并不是为了拿来欣赏,也不是为了对各种决议表示好感(这是某些共产党员极其热衷的),而是为了要坚决增加产量。可是不借助于外国资本,我们就做不到这一点。任何一个人,只要他不抱幻想而正视现实,他就应当懂得这个道理。这就说明了为什么租让问题具有这样大的意义,以致需要党代表大会来处理它。

人民委员会在经过几次讨论后通过了租让合同的基本原则。[14]现在我把这些原则宣读一下,并且把具有特殊意义或引起意见分歧的一些原则指出来。全体共产党员,特别是工会运动的领导者,即组织起来的无产阶级群众、组织起来的无产阶级大多数人的领导者,如果不了解当前的局势,不能从中得出适当的结论,那就不可能认真谈论什么经济建设。现在我把人民委员会通过的租让合同的基本原则逐条地宣读一下。不过应当补充说明的,就是直到目前为止我们还没有签订过一项租让合同。原则上的意见分歧我们都讲出来了(在这方面我们是行家),可是租让合同却一项也还没有签订。也许有些人正为此而高兴。要是真有这种人,那是很可悲的,因为,如果我们不把资本吸收到租让企业中来,那就表明我们在经济上没有一点求实精神。但是共产党员要写决议还有的是机会,剩下的纸张有的是,他们随便要写多少都行。第1条:

"1. 承租人有责任改善承租企业中工人的生活状况(与当地同类企业的其他工人相比),使其达到国外的中等标准。"

我们把这主要的一点写到合同里去,为的是使我们经济机关中的共产党员和领导人一下子能了解问题的实质。在实行租让的时候,对于我们来说最重要的是什么呢? 当然是提高产量。这是不言而喻的。但是我们可以立即做到改善租让企业工人的生活状况,这一点即使不比前一点更重要,那也是同样特别重要的。租让合同里的这两点,是经过多次讨论,是经过俄罗斯联邦的一些全权代表,特别是克拉辛同志在国外同当代帝国主义的一些金融大王进行多次磋商之后确定下来的。必须指出,在我们这里,你们自己也很清楚,大多数共产党员是从书本上知道什么是资本主义,什么是金融资本的,也许他们还就这些问题写过小册子,可是要让他们同金融资本的代表认真地进行谈判,一百个共产党员中就有九十九个不会,而且永远也学不会。

克拉辛同志在这方面特别有素养,因为他在德国和俄国都从实际上和组织上研究过工业的情况。我们把这些条件告诉克拉辛同志的时候,他回答说:"大体上可以接受"。首先要使承租人承担的责任,是改善工人的生活状况。克拉辛同一位石油大王初步谈判时就谈到这一点,而西欧的资本家也明白,在工人目前的生活状况下,要想提高生产率是完全不可能的。要承租人承担改善工人生活状况的责任,这并不是出于什么人道的愿望,而纯粹是从问题的实际方面考虑的。第2条:

"2. 鉴于俄国工人劳动生产率不高,可以根据他们生活条件的改善情况在可能的范围内修改他们劳动生产率的定额。"

为了避免对条文作片面的解释,加上这个附带条件是必要的。

对于同租让企业打交道的苏维埃政权的代表来说,这些条文就是准则和指令,也是如何拟订合同的指示。我们现在已经有了石油合同草案、轴承工厂合同草案、森林租让草案以及谈了很久、但由于种种原因还没有实现的关于堪察加的合同。需要第 2 条,是为了使人们不至于对第 1 条只按字面去解释。我们应当考虑到,在工人的生活状况没有改善以前,劳动生产率是不会提高的。不考虑到这一点,就不是实事求是地谈所有有关租让的问题,资本家也就不会来同我们谈判。第 3 条:

"3. 承租人应当从国外为承租企业的工人运来生活必需品,其出售价格不得高于成本加一定比例的附加费。"

我们原先确定附加费为 10%,但在最后讨论时我们把这个百分数删去了。在这里,重要的是我们把从国外为工人运来生活必需品这一点作为一条基本原则。我们知道,按照我国目前农民经济和燃料的情况,我们不可能在最近几年内根本改善工人的生活状况,因而也就不可能提高劳动生产率。所以把承租人必须从国外运来一切消费资料这一点写入合同是必要的,而且对他们来说也是完全办得到的。在这方面我们已取得几个贪婪的资本主义商人的初步同意。由于承租人非常需要一些很有价值的原料,他们是会接受这些条件的。他们迫切需要输入原料。不管这些非常重要的企业将来雇有 1 万工人、2 万工人或 3 万工人,承租人为他们弄到全部必需品是一点也不费力的,因为现代辛迪加和托拉斯都具有广泛的联系,而不参加辛迪加和托拉斯的资本家几乎没有。一切大企业都是建立在垄断而不是自由市场的基础之上的,因此它们可以使其他资本家得不到原料和产品,而它们自己则可以按照一切预定的合同如数得到产品。这些辛迪加控制着亿万财富,他们能够支配大量的粮食储备,因而能够为几万工人弄到粮食和其他必需品,并且把这些东西运到俄国来。

这对他们在经济上是没有任何困难的。他们把这些企业看做是非常重要的企业,即使拿不到 1 000% 的利润,也能拿 100% 的利润,所以他们愿意供给这些企业粮食。我再说一遍,这对他们在经济上是没有任何困难的。我们应当把改善第一类企业以及其余各类企业工人生活状况这一点作为我们租让政策的基本原则。下面是第 4 条:

"4. 如经俄罗斯联邦政府要求,承租人除运给承租企业工人必需品以外,还应当按这个数量再增加 50% — 100%,以同样价格(成本加一定比例的附加费)卖给俄罗斯联邦政府。俄罗斯联邦政府有权用承租人生产的部分产品来支付这笔货款(即从自己的提成中扣除)。"

几个金融大王在同我们进行初步谈判时,已经认为这个条件可以接受,因为承租企业对他们来说是非常重要的。

我们拿石油这类产品来说,外国资本家从我们这里得到石油以后,他们就有可能作为垄断者在国外销售石油。因此他们不仅能够供应承租企业工人粮食,而且还能够再多供应一些。把这一条同第 1 条比较一下,你们就可以看出,租让政策的中心问题是什么,这就是从国外弄来一些消费品,以改善工人的生活状况,首先是改善租让企业工人的生活状况,其次还要稍微改善一下其他工人的生活状况。现在,即使我们有偿付能力,在国际市场上也买不到这些东西。即便你有通货,比方说有黄金,也不应忘记自由市场已经没有了,整个市场,或者说几乎整个市场,都被辛迪加、卡特尔和托拉斯占据了。它们追求帝国主义的利润,它们只供应本企业工人必需品,而不供应其他企业的工人,因为旧的资本主义(就自由市场来说)已经不存在了。你们从这里就可以看出针对目前金融资本以及托拉斯与托拉斯之间进行激烈斗争的情况而制定的租让政策的实质。租让政策是一方为了反对另一方而缔结的联盟。现在我们的力量还不够强大,我们应当利用托拉斯之间的敌对关系,以便使我们能够支持到国际革命的胜利。保证工人的生活,承租人是能够办到的,因为对于现代大企业来说,多保证两三万工人的生活,是算不了什么的。这样我们就能够用原料(例如石油)去抵偿开支。如果我们能够用更多的木材、矿石这些我们的主要的财富换取更多的工人生活必需品,那我们就有可能首先改善租让企业工人的生活状况,并用剩余的物品来稍微改善一下其他工人的生活状况。第5条:

"5.承租人必须遵守俄罗斯联邦的法律,包括有关劳动条件、发薪期限等方面的法律,必须同工会达成协议(在承租人认为有必要时,我们同意作这样的一点补充,即在协议中定出一个双方都必须遵守的相当于美国或西欧普通工人的标准)。"

提出这个附带条件是为了消除资本家对我国工会的顾虑。我们说承租人应该同工会达成协议,是因为工会的参与像一根红线贯穿于一切立法之中,因为一切具有这种重大意义的法律,工会都有权参与,工会的符合于社会主义原则的地位是受到法律保障的。如果我们说资本家应该同工会达成协议,那么资本家就会顾虑重重,因为他们很清楚,工会受共产党党团领导,并且通过党团而受党的领导;在他们看来,这些共产党人是什么荒唐事都干得出来的,因此他们也许会提出根本不能实现的条件。从资本家的角度来看,产生这种顾虑是很自然的。因此我们必须说,我们主张订立实际的协议,否则就什么都谈不上。因此我们说,我们同意作这样的补充。我们和我们的工会同意接受这样一个相当于美国或西欧普通工人的标准。我再说一遍,否则就签订不了任何可以为资本主义关系所接受的合同。第 6 条:

"6. 承租人必须严格遵守符合俄国和外国法律的科学的技术规程(详细条文在每个合同中具体规定)。"

这一条在每个合同中将特别详细地规定。例如,在石油合同中就有 10 项条款写明了详细的科学的规程。资本主义经济的基本特性,就是不能科学地、合理地利用土地和劳动力,而科学的技术规程就是同这种现象作斗争的手段。我们知道,例如油田如果开采得不合理或者不够合理,就会遭到水淹。显然,获得技术装备对我们具有很大的意义。这里我只提一提,《俄罗斯电气化计划》一书对我们在技术装备方面的需要粗略地作了计算。绝对准确的数字我不记得了,大体上电气化需要 170 亿金卢布,而第一批工程要花将近 10 年的时间才能完成。我们估计,靠我们的黄金储备和出口可以偿付 110 亿,这样还有 60 亿没有着落。因此该书作者得出的结论是,必须借债或者实行租让。总之不足之数必须设法补上。这个计划是由最优秀的专家根据全国的情况,即根据各个工业部门有计划发展的观点制定出来的。计划中首先谈到的是燃料问题以及在各个主要工业部门中如何最经济、最合理、最充分地利用燃料的问题。但是我们如果没有靠租让和借债筹措的资金,就不能完成这项任务。当然,在某种最符合我们愿望的情况下,这些条件实际上会不存在。在大罢工之后,比如在英国目前的大罢工和德国不久以前遭到失败的大罢工[15]之后,在失败的罢工之后接着将是胜利的罢工和胜利的革命,那时我们碰到的将是社会主义的关系而不是资本主义的关系。

在石油开采中断时发生的危险,是非常可怕的。资本家始终没有达到1905年前巴库所达到的标准。原来,外国的石油产地,例如加利福尼亚和罗马尼亚,也认为油田淹水是很危险的。不把积水排尽,会使淹水的情况愈来愈严重。

外国和俄国的法律对此都作了详细的规定。当我们在巴库进行这个工作时,曾向我国专家了解关于罗马尼亚和加利福尼亚的法律。为了保护我国的原料产地,我们应当执行和遵守科学技术规程。例如,在出租森林时,必须规定要合理经营林业。在出租油田时,必须规定要同淹水现象作斗争。这样就必须遵守科学技术规程,进行合理开发。这些概念是从哪里得出来的呢? 是从俄罗斯和外国的法律中得出来的。这样就可以消除一种顾虑,即认为这些规程是我们自己臆造出来的,否则恐怕没有一个资本家愿意同我们谈判。我们所吸取的是俄国和外国法律中已有的东西。如果我们把俄国法律和一切外国法律中好的东西都吸收过来,那么在这个基础上我们就有可能保证达到现在先进资本家所达到的标准。这是一个相当实际的标准,它所根据的并不是资本家最害怕的共产主义的幻想,而是资本主义的实践。我们保证,在签订这些合同时,租让合同的各种条件、各个方面、各项条款都不会超过资本主义法律的有关规定。这个基本原则是一分钟也不能忘记的。我们应当根据资本主义的关系来证明这些条件是资本家可以接受的,并且对他们是有利的,同时我们自己也应当能从这里面得到好处。否则,一切关于租让的议论都是空谈。总之,我们所提出的都是资本主义法律所承认了的。大家知道,在技术改良和技术装备方面,先进的资本主义大大超过了我国目前的工业。因此我们不能局限于采用俄国一国的法律。例如,在石油方面,我们援引了俄国、罗马尼亚和加利福尼亚的法律材料。我们可以援引任何一个国家的法律,这样就会消除人们的种种顾虑,使他们不会怀疑我们这样做是随心所欲,凭空臆造。对于现代的先进资本家,对于金融大王和现代的金融资本家来说,这是很清楚的。这些人是根据外国的条件、外国的标准办事的。我们在提出这个标准时,已经考虑到资本主义的实际要求。这方面我们并不抱任何幻想,我们有一个实际的目标,那就是改善我国的工业,使它达到先进的现代资本主义的水平。凡是熟悉我国工业状况的人都知道,这种改善将是非常巨大的。如果我们能够改善一部分工业,哪怕是十分之一的工业,那也是前进了一大步。这对他们来说是能够做到的,对我们来说,也是非常符合我们的愿望的。第7条:

"7.关于承租人从国外运来装备的问题,参照第4条规定的办法处理。"

第4条谈到,承租人除运来本工程项目所需的东西外,还必须(如果合同上有这条规定的话)多运来一些,按特殊价格卖给我们。如果资本家为自己运来精良的钻机和其他工具,我们有权要求他们除了满足自己的需要以外,再多运来一些,例如再多运来25%,我们将按照第4条所规定的价格,即按照成本加一定比例的附加费来支付。

未来是非常美好的。可是决不能把这两方面的事情混淆起来:一方面要进行宣传鼓动,加速这个未来的到来;另一方面要使自己现在能够在资本主义的包围中生存下去。如果我们办不到这一点,那就会像一个谚语所说的,"等到太阳升东方,眼珠已被露水伤"。我们应当有本事根据资本主义世界的特点,利用资本家对原料的贪婪使我们得到好处,在资本家中间——不管这是多么奇怪——来巩固我们的经济地位。事情似乎很奇怪:社会主义共和国怎么能依靠资本主义来改善自己的状况呢? 但是在战争中我们已经看到过这种情况。我们在战争中取得了胜利,这并不是因为我们强,而是因为我们虽然弱,却利用了资本主义国家之间的敌对关系。现在,若不利用托拉斯之间的敌对关系,我们就不能适应资本主义的特点,就不能在资本主义的包围中生存下去。第8条:

"8.关于租让企业工人的工资是用外币还是用特别流通券或苏维埃货币等等来支付的问题,可以通过专门协商在每份合同中加以规定。"

你们从这里可以看到,我们准备接受一切可能的支付形式,即外币、流通券或苏维埃货币,并且预先表示愿意很好地考虑实业家向我们提出的一切建议。我们的代表听到的一些具体的建议中有一条是万德利普的建议,他说:"我愿意付给工人中等水平的工资,比如说,一天一块半美元。然后我就在我承租的地区开设几家铺子,出售工人必需的一切物品,但是必须持有一种特别的流通券才能在这些铺子里买东西,而这种流通券我只发给我的承租企业内的工人。"不管他会不会这样做,我们认为这在原则上是完全可以接受的。当然,这里会产生许多困难。要把适应资本主义生产的租让制同苏维埃观点结合起来,自然不是一件容易的事,正像我所说的,这方面的一切努力,都是资本主义同社会主义斗争的继续。这场斗争的形式变了,但它仍然是一场斗争。所有的承租人仍然是资本家,他们力图破坏苏维埃政权,而我们则应当尽量利用他们的贪婪。我们说:"只要能改善我国工人的生活状况,即使他们赚150%的利润,我们也在所不惜。"这就是要进行斗争的原因。

当然,在这方面的斗争比缔结任何和约的斗争都需要更大的随机应变的本领。每次缔结和约时都要进行斗争,而且都有资产阶级列强在背后参与斗争。当我们在同拉脱维亚、芬兰和波兰缔结和约时,列强就曾经在它们背后出谋划策。我们必须这样来缔结和约:一方面要使资产阶级共和国能够生存,另一方面又要使苏维埃政权在世界外交方面得到好处。在同资产阶级列强缔结的每一个和约中,有些条文是经过一场战争才订下来的。同样,租让合同的每一项条文都带有战争性质,因为每一项条文的制定都要经过一场战争。因此,必须善于在这场战争中保卫自己的利益。这是可以做到的,因为资本家从承租企业中得到大量利润,而我们则要使我国工人的生活状况有所改善,通过提成多得到一些产品。如果以外币支付,那就会产生一系列复杂的问题:这些外币怎样换成苏维埃货币,怎样防止投机倒把,等等。我们早就考虑过,任何一种支付方式我们都对付得了,我们都不害怕。资本家先生们,你们爱想什么办法就想什么办法吧——这一条所谈的就是这些。你们运来的货物是否用特别流通券支付,是根据特别条件出售,还是只凭租让企业工人的证件出售,这对我们是无所谓的。无论什么条件我们都对付得了,我们要根据这些条件同你们进行斗争,争取在一定程度上改善我国工人的生活状况。这就是我们为自己规定的任务。这个任务如何通过租让合同来完成,那很难说。例如,在堪察加就不能提出像我们这里或巴库那样的支付条件。如果在顿涅茨煤田实行租让,支付的形式就不可能跟遥远的北部相同。在支付的形式上,我们丝毫没有束缚资本家。合同的每项条文都包含着资本家同社会主义者的斗争。我们不怕这场斗争,并且早就相信我们从租让中能够得到可能得到的好处。第 9 条:

"9. 雇用外国熟练职工的条件,以及有关他们的物质生活和报酬的问题,由承租人同他们自行协商解决。

工会无权要求对这样的工人实行俄国的工资率,同样也无权要求采用俄国有关雇用的规章。"

我们认为这一条是完全必要的,因为要求资本家信任共产党人,本来是一件极端荒谬的事情。这从原则上来看,尤其是从"讲求实利的"观点来看,都是很清楚的。如果我们说,雇用条件必须由工会批准,如果我们对资本家说,任用任何一个外国技师或专家我们都同意,但是请按照俄罗斯联邦的劳动法典办事,那就很明显,恐怕没有一个外国技师能够而且愿意那样做。因此,这样规定完全是流于形式。也许有人会说,政府讲的是一回事,工会讲的将是另一回事,因为政府不是工会,工会不是政府,这样在法律上就会引起"麻烦"。但是我们写这个不是为了律师和诉讼代理人,而是为了共产党员。我们是根据党的第十次代表大会关于应当怎样实行租让政策的决定写的。在欧洲人可以看到的我国文献中已经清楚地指出,租让政策是由作为执政党的共产党领导执行的。这并不是什么巧妙的把戏,这些文献已经译成各种文字。如果我们这些政治领导人不指出,我们不能够而且也不愿意在这方面利用我们对工会的影响,那就根本谈不上什么租让政策。教他们这些资本家学共产主义是没有必要的。我们是优秀的共产党员,但是我们并不想通过租让来建立共产主义制度。租让是同资产阶级强国签订的条约。如果有这样的共产党员,他想根据共产主义的原则同资产阶级强国签订条约,那我们就要把他送进疯人院,并且对他说,"你虽然是一个优秀的共产党员,到资产阶级国家去做外交官却不合适"。还有这样的共产党员,他们在考虑租让政策时想在合同中体现出共产主义原则,这种人也快要进疯人院了。在这方面必须懂得资本主义的生意经,不懂是不行的。除非不实行租让,否则就应该懂得,必须给予外国工人和技师充分的自由,利用这些资本主义条件,使之有利于我们。当然,在这方面我们是不打算规定任何限制的。

在第9条的第三部分,有这样一个限制:

"外国职工和俄国职工的比例,无论在总人数方面或各个工种的人数方面,概由双方在签订各个租让合同时通过协商分别加以规定。"

当然,我们不能禁止把外国工人运到我们不能提供俄国工人的地区去,例如运到堪察加去从事森林工业。有的工业地区(如矿山)没有饮用水或粮食,如果资本家愿意到那里去经营,那他们就应该带工人去,在人数的限制上我们可以大大放宽。反之,在有俄国工人的地方,我们就要商定一个比例,使我国工人一方面能够学到东西,另一方面又能够改善自己的生活状况,因为我们想要从租让企业中吸取对我国工人有益的东西,也就是要运用资本主义技术的最新成就来改善我国的企业。这一切,资本家在原则上并没有反对。最后一条——第10条:

"10.承租人在得到俄罗斯联邦政府机关的同意后,有权从俄国公民中聘请高度熟练的专家;具体的雇用条件应得到中央政权机关的同意。"

很明显,在这方面我们不能像对待外国技师和工人那样,给以充分的自由。对于他们,我们不加干涉,因为他们完全受资本主义关系的支配。可是对于我们的专家和技师,我们不许诺他们有这样的自由。我们不能让我们最优秀的专家到租让企业去工作。但是我们并不想完全禁止,不过必须对合同的执行进行自上而下和自下而上的监督。那些将要在租让企业工作的工人、共产党员,应该对是否履行了合同的条件、是否进行职业技术教育、是否遵守法律等方面进行监督。在同一些现代资本巨头进行的初步谈判中,这一条在原则上并没有遭到他们的反对。

这就是人民委员会所批准的全部条文。我希望这些条文能使大家明白我们想实行的是什么样的租让政策。

毫无疑问,每一项租让仿佛都是一场新的战争,不过这是在另一个领域内即在经济领域内进行的战争。我们必须适应这种情况,但是这一点应该善于根据党代表大会的精神来办。必须争取喘息时机,作出牺牲,忍受困苦,否则我们的目的就不能达到;我们的目的只有一个,就是要在资本主义包围中利用资本家对利润的贪婪和托拉斯与托拉斯之间的敌对关系,为社会主义共和国的生存创造条件。社会主义共和国不同世界发生联系是不能生存下去的,在目前情况下应当把自己的生存同资本主义的关系联系起来。这里就发生了一个问题:租让的具体条件究竟怎么样。例如在石油合同方面,这些具体条件就是把$\frac{1}{3}$—$\frac{1}{4}$的格罗兹尼和巴库租让出去。提成的幅度是,从开采的石油中给我们留下 30% — 40%。我们要求保证在一定期限内使石油的开采量达到 1 亿普特,保证使输油管从格罗兹尼、从彼得罗夫斯克通到莫斯科。至于是否需要付出一定的补贴,这个问题可以在每个合同中加以规定。但是根据这些条件来看,合同什么样应该是清楚的。对工会来说,重要的是党员领导干部要领会这个政策的特点,并为自己规定一个任务:为了执行党代表大会的决定,根据在资本主义包围下社会主义制度的任务,无论如何要实行这种租让。任何一项租让都会带来好处,都能立即改善一部分工人和农民的生活状况。所以说能改善农民的生活状况,是因为每一项租让都将提供一些我们所无力生产的额外产品,因而我们可以拿这些产品去同农民进行交换,而不必采用税收的办法。

事情不是很容易的,对苏维埃政权机关来说更是如此。从这个基本立场出发,就应当把实行租让作为我们的任务,而不顾这方面存在的一切偏见,抛弃不愿意变动、不愿意革除旧习气的心理,不怕一部分工人收入多另一部分工人收入少造成的麻烦。这样的麻烦和抱怨还可以举出很多很多,它们足以使任何一项实际的改善都无法实现。外国资本也正是利用这一点在兴风作浪。我还没有看到过其他的政策遭到俄国白卫分子报刊聪明透顶的代表人物这样强烈的反对;喀琅施塔得事件**12**表明了这些人物要比五个切尔诺夫和五个马尔托夫加起来还要高明得多。他们很清楚,如果我们由于偏见而不能改善工农的生活状况,那我们就会给自己造成更大的困难,从而使苏维埃政权的信誉扫地。你们知道,我们一定要实现这种改善。只要能够改善工农的生活状况,我们不惜让外国资本家拿走 2 000% 的利润——而改善工农生活状况这一点则是无论如何应当实现的。

# 2
# 讨论时的插话

我们刚才听了施略普尼柯夫同志和梁赞诺夫同志的充满外交辞令的演说。尽管他们现在大声疾呼地提出抗议,但用的却是这样的外交口吻,如果用来同承租人和资产阶级国家进行谈判,他俩倒是最高明不过的了。我们来开会,由我向会议报告中央委员会和人民委员会内部发生的意见分歧。这些分歧在会上的辩论中也会暴露出来……   由于有意见分歧,才出现了第十次代表大会的决定。决定说:"赞同人民委员会的法令,在巴库和格罗兹尼实行租让。"我们打算在这个会上对这个问题彻底讨论一下,因此我请求拒绝施略普尼柯夫和梁赞诺夫的建议,让拟将继续进行的辩论的结果满足他们的求知欲(姑且不说是好奇心)。

# 3

# 总 结 发 言

同志们！这里从一开始就有人问起，我们对租让问题的意见分歧是否很大。施略普尼柯夫同志还希望更系统地了解每一项合同。我担心，单是由于技术条件的限制，这一点也是办不到的。例如，在同一些强国签订和约时，总是先作出一般性的指示（起初这种指示拟得非常详细），然后我们的做法往往是这样：同资产阶级国家签订的某一种类型的和约不加声张地予以接受，而大量的细节问题就交给受权签订条约的代表们去处理。人民委员会和中央委员会的大多数委员则很可能对大部分细节并不了解。这件事也是如此：我们注意的是原则问题，而我们感到有产生意见分歧的危险。所以党的代表大会不得不进行干预。所以我们这个只有党员参加的会议是一次互相通气的会议。我们向你们宣读了人民委员会作出的决定。

人民委员会作出的决定是同两位很有名的工会工作者[16]的建议截然相反的。除了举行现在这样的会议，还有什么其他办法向共产党党团的多数成员征求意见呢？结果，意见分歧比我们想象的要小。这是最符合我们的愿望的。这次会议不作记录，我们不准备在报刊上进行讨论。目的已经达到了。

我们向你们介绍人民委员会的决定，是要让你们了解，我们是怎样作出党代表大会的决定的。遗留下来的意见分歧，无非是一些在日常工作中的各种问题上常见的分歧,可以用简单表决的办法来解决,不致成为妨碍工作的理由。这样,服从多数就不仅是一种形式,而且是一种使工作不致受到妨碍的办法。我认为,我们在这里取得了这样的成果,即没有发生任何重大的意见分歧,而局部性的意见分歧在工作进程中是会消除的。

梁赞诺夫同志纯粹出于个人的特性,竭力把同工人反对派[17]的意见分歧也牵扯出来。他特地挑选了那种必然惹怒别人的措辞,然而他并没有达到目的,发言的人谁也没有受到挑动。

一位同志在字条上写道,我们这里是在签订第二个布列斯特条约。第一个布列斯特条约[18]是成功的,而对第二个他有怀疑。从某种程度上说,这样说是对的。但是现在这个条约是经济领域里介乎布列斯特条约和同任何一个资产阶级强国签订的条约两者之间的东西。我们已经签订了几项这样的条约,其中包括同英国签订的一项通商条约。租让合同就是介乎布列斯特条约和同资产阶级列强签订的这类条约之间的一种条约。

接着梁赞诺夫同志提出了一个完全正确的看法,这一点我想在开始时就强调一下。他说:如果说我们想签订租让合同,那并不是为了改善工人的生活状况,而是为了提高生产力。完全正确!我们决不放弃改善工人的生活状况,我手头就有国民经济委员会的工作人员拟订的同瑞典"滚珠轴承"公司签订的合同草案。(读草案)

在这份合同里没有规定改善工人生活状况的义务。确实,合同规定:俄国政府负责供应工人的一切必需品,如果俄国政府做不到这一点,资本家就有权从国外调进工人。至于俄国政府是否有能力向工人提供计划规定的一切,我想,无论是我们,还是国民经济委员会,或是瑞典方面,谁都不抱幻想。但是不管怎样,在这一点上梁赞诺夫同志是完全正确的,因为实行租让的出发点不是改善工人的生活状况,而是提高生产力,是我们为了增加产品数量而作出巨大牺牲的一笔交易。那么,这些牺牲表现在哪里? 有人说我在粉饰或者缩小这些牺牲。特别是梁赞诺夫同志企图对此大加挖苦。我并没有缩小这些牺牲,我倒说过,也许我们不得不把百分之几百的,甚至百分之几千的利润给予资本家。关键就在于此!

我原来设想,根据专家们的计算,假如资本家从他生产的 1 亿普特石油中,拿走 5 000 万到 6 000 万普特,运去出售,获利 1 000% ,或许更多,而我们拿 30%—40%的石油,那么情况是很清楚的。而当我们试图弄清楚克拉辛同那些生意人,即同那些贪婪的商人初步商谈的合同条件时,我问他:"是否能设想这样一种合同,即商定给资本家一定百分比的利润,譬如 80%,行不行?"他说:"现在谈不到利润多少的问题,因为这帮强盗现在要攫取的不是 80%,而是 1 000% 的利润。"

在我看来,牺牲将是极其巨大的。如果我们把矿山或者森林租让出去,把国外急需的原料,譬如说锰矿石,拿出去,那就是说,我们无疑要作出巨大的牺牲。格鲁吉亚现在已经成了苏维埃的格鲁吉亚。目前是要把格鲁吉亚、阿塞拜疆和亚美尼亚这三个高加索共和国联合成为一个经济中心。石油是阿塞拜疆生产的,需要通过巴统,通过格鲁吉亚境内运输,这就会形成一个统一的经济中心。

有一条消息说,格鲁吉亚的孟什维克政府曾签订过一项租让合同,这项合同对我们来说大体上也可以接受。我在此之前只能同格鲁吉亚的同志们联系了一下,从同全俄中央执行委员会秘书叶努基泽同志(他本人就是格鲁吉亚人)的谈话中了解到,他曾经到过那里,并且同格鲁吉亚的孟什维克政府签订过一项条约,但不是租让合同,规定他们无抵抗地把格鲁吉亚$\frac{1}{6}$的土地交给我们,而他们则得到不受侵犯的保证。[19]

但是,他们在叶努基泽同志参与下签订了这项条约以后,尽管得到了不受侵犯的保证,却还是宁肯从巴统跑到君士坦丁堡去了。这样一来,从得失这两方面对我们都有利:我们得到了领土,即巴统及其周围地区——不是为俄罗斯,而是为苏维埃格鲁吉亚;失去了大批跑到君士坦丁堡去的孟什维克。

现在知道,格鲁吉亚革命委员会十分倾向于批准租让那些过去从未开采过的煤矿,并认为这种租让是极其重要的。有两个外国的代表——意大利和德国的代表——曾来到格鲁吉亚,并且在苏维埃革命时也没有离开。这个情况极为重要,因为同这些国家发展关系,即便是通过租让发展关系,也是我们所希望的。意大利甚至同格鲁吉亚已订有租让合同;而德国的情况是,奇阿图拉锰矿中极大一部分是属于某些德国资本家的。现在的问题是把这项所有权改为租借权或者承租权,也就是把那些原来为德国资本家所有的矿山仍然租借给那些德国资本家。鉴于高加索政治局势的变化,租让关系是有可能形成的。而对我们来说,重要的是把一扇又一扇窗户打开。同英国签署的条约是社会主义共和国同一个资产阶级国家签订的条约,是一项给我们增加了一定负担的条约。

对于第一个同我们签订条约的国家,我们支付给它的黄金数额,要比给其他国家的多得多。而结果证明,由于签订了这个条约,我们才开了一扇窗户。而我们对任何一种租让也正是应当从这个观点出发来加以评价。

德国和意大利迫于自己的经济状况,不得不找俄国结成联盟。对于俄国来说,同德国联盟能开辟经济发展的广阔前景,这与德国革命是否将很快取得胜利无关。我们同德国的资产阶级政府也能谈判,因为凡尔赛条约[20]使德国处于难以忍受的地位,而同俄国的联盟则能开辟完全不同的前景。意大利由于没有自己的燃料来源,所以决定开采在他们之前从未有人开采过的高加索煤矿。如果德国人对石油租让动了心,那是毫不奇怪的,因为德国根本没有燃料。

这里有位同志说,堪察加的租让项目不会改善工人的生活状况。这个说法是完全错误的。梁赞诺夫同志挖苦说,我们同万德利普打交道是要吃亏的。这说得也根本不对。的确,我们犯过一个错误,就是给哈定发了电报。但是既然直到目前为止我们同美国没有签订任何合同,也未有任何交往,所以在这方面也就不存在错误了。我们仅仅看出了万德利普是在吹嘘他同美国政府的联系而已。现在完全有可能通过派遣我们的代表到加拿大去购买机车,通过这扇旁门,我们将能取得进入美国市场的某种通道。

关于堪察加的租让谈判,现在已开始积极进行。说这些租让项目不会改善工人的生活状况,那是完全不正确的。如果这些租让项目能够实现,工人的生活状况无疑会得到改善,因为我们将会得到一定的提成,似乎是 2% 吧。当我们一无所有时,就这 2% 也多少是笔收入。如果我们从 100 万中提取 2 万,把这 2 万用来同农民进行交换,那我们就会得到工人所必需的一部分农产品。

其次,我想指出,你们向我们提出的某些意见仍然表明,在工会工作者中还存在着意见分歧,或者更确切地说,还存在着疑虑。这是唯一的危险。我们需要在我们中间,譬如说通过党员之间深入进行讨论来加以消除。例如,马尔舍夫同志说,支付应用现金,而不是用流通券。至于说阿姆斯特丹分子[21],不管他们会不会攻击我们,我们应当就这个问题取得一致意见。

不久前我重新翻阅了我在1918年5月所写的一本小册子。我在这本小册子中引用了孟什维克的《前进报》[22]。孟什维克伊苏夫在这份报纸上指责苏维埃政权准备实行租让制,指责苏维埃政权同资产阶级国家搞妥协。① 这是孟什维克就租让问题来指责我们的老伎俩。在西欧也已经因为这个问题形成许多集团。共产党人懂得,租让就是一个布列斯特条约。由于我们这个农民占人口绝大多数的国家遭到破坏,我们才不得不去签订这个条约。任何人都知道,没有大工业,国家的复兴是不可能的。

德国的共产党人理解我们为什么要让步,而谢德曼分子和第二半国际[23]却说,实行租让证明我们遭到了破产。我还记得,去年在一次会议上我引用了美国沙文主义者斯帕戈的话②,他专门写了一大堆用类似我国阿列克辛斯基的观点来谈论布尔什维克的书。在谈到租让时,他简直是手舞足蹈,欣喜若狂。那时我就指出,这是彻头彻尾的颠倒是非。昨天国际资本企图扼杀我们,而今天我们却同这个国际资本签订了一系列协定。

我们作出牺牲,把数以百万计的极其宝贵的物资交给外国资本家。他们利用这些物资可以获取百分之几百的利润。这是我们完全有意识地作出的牺牲。但同时我们应当指出:我们容许他们获取随便多少利润,而我们也必须得到我们所需要的好处,即增加

---

① 见《列宁选集》第3版修订版第3卷第533页。——编者注
② 见《列宁全集》中文第2版第40卷第25、41页。——编者注

产品数量和在可能情况下既改善租让企业中又改善非租让企业中我国工人的生活状况。

施略普尼柯夫同志在这里说,最好把企业租让给俄国工人。这种说法太可笑了。那样的话,就要保证供应燃料等等,而我们连自己最重点的企业都不能保证供应。我们的燃料情况很糟。一般说来,同俄国工人签订任何一种租让合同,在原则上是完全允许的。但是这种解决问题的办法对我国的大工业是不严肃的,因为我们什么也不能保证供应,而外国的承租人则可以把必需品从国外运来。这就是同外国资本家签订租让合同的不同之处。他们拥有世界市场,我们在经济上却没有一个可靠的后方。而要建立这样的后方,我们至少要花十年时间。这正是我们应当清醒地估计到的。我们所有的工作人员都证明在这个问题上情况就是如此。

我们知道,电气化计划是最节约的计划。我们不能把我国的大工厂出租给俄国工人。这里我们要指望小工业,要发展它,并且首先不该像梁赞诺夫同志或一本小册子的作者那样咒骂我们征收粮食税的措施,那本小册子说我们实施的是无政府工团主义的法律。

谈到发展小工业,我们应当采取一些步骤。这方面不需要国家提供保证就能立即得到一些东西,再说我们连自己最重点的企业都无法保证供应,所以要全力以赴地发展小工业,它会向我们提供农民所需要的某些产品。

关于用现金还是用流通券的问题,我认为:当政权在资本家手里时,这是可怕的。现在对我们并不可怕,因为所有的工厂和企业都掌握在我们手里,而我们现在出租给资本家的连十分之一都不到。我再说一遍,我们不害怕流通券,因为资本家有责任提供我们规定的商品,不光是像这里所提到的咸鱼,还有这样那样的东西。我们既然采用了外国工人的标准,那么,我们知道,外国工人按标准所得到的食品,比俄国工人所得到的甚至更多、更好一些。

在这个会上施略普尼柯夫同志说:"我们看到过租让是怎么回事。"施略普尼柯夫同志和很多实际工作者都常犯这样的错误。我还常常听到有人说:"你们是公式化地理解租让。资本家总是使最有经验的俄国法学家受骗。"是的,当国家政权掌握在资本家手里,一切实力都掌握在资本家手里时,是有过这种情形。那时的国家政权是什么? 那时的国家政权是居统治地位的有产阶级的事务委员会。资本主义政府是地主和资本家的事务委员会。但是,如果我们手里拥有大批工厂、铁路,我们又有居领导地位的党(在基层有共产党支部,在上层有共产党员),还不能捍卫自己的利益,那就应当去自杀。这就是惊慌失措!

但是我想,我们无论多么不中用,也不至于上当受骗。到目前为止,法国和英国当局同我们签订了几项协定,尽管他们有第一流资产阶级外交家效劳,却一次也没有能够使我们上当受骗,既然如此,那为什么要惊慌失措,似乎一用流通券就能够使我们上当受骗呢? 让我们回忆一下布列斯特条约。布列斯特条约难在什么地方呢? 为这个条约辩护有什么困难呢? 当时有人问我,我是否指望我们能骗过德国人。我由于职务关系必须说,不指望。而现在布列斯特条约已经成了历史的陈迹。

我不知道,加米涅夫同志准备的那本小册子(其中谈到鲁登道夫)是否已经出版。但是我知道,不是别人,正是鲁登道夫写了一本极好的回忆录,其中有 10 页是专门讲述布列斯特谈判的。我和加米涅夫读完这一章后说过:这是对布列斯特条约作的最好的辩护。作者叙述说,在布列斯特谈判中托洛茨基等人是怎样对他们施加压力,又怎样哄骗了他们,等等。那时我们就认为必须把这几页翻译出来,并由加米涅夫同志写一篇短序出版。假如这件事到现在还没有办好,那就是苏维埃政权无能的一件典型事例。其次,我们再举出另一个事实。大家知道,我国驻德大使越飞同志在德国革命前夕被驱逐出境。在这件事之后,请你们不要再轻易预言,谁能骗得过谁。我们不去推断从签订第一个租让合同到欧洲爆发第一次大规模革命将相隔多少天。因此,关于合同问题,我肯定地说,同志们说得完全不对。这对我们一点也不可怕。

合同将规定,他们应当提供哪些商品和按什么价格出售。我们可以同意使用任何一种流通券和配售证。如果他们破坏合同,我们就有权立即废除合同。合同是一种民事契约。至于应该有什么样的仲裁,以及纠纷应由谁来解决的问题,我至今没有去研究。不过我现在可以来看一下同瑞典公司签订的合同草稿。这里是这样说的:意见分歧的解决由……

这里动用了院士,而院士们又设法动用法学家。我记得倍倍尔说过:法学家是最反动的人,而且都是一些资产阶级的人物。当然,这一点我们可以设法纠正过来。但是这里并没有什么可怕之处。假如承租人提出这个条件,那么我们可以接受它。既然合同明确规定,应当提供哪些商品和配售证如何支付,那么我们可以采纳这个办法。无论是流通券,还是配售证,对社会主义共和国来说都没有什么可怕。另外还有人说,第9条不好,因为我们会脱离国际工会理事会[24]。洛佐夫斯基恫吓我们说,阿姆斯特丹分子会攻击我们。不过反正他们根据其他所有各条也是会来攻击我们的,而结果正像以往那样,还是他们自己碰壁。

你们记得，因为我们向资本家作了一点点让步，孟什维克就曾打算猛烈攻击我们。当我们想要推翻资本主义时，他们说，我们最多只能推翻几天。而当我们推翻了几年以后，他们又在给我们设圈套。他们总是想方设法把对手引到必然挨打的地位。

最初他们称我们是空想主义者，后来建议我们从五层楼倒栽下来。我们知道，我们这里小经济是大量的。小私有者是我们的对手。小私有者的自发势力是我们最危险的敌人。承租人和租借者则是较次要的敌人。官僚制度和官僚主义弊病也是我们的敌人。

至于洛佐夫斯基同志所谈到的那一条，我要说的是：请大家仔细听一听这一条的内容。这里是这样讲的："工会无权要求对这样的工人实行俄国的工资率，同样也无权要求采用俄国有关雇用的规章。"这里指的是俄国工会，有人却跟我谈国际工会。当然，如果资本家看到俄国的条件，那他们就会说这是共产党的条件，是荒谬的条件，会说俄国工会无权提出俄国的雇用条件，因为在这些条件里"塞进"了某种不合情理的要求。但是俄国工会完全有权采用国际上的职业合同。仅这一点也就够了。这里没有一处谈到禁止罢工。在这方面不应当过早地讲出一切。

至于改善俄国工人生活状况的问题，马尔舍夫同志和塔尔塔科夫斯基同志就这一点攻击说：你们同工人是搞不好关系的，也不能强迫他们去工作，因为如果你们只保证$\frac{1}{5}$工人的生活，那么其余$\frac{4}{5}$就不愿在较差的条件下工作了。难道我们的工人是如此不讲道理、不讲文明和不守纪律的吗？假如是这样，那自然理应惊慌失措，并且应当自杀了事。假如有 100 个工人挨饿，而我们对他们说，我们只能养活 20 个，再多不行，难道他们会不让我们这样做吗？事实上直到如今我们还没有遇到过这种情况。我们勉勉强强供养了某些工业部门的工人，而并不是所有工业部门的工人，这些企业的工人毕竟并没有全部跑掉，而其他企业的工人却统统跑掉了。难道俄国工人竟然被苏维埃政权的错误弄得连这样一笔账也不会算了：哪怕养活 20 个人，总比逼得 100 个人全都挨饿要强吧？这里有很多事情不该把话说得过早。为什么不能使工人在资本家那里轮流干活呢？一部分工人可以干上六个月，领取工作服，然后把位子让给另一部分工人，使他们也能有饭吃。当然，在这个问题上，要同各种偏见作斗争。

当承租人到我们这里来的时候，我们应当约束我们的工会，不让它们提出过分的要求。你们知道，通常的合同期限很短。在欧洲没有签订长期合同的条件。通常的期限是六个月。这样，工人们可以得到东西吃，领取鞋子和服装，然后离开，把位子让给别人。

一部分人干上半年活，吃饱了，领取了美国的鞋子和服装，然后把位子让给别人，这一点我们是否绝对无法做到呢？当然，做到这一点有困难。这需要有比我们现在更强的组织性和纪律性，但并不是不可能做到的。既然我们在三年可怕的饥饿时期能想出办法使工人坚定地反对外国资本的侵略，难道在现在这个问题上我们就不能想出办法来吗？在这条道路上将会遇到什么困难，我是非常清楚的。所以我才说，租让并不意味着阶级间和平的到来。租让是阶级间战争的继续。

如果说，从前的战争表现为我让你挨饿，你什么也得不到，那么现在我要说，我愿意给每人一双鞋，但是工人必须干半年活。而我们将为全部工人都能得到鞋子进行战斗。我们不放弃举行罢工的权利，这一切都还掌握在我们手中，只要我们聪明一些，现在就应当尽量强调对资本家有诱惑力的方面。

这里有人说，让资本家来，让他们来欺骗我们，真是太可怕了。而我肯定地说这并不可怕，为了提高生产率，就是希望他们来，因为他们有组织得很好的后方、设备完善的工厂。我们可以在这些工厂里订购需要的部件，而不必去自由市场购买，因为自由市场上只有一堆破烂货。第一流工厂今后几年的产品已经预订完了。即使我们用我们的黄金去支付，我们还是什么都买不到，而辛迪加的成员却可以得到一切。只要能改善哪怕是一小部分工人和农民的生活状况，我们即使给资本家多付一点，也在所不惜，因为每多生产一些产品，都可以用来向农民换取粮食，这样就会建立起工人阶级同农民之间的牢固关系。

总之，在结束讲话时，我请求工会工作者不要再辩论这些原则问题，不要再争论了。这都是些无谓之争，都是不切实际的空谈。应当停止这些空谈了。应当把全部注意力放在租让合同的实际条件上，我们只要不是笨蛋，就能从中获得好处。在这方面，工会工作者和党的领导人应当发挥聪明才智，应当切实了解这些条件，而这一切我们不能也不会在报刊上谈论，因为资本家正盯着俄国的报刊，正如在布列斯特条约时期，我们没有在报刊上谈论过交给越飞同志的是哪些任务一样。事实上，我们要把注意力放在对改善工人和农民生活状况有利的实际办法上。任何一种这样的改善对我们来说都具有重大意义。这才是工会工作者应当注意的事。要消除一切摩擦和偏见。这是一件难事。目前还没有人愿意同我们签订租让合同。人们都预计我们会提出无法实现的要求。

因此，从我们这方面来说，应当全力以赴签订几项这样的合同。我们无疑会犯许多错误。这是一项新的事业。到目前为止，还没有任何一个社会主义共和国同资本家签订过任何租让合同。但是我们需要工会工作者给我们以帮助。在这方面是大有可为的,可以对合同作各种解释,也可以施加各种压力,直至发动罢工,这是我们仍然保留着的权利。

载于 1932 年《列宁文集》俄文版第 20 卷

选自《列宁全集》中文第 2 版第 41 卷第 153—182 页

# 论 粮 食 税

（新政策的意义及其条件）[25]

（1921 年 4 月 21 日）

## 代 引 言

粮食税问题在现时引起了特别多的注意、讨论和争论。这是完全可以理解的,因为它确实是当前情况下我们政策的主要问题之一。

讨论稍微有些混乱。由于极其明显的原因,我们都犯有这种毛病。所以,如果不从这个问题的"眼前最惹人注目的"方面,而从它的一般原则方面来加以考察,那将更为有益。换句话说:就是要看一看我们现时正在勾画当前政策中某些实际措施的那幅图画的整个基本背景。

为了作这样的尝试,我想从我那本《当前的主要任务。论"左派"幼稚性和小资产阶级性》①的小册子中,摘引一大段话。这本小册子在 1918 年曾由彼得格勒苏维埃出版过,内容包括:第一,登在 1918 年 3 月 11 日报上的谈布列斯特和约[18]的文章,第二,1918 年 5 月 5 日登载的与当时左派共产主义者[26]集团论战的文章。论

---

① 见《列宁选集》第 3 版修订版第 3 卷第 511—540 页。——编者注

战部分现在已用不着,所以我把它删掉,只留下了有关"国家资本主义"和从资本主义向社会主义过渡的我国现时经济的基本成分的论断。

当时我这样写道:

# 关于俄国现时经济

（摘自 1918 年出版的小册子）

"……国家资本主义较之我们苏维埃共和国目前的情况,将是一个进步。如果国家资本主义在半年左右能在我国建立起来,那将是一个很大的胜利,那将极其可靠地保证社会主义一年以后在我国最终地巩固起来而立于不败之地。

我可以想象,有人将怎样义愤填膺,怒斥这些话…… 怎么?在苏维埃社会主义共和国内,向国家**资本主义**过渡竟会是一个进步? ……这岂不是背叛社会主义?

对于这一点,我们应该比较详细地谈一谈。

第一,应当弄清楚,这个使我们有权利和有根据自称为苏维埃社会主义共和国的、从资本主义到社会主义的**过渡**,究竟是怎样的。

第二,应当揭露那些看不到小资产阶级经济条件和小资产阶级自发势力是我国社会主义的**主要**敌人的人的错误。

第三,应当很好地了解**苏维埃**国家在经济上与资产阶级国家迥然不同的意义。

我们来研究一下这三点。

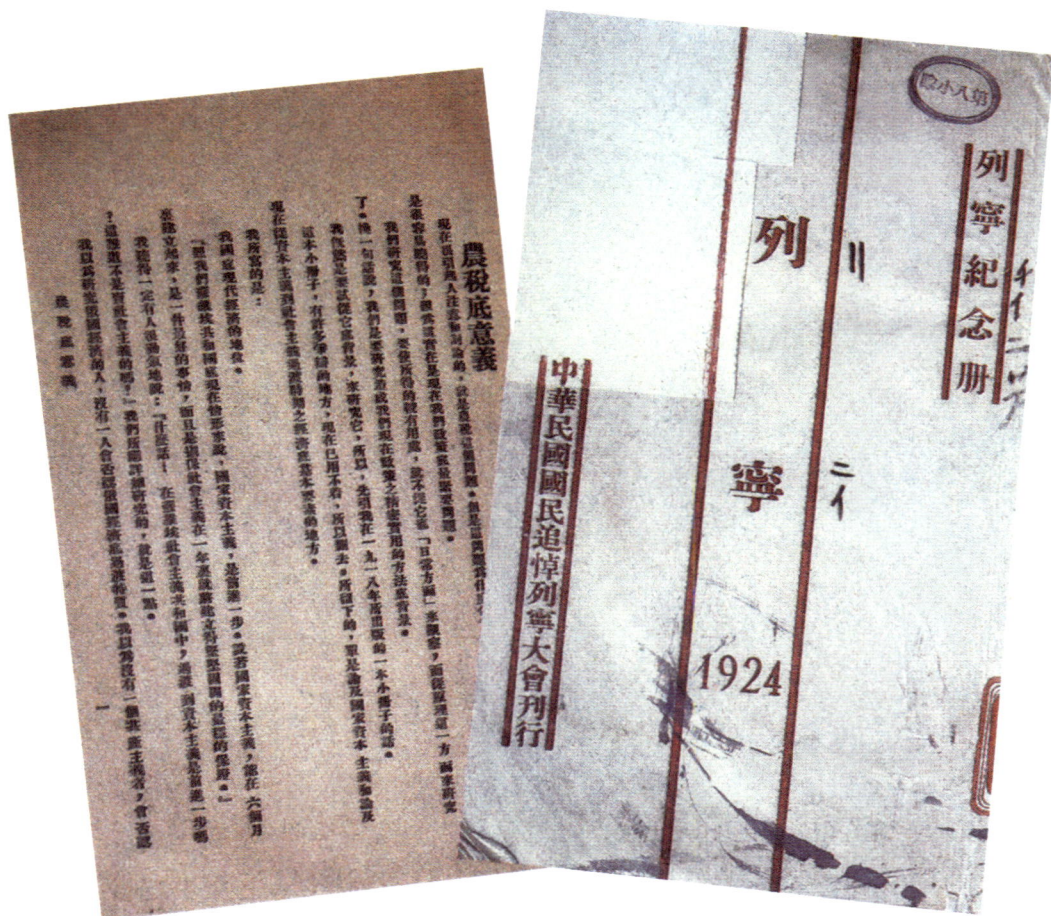

1924 年 3 月为悼念列宁而在北京出版的
《列宁纪念册》和该纪念册所载列宁《论粮食税》一文的中译文
（当时译《农税底意义》）

看来,还没有一个专心研究俄国经济问题的人否认过这种经济的过渡性质。看来,也没有一个共产主义者否认过'社会主义苏维埃共和国'这个名称是表明苏维埃政权有决心实现向社会主义的过渡,而决不是表明现在的经济制度就是社会主义制度。

那么过渡这个词到底是什么意思呢? 它用在经济上是不是说,在这个制度内有资本主义的和社会主义的成分、部分和因素呢? 谁都承认是这样的,但并不是所有承认这点的人都考虑到:俄国现有各种社会经济结构成分究竟是怎样的。问题的全部关键就在这里。

现在我们把这些成分列举如下:

(1)宗法式的,即在很大程度上属于自然经济的农民经济;

(2)小商品生产(这里包括大多数出卖粮食的农民);

(3)私人资本主义;

(4)国家资本主义;

(5)社会主义。

俄国幅员如此辽阔,情况如此复杂,社会经济结构中的所有这些不同的类型都互相错综地交织在一起。特点就在这里。

试问,占优势的是哪些成分呢? 显然,在一个小农国家内,占优势而且不能不占优势的是小资产阶级自发势力,因为大多数甚至绝大多数耕作者都是小商品生产者。在我国,**投机商**时此时彼地破坏国家资本主义的外壳(粮食垄断,受监督的企业主和商人,资产阶级合作社工作者),而投机活动的主要对象是**粮食**。

主要的斗争正是在这方面展开。如果用'国家资本主义'等这些经济范畴的术语来说,究竟是谁和谁进行这一斗争呢? 按我刚才列举的次序,是第四种成分和第五种成分作斗争吗? 当然不是。在这里不是国家资本主义同社会主义作斗争,而是小资产阶级和私人资本主义合在一起,既同国家资本主义又同社会主义作斗争。小资产阶级抗拒**任何的**国家干涉、计算与监督,不论它是国家资本主义的还是国家社会主义的。这是丝毫不容争辩的事实,许多经济问题上的错误的根源就在于不了解这一事实。投机商、奸商、垄断制破坏者就是我国'内部的'主要敌人,即反对苏维埃政权的经济措施的敌人。如果说在 125 年以前,法国小资产者这些最热情、最真诚的革命家想通过处死个别几个'要犯'和颁布大批文告来战胜投机商的愿望在当时还情有可原的话,那么,现在某些左派社会革命党人[27]用纯法国式的态度来对待这个问题,就只能引起每个觉悟的革命者的憎恶或厌弃了。我们非常明白,投机活动的经济基础,就是在俄国人数特别众多的小私有者阶层,以及以每一个小资产者作为自己代理人的私人资本主义。我们知道,这种小资产阶级九头蛇的千百万触角,时此时彼地缠住了工人中的个别阶层,投机活动正在取代国家垄断而渗入我国社会经济生活的每个毛孔。

谁要是看不到这一点,那他就恰恰由于盲目无知而暴露出自己做了小资产阶级偏见的俘虏……

小资产者手头拥有在战时用'正当'办法,特别是用不正当办法积攒起来的几千几千的小款项。这就是作为投机活动和私人资本主义的基础的典型经济形式。货币是取得社会财富的凭证,千百万小私有者紧紧地握住这种凭证,把它瞒过'国家'的耳目,不相信任何社会主义和共产主义,一心想'躲过'无产阶级的风暴。或者是我们使这些小资产者服从我们的监督和计算(只有把贫民即多数居民或者说半无产者组织在觉悟的无产阶级先锋队的周围,我们才能做到这一点),或者是这些小资产者必然地、不可避免地推翻我们的工人政权,就像那些正是在这种小私有者土壤上生长起来的拿破仑们和卡芬雅克们推翻了革命一样。问题就是如此。问题也只能是如此⋯⋯

存有几千小款项的小资产者是国家资本主义的敌人,他们希望一定要为自己使用这几千小款项,反对贫民,反对任何的国家监督,而这几千几千的小款项加起来就是好多个亿,它们成为破坏我国社会主义建设的投机活动的基础。假定说,一定数目的工人在几天内创造出为数 1 000 的价值。又假定说,由于小投机活动,由于各种盗窃行为,由于小私有者逃避苏维埃的法令和条例,这个总数中的 200 消失了。每一个觉悟的工人都会说:假如我从这 1 000 中拿出 300 来就能建立起更好的秩序和组织,那我乐意拿出 300,而不是 200,因为在苏维埃政权下,既然秩序和组织会整顿好,既然小私有者对国家各种垄断的破坏会被彻底粉碎,那么以后减少这种'贡赋',比如说减到 100 或 50,就会是轻而易举的事。

这个用简单数字来表示的例子(为了使说明通俗起见,我故意把它尽量简化)说明了当前国家资本主义和社会主义的相互关系,工人掌握着国家政权,他们在法律上有最充分的可能把 1 000 统统'拿到手',就是说,不让一个戈比落在非社会主义用途上。这种由于政权实际已转到工人手中而产生的法律上的可能性,就是社会主义的因素。但小私有者的和私人资本主义的自发势力却通过很多渠道来破坏法律上的规定,暗中投机,破坏苏维埃法令的执行。国家资本主义将是一个巨大的进步,**哪怕**(我故意用这样的数字作例子,是为了更明显地说明这点)我们付出的代价要比现在**大**,因为'为了学习'是值得付出代价的,因为这对工人有好处,因为消除无秩序、经济破坏和松懈现象比什么都重要,因为让小私有者的无政府状态继续下去就是最大、最严重的危险,它**无疑**会葬送我们(如果我们不战胜它的话),而付给国家资本主义较多的贡赋,不仅不会葬送我们,反会使我们通过最可靠的道路走向社会主义。工人阶级一经学会了怎样保卫国家秩序来反对小私有者的无政府性,一经学会了怎样根据国家资本主义原则来整顿好全国性的大生产组织,那时就会掌握全副王牌(恕我如此来形容),社会主义的巩固就有了保证。

国家资本主义**在经济上**大大高于我国现时的经济,这是第一。

第二,国家资本主义中没有任何使苏维埃政权感到可怕的东西,因为苏维埃国家是工人和贫民的权力得到保障的国家……

　　　　　*　　　　　　*　　　　　　*

为了把问题说得更清楚,我们首先来举一个最具体的国家资本主义的例子。大家都知道,这个例子就是德国。那里有达到'最新成就'的现代大资本主义技术和**服从于容克资产阶级帝国主义的**有计划的组织。如果把这些黑体字删掉,不要军阀的、容克的、资产阶级的、帝国主义的国家,同样用国家,然而是另一种社会类型、另一种阶级内容的国家,苏维埃国家,即无产阶级国家来代替,那你们就会得到实现社会主义所需要的全部条件。

没有建筑在现代科学最新成就基础上的大资本主义技术,没有一个使千百万人在产品的生产和分配中严格遵守统一标准的有计划的国家组织,社会主义就无从设想。我们马克思主义者从来都是这么说的,而对那些甚至连这点都不了解的人(无政府主义者和至少半数的左派社会革命党人)是不值得多费唇舌的。

同时,无产阶级若不在国家内占统治地位,社会主义也是无从设想的,这也是一个起码的常识。历史(除了孟什维克这类头号蠢人,没有人期待历史会顺利、平静、轻易、简单地产生出"完整的"社会主义来)发展得如此奇特,到1918年竟产生出分成了两半的社会主义,两者紧挨着,正如在国际帝国主义一个蛋壳中两只未来的鸡雏。德国和俄国在1918年最明显地分别体现了具体实现社会主义的两方面的条件:一方面是经济、生产、社会经济条件,另一方面是政治条件。

如果德国无产阶级革命获得胜利,那它就能轻而易举地一下子击破任何帝国主义的蛋壳(可惜这种蛋壳是由最好的钢材制成的,因此不是任何鸡雏的力量所能啄破的),就一定能不经过困难或只经过极小的困难而实现世界社会主义的胜利,当然这里是指全世界历史范围的'困难',而不是指平常小范围的'困难'。

如果德国革命迟迟不'诞生',我们的任务就是要**学习**德国人的国家资本主义,**全力**仿效这种国家资本主义,要不惜采用独裁的方法,不惜用野蛮的斗争手段对付野蛮,以促使野蛮的俄罗斯加紧仿效西欧文化。如果无政府主义者和左派社会革命党人中有人(我不由得想起了卡列林和格耶在中央执行委员会上的发言)竟像卡列林那样地议论说,向德帝国主义'学习'不是我们革命家干的事,那么我们只需这样回答:要是认真听信这帮人的意见,革命早就会遭到无可挽救的(也是理所当然的)失败了。

在俄国目前占优势的正是小资产阶级资本主义,从这种资本主义无论走向国家大资本主义或者走向社会主义,都是经过**同一条道路**,都是**经过同一个**中间站,即我们所说的'对产品的生产和分配实行全民的计算和监督'。谁不懂得这一点,谁就会犯不可饶恕的经济错误,他们或者是不了解具体事实,看不到实际存在的事物,不能正视现实,或者是只把'资本主义'和'社会主义'抽象地对立起来,而不研究目前我国这种过渡的具体形式和步骤。

顺便说一下,这就是把《新生活报》[28]和《前进报》[22]营垒中的优秀人物弄糊涂的同一个理论错误。这个营垒中最差的和中等的人物,由于秉性愚钝,毫无气节,已被资产阶级吓倒,做了他们的尾巴;而其优秀人物也不了解,社会主义的导师们之所以说从资本主义到社会主义要有一整个过渡时期并不是没有原因的,他们强调新社会诞生时的那种'长久阵痛'①也不是没有缘故的,并且这新社会还是一种抽象的东西,它只有经过一系列建立这个或那个社会主义国家的各种各样的、不尽完善的具体尝试才会成为现实。

不经过国家资本主义和社会主义所**共有的**东西(全民的计算和监督),就不能从俄国现时的经济情况前进,正因为如此,用'**向国家资本主义方向演变**'来吓唬别人也吓唬自己,在理论上是荒谬透顶的。这恰恰意味着在思想上'偏离了方向',离开了'演变'的真正道路,不懂得这条道路;而在实践上,这等于是向小私有者的资本主义**倒退**。

我绝不只是现在,而是早**在布尔什维克取得政权以前**,就对国家资本主义作过'高度的'评价;为了让读者相信这一点,我想从我在1917年9月所写的《大难临头,出路何在?》这本小册子中摘引几段:

'……试一试用革命民主国家,即用采取革命手段摧毁一切特权、不怕以革命手段实现最完备的民主制度的国家来代替容克

————————
① 见《马克思恩格斯选集》第3版第3卷第364页。——编者注

资本家的国家,代替地主资本家的国家,那又会怎样呢? 那你就会看到,真正革命民主国家中的国家垄断资本主义,必然会是走向社会主义的一个或一些步骤。

……因为社会主义无非是从国家资本主义垄断再向前跨进一步。

……国家垄断资本主义是社会主义的最充分的物质准备,是社会主义的前阶,是历史阶梯上的一级,在这一级和叫做社会主义的那一级之间,没有任何中间级.'(第 27 页和第 28 页)①

请注意,这几段话是在克伦斯基执政时期写的,这里所谈的**不是**无产阶级专政,**不是**社会主义国家,而是'革命民主'国家。我们由这一政治阶梯往上登得**愈高**,我们在苏维埃内把社会主义国家和无产阶级专政体现得**愈充分**,我们就应该**愈不惧怕**'国家资本主义',这难道还不清楚吗? 从**物质**、经济、生产意义上说,我们还没有到达社会主义的'前阶',而不通过我们尚未到达的这个'前阶',就不能走进社会主义的大门,这难道还不清楚吗? ……

*　　　　*　　　　*

下面这个情况也是极有教益的。

当我们在中央执行委员会和布哈林同志争论时②,他还谈到一个意见:在给专家以高额薪金的问题上,'我们''比列宁要右一些',因为我们看不出这里有任何违背原则的地方,我们记得马克思说过,在一定条件下,对工人阶级说来,最适当的是'能赎买下这个匪帮'③(指资本家匪帮,也就是说,从资产阶级手里**赎买**土

---

① 见《列宁选集》第 3 版修订版第 3 卷第 265、266 页。——编者注
② 见《列宁全集》中文第 2 版第 34 卷第 252—253 页。——编者注
③ 参看《马克思恩格斯选集》第 3 版第 4 卷第 375 页。——编者注

地、工厂及其他生产资料)。

这个非常值得注意的意见……

……让我们深入思考一下马克思的思想吧。

他指的是上一世纪70年代的英国,是垄断前的资本主义的极盛时代,是当时军阀机构和官僚机构最少的国家,是当时最有可能'和平地'即通过工人向资产阶级'赎买'的办法取得社会主义胜利的国家。所以马克思说:在一定条件下,工人决不拒绝向资产阶级赎买。至于变革的形式、方法和手段,马克思没有束缚自己的手脚,也没有束缚未来的社会主义革命活动家的手脚,他非常懂得在变革时会有怎样多的新问题发生,在变革进程中整个情况会怎样变化,在变革进程中情况会怎样频繁而剧烈地变化。

在苏维埃俄国,**在**无产阶级取得政权**以后,在**剥削者的军事反抗和怠工反抗被镇压下去**以后**,已经形成**某些**类似半世纪前在英国可以形成的条件(如果英国当时开始和平地向社会主义过渡的话),这难道还不明显吗?当时英国有下列种种情况可以保证资本家屈服于工人:(1)工人即无产者在人口中占绝对优势,因为已经没有农民(在70年代的英国已经有一些征象,可以指望社会主义在农业工人中非常迅速地得到成功);(2)加入工会的无产阶级具有很高的组织程度(当时英国在这方面居世界第一位);(3)在长期的政治自由发展中受到严格训练的无产阶级具有比较高的文明程度;(4)组织得极好的英国资本家——当时他们是世界各国中最有组织的资本家(现在这个领先地位已经转到德国)——长时期惯于用妥协的方法解决政治和经济问题。就因为这些情况,当时才会产生有可能使英国资本家**和平地**屈服于英国工人的想法。

在我国,目前已有某些具体前提(10月的胜利和从10月到今年2月对资本家军事反抗和怠工反抗的镇压)使这种屈服得到保证。在我国,工人即无产者**没有**在人口中占绝对优势,**没有**很高的组织程度,胜利的因素是最贫苦的、迅速破产的农民对无产者的支持。最后,在我国,既没有高度的文明,也没有妥协的习惯。如果考虑一下这些具体条件,那就很清楚,我们现在能够而且应该把两**种办法结合起来**,一方面对不文明的资本家,对那些既不肯接受任何'国家资本主义',也不想实行任何妥协,继续以投机和收买贫民等方法来破坏苏维埃措施的资本家,无情地加以惩治;另一方面对文明的资本家,对那些肯接受并能实施'国家资本主义',能精明干练地组织真正以产品供应千百万人的大企业而对无产阶级有益的资本家**谋求妥协**或向他们实行赎买。

布哈林是一位学识卓越的马克思主义经济学家。因此他想起马克思曾经十分正确地教导工人说:正是为了易于过渡到社会主义,保存大生产的组织是很重要的;如果(作为一种例外,当时英国是一种例外)将来种种情况迫使资本家和平屈服,在赎买的条件下文明地有组织地转到社会主义,那就**给资本家付相当多的钱**,向他们赎买,这种思想是完全可以容许的。

但是,布哈林错了,因为他没有考虑到俄国目前的具体特点。我们目前正处在一种特殊的情况下,就是说,我们俄国无产阶级在政治制度方面,在工人政权的力量方面,比不管什么英国或德国都要**先进**,但在组织像样的国家资本主义方面,在文明程度方面,在从物质和生产上'实施'社会主义的准备程度方面,却比西欧最落后的国家还要**落后**。正是由于这种特殊情况,工人们目前有必要对那些最文明、最有才干、最有组织能力、愿意为苏维埃政权服务并且诚心诚意地帮助搞好大的和最大的'国家'生产的资本家实行特殊的'赎买',这难道还不明白吗？在这种特殊情况下,我们应该竭力避免两种都是小资产阶级性质的错误,这难道还不明白吗？一方面,如果说我们既然承认我国经济'力量'和政治力量不相称,'因而'就不应该夺取政权,那就犯了不可救药的错误。所谓的'套中人'**29**就是这样推论的,他们忘记了,'相称'是永远不会有的,在自然界的发展中,也和在社会的发展中一样,这样的相称都是不可能有的,只有经过多次的尝试——其中每次单独的尝试都会是片面的,都会有某种不相称的毛病——才能从**一切**国家无产者的革命合作中建立起胜利的社会主义。

另一方面,纵容那些空喊家和清谈家,显然也是错误的,这些人一味陶醉于'鲜明的'革命性,但要从事坚韧不拔、深思熟虑、周密审慎并考虑到各种十分困难的转变的革命工作,他们却无能为力。

幸而一些革命政党的发展史以及布尔什维主义与它们作斗争的历史给我们留下了各种鲜明的典型,其中左派社会革命党人及无政府主义者充分表现出自己是一种不大好的革命者典型。现在他们歇斯底里地叫嚣,上气不接下气,高喊反对'右派布尔什维克'的'妥协'。但是他们没有能力深入地思考一下,过去那种'妥协'究竟坏在**哪里**,它**为什么**理所当然地受到历史和革命进程的谴责。

克伦斯基时代的妥协把政权交给了帝国主义资产阶级,而政权问题是一切革命的根本问题。1917年10月和11月间一部分布尔什维克主张妥协或者是由于害怕无产阶级取得政权,或者是想不仅同左派社会革命党人之类的'不可靠的同路人',而且同切尔诺夫分子和孟什维克这些敌人来平等地**分掌**政权,而这些敌人在驱散立宪会议[30]、无情地消灭鲍加耶夫斯基之流、普遍实行苏维埃制度和进行每一次没收等基本问题上是必然会妨碍我们的。

现在政权已经由一个政党,由无产阶级政党夺取到手,保持下来,巩固下来,甚至没有'不可靠的同路人'参加。现在已不存在而且也根本不可能存在分掌**政权**和放弃无产者对资产阶级的专政问题,这时候再说什么妥协,那就等于是鹦鹉学舌,只是简单重复一些背得烂熟但毫不了解其意义的词句。现在,当我们能够而且应该管理国家的时候,我们不吝惜金钱,竭力把那些受过资本主义训练的最文明的人吸引过来,利用他们来对付小私有者的瓦解作用。如果把这说成是'妥协',那就是根本不理解社会主义建设的经济任务。"①

# 论粮食税、贸易自由、租让制

上面所引的 1918 年的论断,在估计期限方面有许多错误。实际期限比当时估计的要长。这是毫不足怪的。可是我国经济的基本成分仍然和从前一样。农民中的"贫民"(无产者和半无产者)在很多场合下变成了中农。因此,小私有者的、小资产阶级的"自发势力"加强了。而 1918 年至 1920 年的国内战争,特别加剧了我国的经济破坏,阻碍了我国生产力的恢复,其中受害最深的就是无产阶级。加之,1920 年的歉收,饲料缺乏,牲畜死亡,这就更严重

---

① 参看《列宁选集》第 3 版修订版第 3 卷第 521—532 页。——编者注

地阻碍了运输业和工业的恢复,例如农民用马匹运输我们的主要燃料木柴的工作就受到了影响。

结果,1921年春天形成了这样的政治形势:要求必须立刻采取迅速的、最坚决的、最紧急的办法来改善农民的生活状况和提高他们的生产力。

为什么不是改善工人的生活状况,而是改善农民的生活状况呢?

因为要改善工人的生活状况,就需要有粮食和燃料。从整个国家经济的角度来看,现在最大的"阻碍"正是这方面引起的。要增加粮食的生产和收成,增加燃料的收购和运输,非得改善农民的生活状况,提高他们的生产力不可。应该从农民方面开始。谁若不明白这一点,谁若认为把农民提到第一位就等于"放弃"或者类似放弃无产阶级专政,那他简直是不动脑筋,只会空谈。无产阶级专政就是无产阶级对政治的领导。无产阶级作为一个领导阶级、统治阶级,应当善于指导政治,以便首先去解决最迫切而又最"棘手的"任务。现在最迫切的就是采取那种能够立刻提高农民经济生产力的办法。只有**经过**这种办法才能做到既改善工人生活状况,又巩固工农联盟,巩固无产阶级专政。那些想**不经过这种办法**来改善工人生活状况的无产者或无产阶级代表,**实际上**只会成为白卫分子和资本家的帮凶。这是因为不经过这种办法,就无异是把工人的行会利益置于阶级利益之上,就无异是为了工人眼前的暂时的局部的利益,而牺牲整个工人阶级的利益,牺牲工人阶级专政的利益,牺牲工农为反对地主、资本家而结成的联盟的利益,牺牲工人阶级在争取劳动摆脱资本桎梏的斗争中的领导作用的利益。

　　总之,首先必须采取紧急的、认真的措施来提高农民的生产力。

　　要做到这点,就非认真改变粮食政策不可。这种改变就是用粮食税来代替余粮收集制,而这种代替是与交完粮食税之后的贸易自由,至少是与地方经济流转中的贸易自由相联系的。

　　用粮食税来代替余粮收集制这一政策的实质何在呢?

　　关于这点,现在非常广泛地流行着一些不正确的观念。这些观念所以不正确,大部分是由于人们不深入研究过渡的实质,不自问一下,究竟这一过渡是从什么过渡到什么。照他们看来,这似乎是从共产主义过渡到资产阶级制度。为了批驳这种错误看法,我不得不引用我在 1918 年 5 月说过的话。

　　粮食税,是从极度贫困、经济破坏和战争迫使我们所实行的特殊的“战时共产主义”向正常的社会主义的产品交换过渡的一种形式。而正常的社会主义的产品交换,又是从带有小农占人口多数所造成的种种特点的社会主义向共产主义过渡的一种形式。

　　特殊的“战时共产主义”就是:我们实际上从农民手里拿来了全部余粮,甚至有时不仅是余粮,而是农民的一部分必需的粮食,我们拿来这些粮食,为的是供给军队和养活工人。其中大部分,我们是借来的,付的都是纸币。我们当时不这样做就不能在一个经济遭到破坏的小农国家里战胜地主和资本家。我们取得了胜利(尽管世界上一些最强大的国家都支持我国的剥削者)这一事实不仅表明,工人和农民在谋求自身解放的斗争中能创造出什么样的英勇奇迹。这一事实也表明,当孟什维克、社会革命党人、考茨基之流说我们实行这种“战时共产主义”是一种**过错**时,他们实际上起了资产阶级走狗的作用。应当说我们实行“战时共产主义”

是一种功劳。

但同样必须知道这个功劳的真正限度。"战时共产主义"是战争和经济破坏迫使我们实行的。它不是而且也不能是一项适应无产阶级经济任务的政策。它是一种临时的办法。在小农国家内实现本阶级专政的无产阶级,其正确政策是要用农民所必需的工业品去换取粮食。只有这样的粮食政策才能适应无产阶级的任务,只有这样的粮食政策才能巩固社会主义的基础,才能使社会主义取得完全的胜利。

粮食税就是向这种粮食政策的过渡。我国的经济破坏至今还十分严重,战争(昨天已经进行过,由于资本家的贪婪和恶毒,明天还可能爆发)所造成的负担还把我们压得喘不过气来,以致我们还拿不出工业品向农民换取我们所必需的**全部**粮食。我们了解到这一点,所以才实行粮食税,即把最必需(对军队和工人来说)的粮食作为税收征来,其余的粮食我们将用工业品去交换。

同时还不应该忘记下面这一点:贫困和经济破坏到了这种程度,竟使我们不能**立刻**恢复大规模的社会主义的国营工厂的生产。要做到这一点,就必须在各大工业中心有大量粮食和燃料的储备,必须以新机器代替破旧机器,等等。根据经验,我们深信不能马上做到这一点,同时我们也知道,经过这场破坏性的帝国主义战争之后,甚至连最富裕和最先进的国家,也要在一定的、相当长的年限内才能完成这个任务。可见,在一定程度上帮助恢复小工业是必要的,因为它不需要机器,不需要国家的和大批的原料、燃料和粮食的储备,却能够立刻给农民经济以相当帮助并提高其生产力。

这样,结果又会怎样呢?

结果小资产阶级和资本主义就会在一定的(即使只是地方性

的)贸易自由基础上复活。这是毫无疑问的。无视这样的事实便太可笑了。

试问,有必要这样做吗?能够证明这样做是对的吗?这样做不危险吗?

类似的问题还可以提出很多,但这些问题多半只能暴露出提这些问题的人的幼稚无知(说得轻一点)。

请看我在1918年5月是怎样确定我国经济现有的各种社会经济结构的成分(组成部分)的。从宗法式的即半野蛮的直到社会主义的这五种结构、五个层次(或者说组成部分)都是存在的,这一点谁也否认不了。在一个小农国家内,不言而喻是小农"结构",即部分是宗法式的、部分是小资产阶级的"结构"占着优势。既然有交换,那么,小经济的发展就是小资产阶级的发展,就是资本主义的发展;这是无可争辩的真理,这是政治经济学的初步原理,而且被日常经验甚至是普通百姓的观察所证实。

社会主义的无产阶级面对着这样的经济现实,能采取什么样的政策呢?是从社会主义大工厂的生产中拿出小农所需要的**全部**产品来向小农交换粮食和原料吗?这是一个最理想的最"正确的"政策,这种政策我们已开始实行了。但是,我们现在不可能,根本不可能拿出所需要的**全部**产品,而且也不可能很快就拿出来,至少在全国电气化第一批工程完成之前是拿不出来的。那该怎么办呢?或者是试图完全禁止、堵塞一切私人的非国营的交换的发展,即商业的发展,即资本主义的发展,而这种发展在有千百万小生产者存在的条件下是不可避免的。一个政党要是试行这样的政策,那它就是在干蠢事,就是自杀。说它在干蠢事,是因为这种政策在经济上行不通;说它在自杀,是因为试行这类政策的政党,必然会遭到失败。老实说,有些共产党员执行的正是**这样的**政策,所以在"思想、言论和行动"上犯了错误。我们要努力纠正这些错误。一定要纠正这些错误,否则后果将不堪设想。

或者是(这是最后一种**可行的**和唯一合理的政策)不去试图禁止或堵塞资本主义的发展,而努力把这一发展纳入**国家资本主义**的轨道。这在经济上是可行的,因为凡是有自由贸易成分以至任何资本主义成分的地方,都已经有了——这种或那种形式、这种或那种程度的——国家资本主义。

苏维埃国家即无产阶级专政能不能同国家资本主义结合、联合和并存呢?

当然能够。我在1918年5月就反复论证过这一点,并且我相信在1918年5月就已经证明了这一点。此外,当时我还证明说,与小私有者的(小宗法式的和小资产阶级的)自发势力比较,国家资本主义是一个进步。现在有些人犯了很多错误,就是因为他们只把国家资本主义同社会主义相对照或相比较,而在当前的政治经济情况下,也应该把国家资本主义同小资产阶级生产作一番比较。

全部问题,无论是理论上的还是实践上的问题,在于找出正确的方法,即应当怎样把不可避免的(在一定程度上和在一定期限内不可避免的)资本主义的发展纳入国家资本主义的轨道,靠什么条件来做成这件事,怎样保证在不久的将来把国家资本主义变成社会主义。

为了解决这个问题,首先应当尽可能明确地想到,在我们苏维埃体系内,在我们苏维埃国家范围内,国家资本主义实际上将是怎样的,而且可能是怎样的。

苏维埃政权怎样把资本主义的发展纳入国家资本主义的轨道,苏维埃政权怎样"培植"国家资本主义,可以说明这一点的最简单的事例,就是租让。现在我们这里,大家都一致认为租让是必要的,但并不是所有的人都考虑过租让有什么意义。就各种社会经济结构及其相互关系来看,苏维埃制度下的租让是什么呢?这就是苏维埃政权即无产阶级的国家政权为反对小私有者的(宗法式的和小资产阶级的)自发势力而和国家资本主义订立的一种合同、同盟或联盟。承租人就是资本家。他按资本主义方式经营,是为了获得利润,他同意和无产阶级政权订立合同,是为了获得高于一般利润的额外利润,或者是为了获得用别的办法得不到或极难得到的原料。苏维埃政权获得的利益,就是发展生产力,就是立刻或在最短期间增加产品数量。譬如说,我们有100个油田、矿山和林区。我们不能全部开发,因为我们的机器、粮食和运输工具都不够。由于同样原因,已经开发的产区我们工作得也不好。正由于大企业的开发工作做得不好、不充分,因此小私有者的自发势力在各方面都猖獗起来:附近的(以至整个的)农民经济遭到削弱,它的生产力受到破坏,农民对苏维埃政权愈来愈不信任,盗窃公共财物的现象时常发生,小规模的(但是最危险的)投机倒把活动大量出现,等等。苏维埃政权"培植"租让制这种国家资本主义,就是加强大生产来反对小生产,加强先进生产来反对落后生产,加强机器生产来反对手工生产,增加可由自己支配的大工业产品的数量(即提成),加强由国家调整的经济关系来对抗小资产阶级无政府状态的经济关系。租让政策执行得恰当而谨慎,无疑能帮助我们迅速(在某种不大的程度上)改进生产状况,改善工人和农民的生活,——当然要以某些牺牲作代价,要以把千百万普特最宝贵的产品交给资本家作代价。租让在什么程度上和什么条件下对我们有利而无害，这要取决于力量的对比，取决于斗争，因为租让也是一种斗争形式，是阶级斗争在另一种形式下的继续，而决不是用阶级和平来代替阶级斗争。至于斗争的方式如何，将由实践来表明。

租让制这种国家资本主义，和苏维埃体系内其他形式的国家资本主义比较起来，大概是最简单、明显、清楚和一目了然的形式。在这里，我们和最文明先进的西欧资本主义直接订立正式的书面合同。我们确切知道自己的得失、自己的权利和义务，我们确切知道租让的期限，如果合同规定有提前赎回的权利，我们也确切知道提前赎回的条件。我们给世界资本主义一定的"贡赋"，在某些方面向他们"赎买"，从而立刻在某种程度上使苏维埃政权的地位得到加强，使我们经营的条件得到改善。在租让方面，任务的全部困难就在于，当订立租让合同时，一切都要经过深思熟虑，反复权衡，而订立之后还要善于监督该合同的执行。这方面困难无疑是有的，而错误在初期大概也是不可避免的，但这些困难，与社会革命的其他任务比较，尤其是与发展、推行、培植国家资本主义的其他形式比较，还是极其微小的。

由于要实行粮食税，党和苏维埃机关全体工作人员的最重要任务，就是要把"租让"（即和"租让制的"国家资本主义相类似的）政策的原则和原理运用到自由贸易及地方流转等等的其他资本主义形式上去。

拿合作社来说吧。粮食税法令[31]立即引起了对合作社条例的修改和合作社"自由"与权利的一定的扩大，并不是没有原因的。合作社也是国家资本主义的一种形式，但它却不那样简单，不那样明显和一目了然,而比较复杂,因此它使我国政权在实践上遇到的困难更多。小商品生产者合作社(这里所说的不是工人合作社,而是在小农国家中占优势的典型的小商品生产者合作社)必然会产生出小资产阶级的、资本主义的关系,促进这种关系的发展,把小资本家提到首位,给他们以最大的利益。既然小业主占优势,既然有交换的可能和必要,那么事情也只能是这样。在俄国目前情况下,合作社有自由,有权利,就等于资本主义有自由,有权利。无视这一明显的真理,便是干蠢事或犯罪。

但在苏维埃政权下,"合作制"资本主义和私人资本主义不同,是国家资本主义的一个变种,正因为如此,所以目前它对我们是有利的,有好处的,当然这只是在一定程度上。既然粮食税意味着可以自由出卖剩下的(纳税以后的)余粮,那么我们就必须竭力设法把资本主义的**这种**发展(因为买卖自由、贸易自由**就是**资本主义的发展)纳入合作制资本主义的轨道。从便于计算、监督、监察以及便于推行国家(这里指苏维埃国家)和资本家之间的合同关系说来,合作制资本主义和国家资本主义相类似。合作社这一商业形式比私营商业有利,有好处,不仅是由于上述一些原因,而且是由于合作社便于把千百万居民以至全体居民联合起来,组织起来,而这种情况,从国家资本主义进一步过渡到社会主义的观点来看,又是一大优点。

我们把国家资本主义的两种形式——租让和合作社比较一下。租让的基础是大机器工业,合作社的基础则是手工的、部分甚至是宗法式的小生产。租让在每一份租让合同中,只关系到一个资本家,或者一个公司,一个辛迪加,一个卡特尔,一个托拉斯。合作社则包括成千上万,甚至千百万个小业主。租让容许有,甚至要求有确切的合同和确切的期限。合作社则既不能有十分确切的合同,也不能有十分确切的期限。撤销合作社法令,要比解除租让合同容易得多,但中断租让合同就意味着一下子干脆地立即与资本家断绝在经济上的联盟或"共居"的实际关系,而撤销合作社法令也好,颁布任何法令也好,都不仅不能一下子就中断苏维埃政权与小资本家的实际"共居"关系,而且根本不能断绝实际的经济关系。"监视"承租人容易,"监视"合作社工作者困难。由租让向社会主义过渡,是由一种大生产形式向另一种大生产形式过渡。由小业主合作社向社会主义过渡,则是由小生产向大生产过渡,就是说,是比较复杂的过渡,但是它一旦获得成功,却能包括比较广大的居民群众,却能把根深蒂固的旧的关系,社会主义以前的,甚至资本主义以前的即最顽固地反抗一切"革新"的那些关系彻底铲除。租让政策一旦获得成功,就会使我们获得为数不多,但却具有现代先进资本主义水平的模范的——和我们的相比较——大企业;经过几十年以后,这些企业就会完全归我们所有。合作制政策一旦获得成功,就会使我们把小经济发展起来,并使小经济比较容易在相当期间内,在自愿联合的基础上过渡到大生产。

再拿国家资本主义的第三种形式来说。国家把作为商人的资本家吸引过来,付给他们一定的佣金,由他们来销售国家的产品和收购小生产者的产品。第四种形式就是:国家把国有的企业或油田、林区、土地等租给企业资本家,而且租借合同与租让合同极为相似。对于国家资本主义这后两种形式,我们根本没有人谈过,根本没有人想过,根本没有人注意过。这种情况的产生,倒不是由于我们又强又聪明,而是由于我们又弱又愚蠢。我们害怕正视"卑微的真理",往往受"令人鼓舞的谎言"**32**所摆布。我们经常爱谈论"我们"是从资本主义向社会主义过渡,却没有明确地想到这个"我们"究竟是指谁。我在1918年5月5日的文章中列举的我国经济中社会经济的一切——一切,绝无例外——组成部分,一切不同的结构,必须予以重视,务必使这一清楚的概念不致被遗忘。"我们",无产阶级的先锋队,无产阶级的先进部队,正直接向社会主义过渡,但先进部队只是整个无产阶级中的一小部分,而无产阶级又只是全体居民群众中的一小部分。所以为了使"我们"能顺利地完成我们直接向社会主义过渡的任务,就必须懂得,需要经过哪些**中间的**途径、方法、手段和辅助办法,才能使**资本主义以前的**各种关系过渡到社会主义。关键就在这里。

看一下俄罗斯联邦的地图吧。在沃洛格达以北、顿河畔罗斯托夫及萨拉托夫东南、奥伦堡和鄂木斯克以南、托木斯克以北有一片片一望无际的空旷地带,可以容下几十个文明大国。然而主宰这一片片空旷地带的却是宗法制度、半野蛮状态和十足的野蛮状态。那么在俄国所有其余的穷乡僻壤又是怎样的呢? 乡村同铁路,即同那联结文明、联结资本主义、联结大工业、联结大城市的物质脉络往往相隔几十俄里,而只有羊肠小道可通,确切些说,是无路可通。到处都是这样。这些地方不也是到处都是宗法制度、奥勃洛摩夫精神[33]和半野蛮状态占优势吗?

试问能不能由这种在俄国占优势的状态,直接过渡到社会主义去呢? 是的,在某种程度上是可能的,但必须有一个条件,现在我们有了一部业已完成的科学巨著[34],知道这个条件是什么。这个条件就是电气化。如果我们能建立起几十座区域电站(现在我们知道:这些电站可以而且应该在哪里建立以及如何建立),如果我们能把电力从这些电站送到每个村子,如果我们能得到足够数量的电动机及其他机器,那么从宗法制度到社会主义就不需要或者几乎不需要过渡阶段和中间环节了。我们很清楚,实现这"一个"条件,单是完成第一批工程,就至少要花上十年工夫,至于缩短这一期限,那只有等到无产阶级革命在英、德、美这些国家中获得胜利的时候才有可能。

在最近这几年,必须善于考虑那些便于从宗法制度、从小生产过渡到社会主义的中间环节。"我们"直到现在还常常爱这样议论:"资本主义是祸害,社会主义是幸福。"但这种议论是不正确的,因为它忘记了现存的各种社会经济结构的总和,而只从中抽出了两种结构来看。

同社会主义比较,资本主义是祸害。但同中世纪制度、同小生产、同小生产者涣散性引起的官僚主义比较,资本主义则是幸福。既然我们还不能实现从小生产到社会主义的直接过渡,所以作为小生产和交换的自发产物的资本主义,在一定程度上是不可避免的,所以我们应该利用资本主义(特别是要把它纳入国家资本主义的轨道)作为小生产和社会主义之间的中间环节,作为提高生产力的手段、途径、方法和方式。

拿官僚主义问题来说,从经济方面来看一看这个问题吧。在1918年5月5日,官僚主义还没有引起我们注意。十月革命才过了半年,我们自上而下地摧毁旧官僚机构才过了半年,我们还没有感觉到这个祸害。

又过了一年。在1919年3月18日至23日举行的俄国共产党第八次代表大会[35]上,通过了新党纲,在这个党纲中,我们讲得很直率,我们不怕承认祸害,而愿意暴露它,揭穿它,使人人唾弃它,唤起同祸害作斗争的想法、意志、毅力和行动,我们说,"**官僚**

**主义就在苏维埃制度内部部分地复活起来"**①。

又过了两年。1921 年春,即在苏维埃第八次代表大会**36**(1920 年 12 月)讨论了官僚主义问题以后,在俄国共产党第十次代表大会(1921 年 3 月)**37**总结了同分析官僚主义有极密切关系的争论以后,我们把**这个**祸害看得更清楚,更明确,更严重了。官僚主义的经济根源是什么呢? 这种根源主要有两个方面:一方面是已发展起来的资产阶级正是为了反对工人的(部分地也是为了反对农民的)革命运动而需要官僚机构,首先是军事的,其次是法庭等等的官僚机构。这种现象我们这里是没有的。我们的法庭是反资产阶级的阶级法庭,我们的军队是反资产阶级的阶级军队。官僚主义并不在军队里面,而是在为军队服务的机关里面。我们这里官僚主义的经济根源是另外一种:小生产者的分散性和涣散性,他们的贫困、不开化,交通的闭塞,文盲现象的存在,缺乏农工业之间的**流转**,缺乏两者之间的联系和协作。这在很大程度上是国内战争的结果。那时我们四面被封锁,被包围,与全世界隔绝,以后又与南方产粮区、与西伯利亚、与产煤区隔绝,我们无法恢复工业。那时我们不得不果断地实行"战时共产主义",不畏最大的艰险:我们宁可忍受半饥饿,甚至比半饥饿更坏的生活,也无论如何要捍卫住工农政权;尽管经济破坏空前严重,流转停顿,我们也要把它捍卫住。把社会革命党人**4**和孟什维克吓坏了的情况(他们实际上往往是出于恐惧,出于害怕,才去追随资产阶级的)并没有把我们吓倒。我们的做法在一个被封锁的国家中,在一个被包围的要塞内曾是取得胜利的条件,然而正是到了 1921 年春,在最

---

① 见《列宁全集》中文第 2 版第 36 卷第 408 页。——编者注

后一批白卫军彻底被驱逐出俄罗斯联邦领土以后,却暴露出它的坏的一面。在一个被包围的要塞内,可以而且只能"堵塞"一切流转;由于群众发扬了非凡的英勇精神,这种情况可以忍受三年之久。此后,小生产者的破产更厉害了。大工业的恢复又往后拖,往后推了。于是,官僚主义作为"包围状态"的后果,作为小生产者涣散性和受压制状态的上层建筑,就充分暴露了出来。

应当大胆承认这一祸害,以便更坚决地同它作斗争,以便一次又一次地从头做起——在我国的一切建设部门中,我们还不得不多次反复地从头做起,改正没有做好的事,选择各种完成任务的途径。既然大工业的恢复要推迟,既然工业和农业之间流转"被堵塞"的情况已经到了不堪忍受的地步,那就是说,我们应该致力于较容易做到的事情,即恢复小工业。从这方面来帮助我们的事业,把被战争和封锁弄得摇摇欲坠的建筑物的这一边先支撑起来。要用一切办法坚决发展流转,不要害怕资本主义,因为在我国(经济上剥夺了地主和资产阶级,政治上有工农政权)给予资本主义活动的范围,是相当狭小而"适度"的。这就是粮食税的基本精神,这就是粮食税的经济意义。

党和苏维埃机关的所有工作人员,必须全力以赴、全神贯注地培养和唤起各地方在经济建设事业中较大的主动性——省里的要大;县里的更大;乡和村里的还要大——其目的就是要迅速地振兴农民经济(即使是使用"小笔"资金在小范围里这样做也好),靠发展附近的小工业来帮助农民经济。全国统一的经济计划要求把这件事作为注意和关怀的中心,作为各项"突击"工作的中心。在这里,也就是在最接近极广泛极深厚的"基础"的地方所取得的某种改善,能使我们在最短时间内更积极更顺利地把大工业恢复起来。

粮食工作者过去只知道一个基本指令：收集 100% 的余粮。现在则是另一个指令了，这就是要在最短期间内征收 100% 的粮食税，而后再用大工业**和**小工业的产品换取 100% 的余粮。一个征收了 75% 的粮食税，又用大小工业的产品换取了 75%（指第二个百分数内的）的余粮的人，同另一个征收了 100% 的粮食税和换取了 55%（指第二个百分数内的）的余粮的人相比，前者做的事情对国家更有利。粮食工作者的任务愈来愈复杂了。一方面，这是国库的任务。征收粮食税要尽量快，要尽量合理。另一方面，这又是总的经济任务。要努力循着扩大和巩固农业和工业间的流转这一方向来指导合作社，来帮助小工业，来发挥地方的主动性和创造性。我们还很不善于做这件事；官僚主义就是一个证明。我们应当大胆承认，在这方面还有**很多东西可以而且应当向资本家学习**。我们要一个个省、一个个县、一个个乡、一个个村地来比较实际经验的总结：在某个地方，私人资本家和小资本家取得了什么什么成绩。他们得到的利润大概有多少。这就是我们"为了学习"而付出的费用或酬金。为了学习要不惜破费，只要能学到东西就行。而在邻近的地方，采用办合作社的办法取得了什么什么成绩。合作社的利润有多少。至于第三个地方，则用纯粹国营的、纯粹共产主义的方式取得了什么什么成绩（这第三种情况在目前是罕见的例外）。

任务就在于每个区域的经济中心，每个省执行委员会所属的经济会议[38]，应把交纳粮食税后余粮如何"流转"的各种试验或办法立即安排好，并把这一工作提到首位。几个月之后，就应当有一些实际结果，以便加以比较和研究。本地盐或外来盐；从中部地区运来的煤油；手工木材加工业；靠当地原料生产一些虽不很重要，但对农民却有用的必需品的手工业;"绿煤"(利用当地小水力来发电);等等——这一切全都应当利用起来,目的是想方设法活跃工业和农业间的流转。谁能在这方面取得最大的成绩,即使是用私人资本主义的办法,甚至没有经过合作社,没有把这种资本主义直接变为国家资本主义,那他给全俄社会主义建设事业带来的益处,也比那些只是"关心"共产主义纯洁性,只是为国家资本主义和合作社起草规章、条文、细则,而实际上却不去推动流转的人,要多得多。

有人可能会认为这是奇谈怪论:私人资本主义能成为社会主义的帮手吗?

但这一点也不是奇谈怪论,而是经济上完全无可争辩的事实。既然这个小农国家,经历了战争和封锁,在运输业方面遭到严重破坏,而在政治上是由掌握运输业和大工业的无产阶级领导的,那么根据这些前提必然得出这样的结论:第一,地方流转在目前具有头等意义,第二,有可能通过私人资本主义(更不用说国家资本主义)来促进社会主义。

少争论些字眼吧。直到现在,我们在这方面的毛病还非常大。多积累一些各种各样的实际经验吧,多研究研究这些经验吧。常常有这样的情况:模范的地方工作,哪怕是很小范围内的地方工作,往往比中央许多部门的国家工作具有更重要的全国性意义。我国目前在农民经济方面,特别在用工业品交换剩余农产品方面的情况恰恰就是这样。在上述方面,即使只是一个乡的模范工作,也比"模范地"改善某个人民委员部的中央机关具有更大的全国性意义。这是因为我们的中央机关在三年半来竟已沾染了某些有害的因循习气;我们还不能大大地迅速地改善这种机关,我们还不知道应该怎么办。要帮助中央机关作比较彻底的改善,帮助它增加大批新生力量,帮助它有成效地与官僚主义作斗争,帮助它克服有害的因循习气,这种帮助应当来自地方,来自下层,来自一个不大的"整体的"模范工作,这里需要的正是"整体",即不是一种经济,不是一个经济部门,不是一个企业,而是**全部**经济关系的**总和**,是**整个**经济流转——哪怕是在不大的地方范围内——的**总和**。

我们中间一切必须留在中央机关工作的人,将要——即使是在有限的、力所能及的范围内——继续改善机关工作和清除其中的官僚主义。但在这方面,主要的帮助来自地方,今后也一定来自地方。据我看来,我们在地方上的情况一般比中央要好,这也是可以理解的,因为官僚主义这一祸害,自然是集中在中央;在这方面,莫斯科不能不是一个糟糕的城市,而且算得上是全国最糟糕的"地方"。在地方上有两种倾向;坏倾向比好倾向要少。坏倾向就是:混到共产党里来的旧官吏、地主、资产者以及其他败类滥用职权,他们有时做出违法乱纪、欺压农民等恶劣行为。这就需要用恐怖手段进行清洗:就地审判,立即枪决。让马尔托夫之流、切尔诺夫之流以及诸如此类的非党市侩去捶胸大叫:"感谢上帝,我不像'他们',向来不赞成恐怖手段。"这些傻瓜是"不赞成恐怖手段"的,因为他们为自己挑了这样的角色,即充当帮助白卫分子愚弄工人和农民的奴才。社会革命党人和孟什维克是"不赞成恐怖手段"的,因为他们所扮演的角色,就是打着"社会主义"旗帜**带领群众去受白卫分子的恐怖统治**。俄罗斯的克伦斯基执政时期和科尔尼洛夫叛乱[39],西伯利亚的高尔察克叛乱,格鲁吉亚的孟什维主义都证明了这一点,芬兰、匈牙利、奥地利、德国、意大利、英国及其他国家的第二国际和"第二半"国际[23]的英雄们也证明了这一点。让那些帮助白卫分子使用恐怖手段的奴才们去自吹自擂,说他们否定任何恐怖手段吧。而我们还是要说出一个严酷而不容置疑的真理:在那些经历了 1914 — 1918 年帝国主义战争后的空前危机、旧的联系中断、阶级斗争激烈的国家里(世界各国都是如此),和伪君子及空谈家说的正相反,没有恐怖手段是绝对不行的。或者是美国式、英国式(爱尔兰)、意大利式(法西斯分子)、德国式、匈牙利式以及其他形式的白卫分子的、资产阶级的恐怖手段,或者是红色的、无产阶级的恐怖手段。中间道路是没有的,没有也不可能有"第三条道路"。

好倾向就是:有成效地与官僚主义作斗争,非常注意工人和农民的需要,非常关心经济的振兴,提高劳动生产率,发展地方上农业和工业间的流转。这种好倾向虽然比坏倾向多,但毕竟还嫌太少。可是这些好倾向是有的。各地都在培养那些经受过国内战争和艰苦生活考验的新的年轻的有朝气的共产主义力量。至于经常不断地把这种力量从下面提拔上来,我们做得还很不够很不够。这一点可以而且必须更广泛更坚决地做下去。某些工作人员可以而且应当调离中央机关到地方上去工作:他们以县和**乡**的领导者身份,在那里**模范地**做好**整个**经济工作,就会有很大的贡献,就能比有的中央机构做出更重要的**有全国意义的**事业。这是因为模范工作是培养工作人员的园地,是可供仿效的榜样,有了榜样,仿效就会比较容易了,何况我们还能从中央给以帮助,使各地都来广泛地"仿效"这种榜样。

利用交清粮食税后的余粮和利用小工业主要是手工业来发展农业和工业之间的"流转"问题,实质上就是要求**地方上**发挥独立的、熟悉情况的、巧妙的**首创精神**，所以，从全国观点看来，一个模范县和一个模范乡的工作在目前具有非常重要的意义。例如，在军事上，在最近的对波战争期间，我们就没有害怕违背官僚主义的等级制，没有害怕"降低官衔"，没有害怕把共和国革命军事委员会**40**委员（仍保留他们在中央机关的高级职务）调到下面去工作。为什么现在不可以把全俄中央执行委员会某些委员，或者某些部务委员，或者其他身任要职的同志们，调到下面去工作，甚至是担任县的、乡的工作呢？我们确实还没有"官僚化"到这样的程度，还不至于因为下调就"感到难堪"。而且我们这里可以找到几十个乐意担负这种工作的中央工作人员。我们这样做了，全共和国的经济建设事业就会得到非常大的好处，模范乡或模范县将起到不仅是巨大的，而且简直是有决定意义的历史作用。

顺便说说，必须指出在与投机倒把活动作斗争这一问题的原则提法上所作的必要的改变，这虽是小问题，但却是很有意义的。凡是不逃避国家的监督的"正当"贸易，我们都应当加以支持，发展这种贸易对我们是有利的。投机倒把活动，如果从政治经济学意义上来理解，那它和"正当"贸易就区分**不**开来。贸易自由就是资本主义，资本主义就是投机倒把，无视这一点是很可笑的。

怎么办呢？难道宣布投机倒把活动可以不受制裁吗？

不。应当重新审查和修改关于投机倒把活动的一切法令，宣布一切**盗窃公共财物行为**，一切直接或间接、公开或秘密地**逃避国家监督、监察和计算的行为**，都要受到制裁（事实上要比从前更严厉三倍地加以惩办）。正是要这样来提出问题（人民委员会已经开始这样做，就是说，人民委员会已下令开始重新审查关于投机倒把活动的法令），才能做到把某种程度上不可避免的、而且为我们所必需的资本主义发展纳入**国家**资本主义的轨道。

# 政治总结和结论

我还要谈谈,哪怕是简略地谈谈政治局势,究竟目前的政治局势怎样,由于上述经济情况,它起了什么变化。

前面已经说过,1921 年我国经济的基本特征与 1918 年时相同。由于战争和封锁,农民的生活本来就非常困难,而 1921 年春天,主要是由于歉收和牲畜死亡,农民的生活状况更是达到了极严重的地步,结果就引起了政治上的动摇,而这种动摇一般说来是小生产者的"本性"。这种动摇最明显的表现就是喀琅施塔得叛乱[12]。

在喀琅施塔得事件中,正是小资产阶级自发势力的动摇表现得最为突出。那里很少有表述十分完整、明确、肯定的东西,有的仅仅是"自由"、"贸易自由"、"解放"、"没有布尔什维克参加的苏维埃"或改选苏维埃、摆脱"党的专政"以及诸如此类的意思含混的口号。无论孟什维克或社会革命党人都宣称喀琅施塔得运动是他们"自己的"运动。维克多·切尔诺夫派了一位特使到喀琅施塔得去,喀琅施塔得叛乱的首领之一孟什维克瓦尔克,依照这位特使的建议,在喀琅施塔得表示赞成召开"**立宪会议**"。全部白卫分子简直可以说像无线电波那样迅速地动员起来"**支持喀琅施塔得**"。喀琅施塔得的白卫军事专家(是许多专家而不是科兹洛夫斯基一人)制定了在奥拉宁包姆登陆的计划,这个计划把许多动摇不定的孟什维克、社会革命党人和非党群众都吓倒了。国外用俄文出版的 50 多种白卫分子报纸展开了疯狂的宣传运动来"**支持喀琅施塔得**"。大银行以及金融资本的全部力量都来发起募捐,援助喀琅施塔得。资产阶级和地主的聪明领袖立宪民主党人[41]米留可夫,直接向傻瓜维克多·切尔诺夫(间接向同喀琅施塔得事件有牵连而被囚禁在彼得格勒监狱里的孟什维克唐恩和罗日柯夫)耐心地解释说,不必急于召开立宪会议,**可以而且应该拥护只要是没有布尔什维克参加的苏维埃政权**。

当然,要比妄自尊大的笨伯,如切尔诺夫这样的小资产阶级空谈英雄或马尔托夫这样的以市侩改良主义冒充"马克思主义"的骑士聪明一些,并不是难事。其实,问题并不在于米留可夫个人比较聪明,而在于大资产阶级的政党领袖,由于自己的阶级地位,对问题的阶级实质和政治上的相互关系,比切尔诺夫之流和马尔托夫之流小资产阶级领袖们认识得更清楚,了解得更透彻。这是因为资产阶级真正是一支阶级力量,它在资本主义制度下,无论是在君主国内还是在最民主的共和国内,都必须居于统治地位,并且必然受到全世界资产阶级的支持。而小资产阶级,**亦即**第二国际和"第二半"国际的全体英雄们,按其经济实质来说,只能表现出这一阶级的软弱,因此他们动摇不定,空话连篇,一筹莫展。在 1789 年,小资产者还能成为伟大的革命者;到了 1848 年,他们已是可笑而又可怜;而在 1917 年至 1921 年,他们叫做切尔诺夫之流或马尔托夫之流也罢,叫做考茨基之流、麦克唐纳之流等等也罢,按其实际作用来看,他们都已成为反动势力的可恶帮凶和真正奴仆。

马尔托夫在其柏林出版的杂志[42]上声称,喀琅施塔得不仅贯彻了孟什维克的口号,而且证明掀起一场并非完全为白卫分子、为资本家和地主效劳的反布尔什维克运动是可能的。这正是妄自尊大的市侩式的纳尔苏修斯[43]的典型。好吧,让我们干脆闭眼不看所有真正的白卫分子向喀琅施塔得分子表示欢迎并通过银行募款援助喀琅施塔得叛乱的事实吧!同切尔诺夫之流和马尔托夫之流比较起来,米留可夫说得对,因为他泄露了**真正**白卫势力,即资本家和地主势力的**真正策略**:好吧,**只要能**打倒布尔什维克,**只要能使政权变动**,我们可以拥护随便什么人,甚至是无政府主义者,我们可以拥护随便什么样的苏维埃政权!政权往右变也罢,往左变也罢,往孟什维克方面变也罢,往无政府主义者方面变也罢,只要能从布尔什维克手里变掉就行;至于其余的事,那就由"我们"米留可夫这些人,由"我们"资本家和地主"自己"来办好了,我们几巴掌就能把区区无政府主义者、切尔诺夫之流、马尔托夫之流赶走,就像在西伯利亚对付切尔诺夫和马伊斯基,在匈牙利对付匈牙利的切尔诺夫之流和马尔托夫之流,在德国对付考茨基,在维也纳对付弗·阿德勒之流一样。孟什维克、社会革命党人、非党人员这些市侩式的纳尔苏修斯几百个几百个地被真正讲实际的资产阶级愚弄过,在各个国家的历次革命中几十次地被他们赶走过。这是历史证明了的,这是事实验证了的。纳尔苏修斯们还将继续空谈。米留可夫之流和白卫分子却将继续实干。

"政权稍微向右变动一下或稍微向左变动一下都是一样,只要能从布尔什维克手里变掉就行,其余的问题,到时候自会迎刃而解",这一点米留可夫说得完全对。这是自中世纪以来长达数百年的全部近代史,一切国家的全部革命史所证实了的阶级真理。零星分散的小生产者即农民,在经济上**和政治上**或者是由资产阶级来联合(在资本主义制度下,在一切国家中,在近代的历次革命中,从来就是这样,而只要是在资本主义制度下,将来还永远会这样),或者是由无产阶级来联合(萌芽形态的这种联合在近代史上某些最伟大的革命高潮中有过,只是时间极短;在 1917 年至 1921 年间的俄国,这种联合则具有较为发达的形态)。只有妄自尊大的纳尔苏修斯们才会侈谈和幻想"第三条"道路,"第三种力量"。

布尔什维克历尽千辛万苦,在殊死的斗争中锻炼出了一支能够实行管理的无产阶级先锋队,建立并保卫住了无产阶级专政。经过四年来经验和实践的检验,俄国阶级力量的对比已经非常明显:唯一的革命阶级的先锋队经过了千锤百炼,坚强如钢;小资产阶级自发势力动摇不定;米留可夫之流即资本家、地主隐匿在国外并得到全世界资产阶级的支持。问题一清二楚。只有他们才来利用和才能利用一切"政权变动"。

在上面所引证的 1918 年的小册子里,关于这点曾直截了当地说道:"主要敌人"是"小资产阶级自发势力"。"或者是我们使它服从我们的监督和计算,或者是这种小资产阶级自发势力必然地推翻工人政权,就像那些正是在这种小私有者土壤上生长起来的拿破仑们和卡芬雅克们推翻了革命一样。问题就是如此。问题也只能是如此。"(摘自 1918 年 5 月 5 日的小册子,见上面)

我们的力量在于能对俄国和国际**一切**现存阶级力量作十分清晰和冷静的估计,其次就在于由此产生的进行斗争的钢铁般的毅力、坚定的意志、果断的决心和忘我的精神。我们的敌人虽多,但他们是四分五裂的,或者不知道自己要干什么(如所有的小资产者,所有的马尔托夫之流和切尔诺夫之流,所有的非党人员,所有的无政府主义者)。而我们是团结一致的——我们内部是直接地团结一致,与世界各国无产者是间接地团结一致;我们知道自己要干什么。因此，我们在世界范围内是不可战胜的，虽然这丝毫也不排除个别的无产阶级革命在某一时期遭到失败的可能性。

小资产阶级自发势力被称为自发势力不是没有原因的，因为它的确是一种最不定形、最不肯定、最不觉悟的势力。小资产阶级的纳尔苏修斯们以为在资本主义制度下实行"普选"就能消除小生产者的本性，其实这只能**帮助**资产阶级利用教会、报刊、学校、警察局、军阀机构和种类繁多的经济压迫，去**控制**涣散的小生产者。破产、贫困和艰苦的生活引起了他们的动摇：今天跟着资产阶级走，明天跟着无产阶级走。只有久经锻炼的无产阶级先锋队才能巍然屹立而不为动摇所影响。

1921年春天的事态再次表明了社会革命党人和孟什维克的作用：他们帮助动摇的小资产阶级自发势力背离布尔什维克，帮助"政权"作有利于资本家和地主的"变动"。**孟什维克和社会革命党人现在已经学会如何装扮成"非党人员"**。这一点已经完全证实了。现在也只有傻瓜才看不到这一点，才不了解我们是不会受人愚弄的。非党代表会议并不是值得盲目崇拜的东西。如果我们能用这种会议来接近尚未接触过政治的群众，接近置身于政治之外的各阶层千百万劳动者，那这种会议就是有益的，但如果这种会议变成装扮成"非党人员"的孟什维克和社会革命党人的讲坛，那这种会议就有害了。这班人是帮助叛乱者、帮助白卫分子的。孟什维克和社会革命党人，不论是公开的还是装扮成非党人员的，他们的安身之地应该是监狱（或者是国外的杂志社，与白卫分子为伍；我们曾很乐意放马尔托夫出国），而决不是非党代表会议。为了检验群众情绪和接近群众，可以而且应该找出其他的方法。让那些希望玩议会活动、立宪会议和非党代表会议游戏的人到国外去好了,请你们到那里去,到马尔托夫那里去,请你们不妨去领略一下"民主"的妙趣,请你们费神问问弗兰格尔手下的士兵这种妙趣究竟如何。可是我们顾不上到这种"代表会议"上去玩"反对派"的游戏。全世界的资产阶级包围着我们,他们正窥测时机,一旦发现动摇,就要把"自己的人"送回,就要恢复地主和资产阶级的统治。而我们则要把孟什维克和社会革命党人,不论他们是公开的或装扮成"非党人员"的,统统关进监狱。

我们将采用一切方法来和尚未接触过政治的劳动群众建立更紧密的联系,但是决不采用那些使孟什维克和社会革命党人得以活动、**使对米留可夫有利的动摇得以发展**的方法。我们将特别热心地提拔成百成千的非党人员,即来自群众,来自普通工农的真正的非党人员,来担任苏维埃工作,首先是担任经济工作,但决不提拔那些"装扮"成非党人员、暗中推行孟什维克和社会革命党人发出的对米留可夫十分有利的指令的人。我们这里有成百成千的非党人员在工作,其中有几十个担负着最重要的和负责的职务。要多多检查他们的工作。要多多提拔成千上万的普通劳动者来接受新的检验,要考验他们,根据实际检验的结果,经常地、坚定不移地、成百成百地把他们提升到更高的职位上去。

我们的共产党员直到现在还不很善于领会自己在管理方面的真正任务:不是要"亲手"包办"一切",这样就会疲于奔命,顾此失彼,一事无成,而是要去检查几十个几百个助手的工作,对他们的工作组织自下而上的检查,即真正群众的检查;要一面**指导**工作,一面向那些有知识的人(专家)和有组织大企业经验的人(资本家)**学习**。聪明的共产党员不怕向军事专家学习,虽然十分之九的军事专家随时都有叛变的可能。聪明的共产党员也不会怕向资本家学习(不管他是承租企业的大资本家,还是代销商,抑或是办合作社的小资本家等等),虽然资本家并不比军事专家好。在红军中,我们已经学会如何抓出叛变的军事专家,如何识别正直诚实的军事专家,整个说来是学会了利用成千上万的军事专家。对于工程师、教师,我们也在学习这样做(采取特殊的方式),虽然在这方面我们所做的比在红军中差得多(在那里,邓尼金和高尔察克逼我们逼得好,使我们不得不比较迅速、比较用心、比较有效地学习)。对于为国家经营的代销商和包买主、办合作社的小资本家、企业承租人等等,我们也一定能学会这样做(也是采取特殊的方式)。

工农群众需要立即改善自己的生活状况。我们把新生力量,包括非党人员在内,放到有益的工作岗位上去,就能做到这一点。粮食税以及与之有关的种种措施,定能有助于这一点。做到了这一点,我们也就挖掉了使小生产者必然动摇的经济根子。至于仅对米留可夫有利的政治上的动摇,那我们会同它进行无情的斗争。动摇分子的人数多。我们的人数少。动摇分子是四分五裂的。我们是团结一致的。动摇分子在经济上是依赖别人的。无产阶级在经济上是独立的。动摇分子不知道自己要干什么:又想干,又怕疼,米留可夫又不许他们动。而我们知道自己要干什么。

所以我们一定会胜利。

# 结 束 语

现在来总结一下。

粮食税是从战时共产主义到正常的社会主义产品交换的过渡。

经济的极度破坏因 1920 年的歉收而更加严重,同时大工业又不可能迅速恢复,所以我们迫切需要实行这一过渡。

结论:首先改善农民的生活状况。方法:实行粮食税,发展农业和工业间的流转,发展小工业。

流转就是贸易自由,就是资本主义。它有助于克服小生产者的涣散性,并且在某种程度上也有助于同官僚主义作斗争,在这一限度内,流转对我们是有利的。至于限度的大小,这要由实践和经验来确定。只要无产阶级牢牢掌握着政权,牢牢掌握着运输业和大工业,无产阶级政权在这方面就没有什么可以害怕的。

反对投机倒把活动的斗争应转变为反对盗窃公共财物、反对逃避国家监察、计算和监督的斗争。我们要通过实行这样的监督把在一定限度内是不可避免的并为我们所必需的资本主义纳入国家资本主义的轨道。

在活跃农业和工业间的流转方面,应全面、大力、坚决地发挥地方的首创精神、创新精神和扩大它们的独立程度。要研究这方面的实际经验。这种经验要尽可能多种多样。

支援为农业服务并帮助农业发展的小工业;为了支援它,在一定程度上也要供给它一些国家的原料。把原料留着不去加工,是极大的罪恶。

不要害怕让共产党员去向资产阶级专家"学习",其中也包括向商人,向办合作社的小资本家,向资本家"学习"。向他们学习,虽与我们过去向军事专家学习在形式上有所不同,但在实质上是一样的。"学习"成绩,只有靠实践经验来检查:要比自己身旁的资产阶级专家做得好,要会用各种办法振兴农业,振兴工业,发展农业和工业间的流转。多花点"学费"并不可惜:为了学习要不惜破费,只要能学到东西就行。

要竭力帮助广大劳动者,接近他们,从他们中间提拔成百成千的非党工作人员来做经济工作。而对于实际上不外乎是换上了时髦的喀琅施塔得式非党服装的孟什维克和社会革命党人这样一些"非党人员",那就要小心地把他们关在监狱里,或者把他们打发到柏林马尔托夫那里,让他们去自由地领略纯粹民主的种种妙趣,去自由地和切尔诺夫、米留可夫以及格鲁吉亚的孟什维克们交流思想吧。

1921 年 4 月 21 日

1921 年 5 月由国家出版社在莫斯科印成单行本

选自《列宁选集》第 3 版修订版第 4 卷第 488—525 页

# 俄共（布）第十次全国代表会议
# 关于新经济政策问题的决议草案[44]

## （1921 年 5 月 28 日）

1. 当前的基本政治任务是使党和苏维埃的全体工作人员充分领会和确切执行新经济政策。

党认为这是一个要在若干年内长期实行的政策，要求一切工作人员极其仔细和认真地加以执行。

2. 应当把商品交换提到首要地位，把它作为新经济政策的主要杠杆。如果不在工业和农业之间实行系统的商品交换或产品交换，无产阶级和农民就不可能建立正常的关系，就不可能在从资本主义到社会主义的过渡时期建立十分巩固的经济联盟。

同时，实行商品交换可以刺激农民扩大播种面积和改进农业。

对于地方的进取精神和自主程度必须充分给以支持和加以扩大。

应当以余粮最多的省份作为重点，首先实行商品交换。

3. 考虑到合作社是实行商品交换的主要机构，因此确认粮食人民委员部机关同合作社机关达成协议，粮食人民委员部机关把用来进行商品交换的储备交给合作社，由合作社在国家的监督下执行国家任务的政策是正确的。

保证合作社有广泛的可能进行收购工作,全面地发展地方工业和提高整个经济生活。

支持合作社的信贷业务。

同无政府状态的(即逃避国家的任何监督和监察的)商品交换作斗争,把商品交换主要集中在合作社手里,但是这决不排斥正当的自由贸易。

研究市场。

4.对那些基本上不需要国家从储备中拨给原料、燃料和粮食的中小企业(私营企业和合作社企业)给以支持。

允许把国家企业租给私人、合作社、劳动组合和协作社。地方经济机关有权签订这种合同,而不必取得上级机关的同意;但是签订之后必须报告劳动国防委员会[10]。

5.部分地修改大工业的生产计划,加强日用必需品和农民日用品的生产。

扩大每个大企业在支配资金和物资方面的独立程度和首创精神。提出相应的精确的决定,交人民委员会批准。

6.发展实物奖励制度,试行集体供应。

规定更合理的粮食分配制度,以提高劳动生产率。

7.为了迅速地、如数地、普遍地征齐粮食税,必须保持和加强征收机构。为此,应当保证粮食机关具有必不可少的党的威信。应当保持和加强粮食机构的集中制。

8.集中上述一切办法来完成今年的实际的战斗任务:至少取得4亿普特粮食储备作为恢复大工业和实现电气化计划的基础。

9.原则上通过劳动国防委员会的指令草案,并且责成全俄中央执行委员会党团把它变为法令。

党当前的首要任务就是严格执行这一指令，特别是要提拔和吸收非党人员参加工作。

10. 如发生阻挠或不全力支持地方发挥首创精神的现象，中央机关应对此负有特别的责任。责成全俄中央执行委员会党团拟定相应的决定并在下次会议上加以通过。

11. 代表会议责成中央委员会和各级党组织有步骤地采取一系列措施来加强宣传鼓动工作，并且相应地调配党的力量，以便充分解释和有计划地执行上述各项任务。

12. 必须在报刊上，在工会、苏维埃、党的及其他的各种大会、代表会议和代表大会上仔细地全面地阐明和研究地方和中央在经济建设方面的实际经验，这项工作应当列为党的一项极重要的任务。

载于 1932 年《列宁文集》俄文版第 20 卷

选自《列宁选集》第 3 版修订版第 4 卷第 533—535 页

# 十月革命四周年

（1921 年 10 月 14 日）

10 月 25 日（11 月 7 日）的四周年快到了。

这个伟大的日子离开我们愈远，俄国无产阶级革命的意义就愈明显，我们对自己工作的整个实际经验也就思考得愈深刻。

这种意义和这种经验可以极其简要地（当然是极不充分极不精确地）说明如下。

俄国革命直接的迫切的任务是资产阶级民主性的任务：打倒中世纪制度的残余，彻底肃清这些残余，扫除俄国的这种野蛮现象、这种耻辱、这种严重妨碍我国一切文化发展和一切进步的障碍。

我们有权引以自豪的是，从对人民群众的深远影响来看，我们所做的这种清除工作比 125 年多以前的法国大革命要坚决、迅速、大胆、有效、广泛和深刻得多。

不论是无政府主义者还是小资产阶级民主派（即孟什维克和社会革命党人[4]，他们是国际上这一社会阶层的俄国代表）在资产阶级民主革命和社会主义革命（即无产阶级革命）的关系问题上，过去和现在都讲了不知多少糊涂话。四年来的事实已经完全证实，我们在这一点上对马克思主义的理解和对以往革命经验的估计是正确的。我们比谁都更**彻底地**进行了资产阶级民主革命。我们完全是自觉地、坚定地和一往直前地向着社会主义革命**迈进**,我们知道社会主义革命和资产阶级民主革命之间并没有隔着一道万里长城,我们知道**只有斗争**才能决定我们(最终)能够前进多远,能够完成无限崇高的任务中的哪一部分,巩固我们胜利中的哪一部分。这过些时候就会见分晓。其实现在我们已经看到,在对社会进行社会主义改造的事业中,对一个满目疮痍、苦难深重的落后国家来说,我们已经做了很多很多工作。

可是,我不准备多谈我国革命的资产阶级民主主义内容。马克思主义者应当懂得这一内容指什么。为了说明问题,我们举几个明显的例子。

我国革命的资产阶级民主主义内容,指的是消灭俄国社会关系(秩序、制度)中的中世纪制度,农奴制度,封建制度。

到1917年,俄国农奴制度究竟还有哪些主要表现、残余或遗迹呢?还有君主制、等级制、土地占有制、土地使用权、妇女地位、宗教和民族压迫。试从这些"奥吉亚斯的牛圈"[45]——顺便说一下,一切先进国家在125年和250年前以至更早以前(英国在1649年)[46]完成**它们的**资产阶级民主革命时,都在很大程度上留下了没有打扫干净的奥吉亚斯的牛圈——试从这些奥吉亚斯的牛圈拿出任何一间来,你们都会看到,我们已经把它打扫得干干净净。从1917年10月25日(11月7日)到解散立宪会议(1918年1月5日)这**十来个星期**里,我们在这方面所做的工作,比资产阶级的民主派和自由派(立宪民主党[41])以及小资产阶级民主派(孟什维克和社会革命党人)在他们执政的**八个月里**所做的要多千百倍。

这些胆小鬼、空谈家、妄自尊大的纳尔苏修斯[43]和哈姆雷特[47]总是挥舞纸剑，可是连君主制都没有消灭！我们却把全部君主制垃圾比任何人任何时候都更干净地扫除了。我们没有让等级制这个古老的建筑留下一砖一瓦（英、法、德这些最先进的国家至今还没有消除等级制的遗迹！）。等级制的老根，即封建制度和农奴制度在土地占有制方面的残余，也被我们彻底铲除了。伟大十月革命的土地改革"最终"会有怎样的结果，这个问题"可以争论"（国外有足够的著作家、立宪民主党人、孟什维克和社会革命党人来争论这个问题）。我们现在不愿把时间花在这些争论上，因为我们正在用斗争来解决这种争论以及与此有关的许多争论。然而有一件事实是无可争辩的：小资产阶级民主派与保持农奴制传统的地主"妥协了"八个月，而我们在几星期内就把这些地主连同他们的一切传统都从俄国的土地上彻底扫除了。

就拿宗教、妇女的毫无权利或非俄罗斯民族的被压迫和不平等地位来说吧。这些都是资产阶级民主革命的问题。小资产阶级民主派这些鄙俗之徒在这些问题上空谈了八个月。世界上**没有一个最先进的国家按照资产阶级民主方针彻底地解决了这些**问题。而在我国，这些问题已由十月革命后颁布的法律彻底地解决了。我们一向在认真地同宗教进行斗争。我们让**一切**非俄罗斯民族成立了**自己的**共和国或自治区。在我们俄国，妇女无权或少权这种卑鄙、丑恶、可耻的现象，这种农奴制和中世纪制度的可恶的残余已经没有了，而这种现象却在世界各国无一例外被自私自利的资产阶级和愚蠢的吓怕了的小资产阶级重新恢复了。

这都是资产阶级民主革命的内容。在 150 年和 250 年以前，这一革命（如果就同一类型的每一民族形式来说，可以说是这些革命）的先进领袖们曾向人民许愿,说要使人类排除中世纪的特权,排除妇女的不平等地位,排除国家对这种或那种宗教(即"宗教思想"、"宗教信仰")的种种优待,排除民族权利的不平等。许了愿,但没有兑现。他们是不可能兑现的,障碍在于要"尊重"……"神圣的私有制"。在我国无产阶级革命中,就不存在这种对倍加可恶的中世纪制度和对"神圣的私有制"的可恶的"尊重"。

但是,要巩固俄国各族人民所取得的资产阶级民主革命的成果,我们就应当继续前进,而我们也确实前进了。我们把资产阶级民主革命的问题作为我们主要的和真正的工作即**无产阶级**革命的、社会主义的工作的"副产品"顺便解决了。我们一向说,改良是革命的阶级斗争的副产品。我们不仅说过并且还用事实证明过,资产阶级民主改造是无产阶级革命即社会主义革命的副产品。顺便提一下,所有考茨基、希法亭、马尔托夫、切尔诺夫、希尔奎特、龙格、麦克唐纳、屠拉梯之流以及"第二半"**23**马克思主义的其他英雄们,都不能理解资产阶级民主革命和无产阶级社会主义革命之间的**这种**相互关系。前一革命可以转变为后一革命。后一革命可以顺便解决前一革命的问题。后一革命可以巩固前一革命的事业。斗争,只有斗争,才能决定后一革命能比前一革命超出多远。

苏维埃制度就是由一种革命发展为另一种革命的明证或表现之一。苏维埃制度是供工人和农民享受的最高限度的民主制,同时它又意味着与**资产阶级**民主制的决裂,意味着具有世界历史意义的**新型**民主制即无产阶级民主制或无产阶级专政的产生。

让垂死的资产阶级和依附于它的小资产阶级民主派的猪狗们

用数不清的诅咒、谩骂、嘲笑来攻击我们在建设**我们**苏维埃制度中的失利和错误吧。我们一分钟也没有忘记,我们过去和现在确实有很多的失利和错误。在缔造前所未有的**新型**国家制度这种全世界历史上新的事业中,难道能没有失利和错误吗?我们一定要百折不挠地努力纠正这些失利和错误,改变我们对苏维埃原则的实际运用远未达到尽善尽美的状况。但是我们有权自豪,而且我们确实很自豪,因为我们有幸能够**开始**建设苏维埃国家,从而**开创**全世界历史的新时代,由一个**新**阶级实行统治的时代。这个阶级在一切资本主义国家里是受压迫的,如今却到处都在走向新的生活,去战胜资产阶级,建立无产阶级专政,使人类摆脱资本的桎梏和帝国主义战争。

关于帝国主义战争,关于金融资本所实行的目前左右着全世界的国际政策(这种政策**必然**会引起新的帝国主义战争,必然会导致极少数"先进"强国变本加厉地压迫、抢劫、掠夺和扼杀各落后的弱小民族)的问题,从1914年起就成为世界各国全部政策中的基本问题。这是一个有关千百万人生死存亡的问题。这关系到在我们眼看着资产阶级正准备的、从资本主义中产生出来的下一次帝国主义战争中是否会有2 000万人死亡(而在1914—1918年的大战和附加的、至今还没有结束的"小"战中是1 000万人死亡),在这一不可避免的(如果有资本主义存在)未来战争中是否会有6 000万人残废(而在1914—1918年是3 000万人残废)。在这个问题上,我们的十月革命也开辟了世界历史的新纪元。资产阶级的奴仆和应声虫社会革命党人、孟什维克以及全世界所有的假"社会主义"的小资产阶级民主派,都嘲笑"变帝国主义战争为国内战争"这个口号。其实这个口号是唯一的**真理**,虽然听起来令人不愉快、粗暴、赤裸裸、无情，的确如此，但同无数极其精巧的沙文主义与和平主义谎言相比，终究是**一个真理**。这些谎言被戳穿了。布列斯特和约[18]被揭露了。比布列斯特和约更糟糕的凡尔赛和约[20]的作用和后果，一天比一天更加无情地被揭露出来。千百万人都在思考着昨天战争的起因和行将到来的明天战争的问题，他们愈来愈清楚地、明确地、必然地认识到一个严峻的真理：**不经过布尔什维克的斗争和布尔什维克的革命**，就不能摆脱帝国主义战争以及必然会产生这种战争的帝国主义世界（如果我们还用老的正字法，我就会在这里写上两个含义不同的"мир"①），就不能摆脱这个地狱。

让资产阶级和和平主义者、将军和市侩、资本家和庸人、一切基督教徒及第二国际和第二半国际的所有骑士们疯狂地咒骂这个革命吧。不管他们怎样不停地泄愤、造谣和诽谤，都不能抹杀一个具有世界历史意义的事实——千百年来奴隶们第一次公开地提出了这样的口号来回答奴隶主之间的战争：变奴隶主之间的分赃战争为各国奴隶反对各国奴隶主的战争。

这个口号千百年来第一次由一种模糊渺茫的期望变成了明确的政治纲领，变成了千百万被压迫者在无产阶级领导下进行的实际斗争，变成了无产阶级的第一次胜利，变成了消灭战争的第一次胜利，变成了全世界工人联盟对各国资产阶级联盟的第一次胜利，而资产阶级无论是和是战，无非都是牺牲资本奴隶的利益，牺牲雇佣工人的利益，牺牲农民的利益，牺牲劳动人民的利益。

---

① "мир"一词是现代俄语，有"和平"与"世界"两种含义。这两种含义在旧的俄语中是两个词，即"миръ"和"міръ"，前者意为"和平"、"和约"，后者意为"世界"。——编者注

这第一次胜利**还不是最终的胜利**。这次胜利是我国十月革命经历了空前的艰难、困苦和磨难,经历了很多重大的失败和错误以后取得的。难道一个落后国家的人民不经过失败和错误就能战胜世界上最强大最先进的国家所进行的帝国主义战争吗?我们不怕承认自己的错误,我们将冷静地看待这些错误,以便学会改正这些错误。但事实总是事实:用奴隶**反对**一切奴隶主的革命来"回答"奴隶主之间的战争的诺言,千百年来第一次得到了**彻底的实现**……并且还在克服一切困难继续得到实现。

我们已经开始了这一事业。至于哪一个国家的无产者在什么时候、在什么期间把这一事业进行到底,这个问题并不重要。重要的是,坚冰已经打破,航路已经开通,道路已经指明。

"保卫祖国"即保卫日本反对美国侵略、或保卫美国反对日本侵略、或保卫法国反对英国侵略如此等等的各国资本家先生们,请继续玩弄你们伪善的把戏吧!第二国际和第二半国际的骑士先生们以及全世界所有和平主义的市侩庸人,请继续用新的"巴塞尔宣言"(仿照1912年巴塞尔宣言[48]的式样)来"敷衍"反对帝国主义战争的斗争手段的问题吧!**第一次的布尔什维克革命**使地球上**一亿人首先**摆脱了帝国主义战争和帝国主义世界。以后的革命一定会使全人类摆脱这种战争和这个世界。

我们最后的一项事业,也是最重要最困难而又远远没有完成的事业,就是经济建设,就是在破坏了的封建基地和半破坏的资本主义基地上为新的社会主义大厦奠定经济基础。在这一最重要最困难的事业中,我们遭受的失败最多,犯的错误最多。开始这样一个全世界从未有过的事业,难道能没有失败没有错误吗?但是,我们已经开始了这一事业。我们正在进行这一事业。我们现在正用

"新经济政策"来纠正我们的许多错误,我们正在学习怎样在一个小农国家里进一步建设社会主义大厦而不犯这些错误。

困难是巨大的。我们已经习惯同巨大的困难作斗争。我们的敌人把我们叫做"硬骨头"和"碰硬政策"的代表不是没有道理的。但是我们也学会了——至少是在一定程度上学会了革命所必需的另一种艺术:灵活机动,善于根据客观条件的变化而迅速急剧地改变自己的策略,如果原先的道路在当前这个时期证明不合适,走不通,就选择另一条道路来达到我们的目的。

我们为热情的浪潮所激励,我们首先激发了人民的一般政治热情,然后又激发了他们的军事热情,我们曾计划依靠这种热情直接实现与一般政治任务和军事任务同样伟大的经济任务。我们计划(说我们计划欠周地设想也许较确切)用无产阶级国家直接下命令的办法在一个小农国家里按共产主义原则来调整国家的产品生产和分配。现实生活说明我们错了。为了**作好**向共产主义过渡的**准备**(通过多年的工作来准备),需要经过国家资本主义和社会主义这些过渡阶段。不能直接凭热情,而要借助于伟大革命所产生的热情,靠个人利益,靠同个人利益的结合,靠经济核算,在这个小农国家里先建立起牢固的桥梁,通过国家资本主义走向社会主义;否则你们就不能到达共产主义,否则你们就不能把千百万人引导到共产主义。现实生活就是这样告诉我们的。革命发展的客观进程就是这样告诉我们的。

三四年来我们稍稍学会了实行急剧的转变(在需要急剧转变的时候),现在我们开始勤奋、细心、刻苦地(虽然还不够勤奋,不够细心,不够刻苦)学习实行一种新的转变,学习实行"新经济政策"。无产阶级国家必须成为一个谨慎、勤勉、能干的"业主",成为一个精明的**批发商**,否则,就不能使这个小农国家在经济上站稳脚跟。现在,在我们和资本主义的(暂时还是资本主义的)西方并存的条件下,没有其他道路可以过渡到共产主义。批发商这类经济界人物同共产主义似乎有天壤之别。但正是这类矛盾在实际生活中能把人们从小农经济经过国家资本主义引导到社会主义。同个人利益结合,能够提高生产;我们首先需要和绝对需要的是增加生产。批发商业在经济上把千百万小农联合起来,引起他们经营的兴趣,把他们联系起来,把他们引导到更高的阶段:实现生产中各种形式的联系和联合。我们已经开始对经济政策作必要的改变。我们在这方面已经有了某些成就,虽然是不大的、局部的成就,但毕竟是确定无疑的成就。我们就要从这门新"学科"的预备班毕业了。只要坚定地、顽强地学下去,用实际经验来检验我们迈出的每一步,不怕已经开始的工作一改再改,不怕纠正我们的错误,仔细领会这些错误的意义,我们就一定会升到更高的班级。我们一定会修完整个"课程",尽管世界经济和世界政治的情况使这一课程的学习比我们预期的时间要长得多,困难要多得多。不管过渡时期的苦难如灾荒、饥荒和经济破坏多么深重,我们决不气馁,一定要把我们的事业进行到最后胜利。

1921 年 10 月 14 日

载于 1921 年 10 月 18 日《真理报》第 234 号

选自《列宁选集》第 3 版修订版第 4 卷第 563—571 页

# 新经济政策和
# 政治教育委员会的任务

在全俄政治教育委员会第二次代表大会上的报告[49]

（1921 年 10 月 17 日）

同志们！我今天的报告,确切些说,今天的讲话,打算谈谈新经济政策,并且就我的认识谈谈这一政策向政治教育委员会提出的任务。我觉得,在某一代表大会上就大会讨论范围之外的问题作报告,要是只介绍党内或苏维埃共和国内的一般情况,那是极不妥当的。

## 苏维埃政权和俄国共产党的急剧转变

我决不否认作这种介绍的好处,也不否认讨论各种问题的好处,但是我仍然认为,我们大多数代表大会的主要缺点是同摆在它们面前的实际任务缺乏直接联系。所以我想联系新经济政策和围绕新经济政策来谈谈这些缺点。

关于新经济政策,我将简略地谈一谈。同志们,你们大多数是共产党员,虽然有些人还很年轻,但是都已经在我们革命初期为贯彻我们的总政策做了很多工作。正因为你们在这方面做过很多工作，所以你们不会看不出，我们苏维埃政权和共产党实行了多么急剧的转变，采取了一种被叫做"新的"经济政策，所谓新，是对我们先前的经济政策而言的。

可是实质上，它比我们先前的经济政策包含着更多的旧东西。

为什么会这样呢？因为我们先前的经济政策，如果不能说计划过（在当时的情况下，我们一般很少进行计划），那么在一定程度上也曾设想过（可以说是缺乏计划地设想），旧的俄国经济将直接过渡到国家按共产主义原则进行生产和分配。

如果我们回忆一下我们过去的经济文献，回忆一下共产党人在俄国夺得政权以前和刚刚夺得政权之后——例如在 1918 年初所写的东西（1918 年初的情况是我们对旧俄国的第一次政治袭击取得了巨大的胜利，建立了苏维埃共和国，退出了帝国主义战争，尽管退出时俄国已经不像样子，但总比听从帝国主义者、孟什维克和社会革命党人[4]的劝告继续"保卫祖国"造成的破坏轻一些），如果回忆一下当时所写的东西，我们就会看到，在我们刚刚做完建立苏维埃政权这第一件事和刚刚退出帝国主义战争的初期，我们关于经济建设任务所说的，要比 1918 年下半年以及整个 1919 年和 1920 年所做的要小心谨慎得多。

## 1918 年全俄中央执行委员会论农民的作用

虽然当时你们并不都是党和苏维埃政权的积极分子，但是无论如何你们会知道而且当然知道这样一些决定，如全俄中央执行委员会 1918 年 4 月底的决定[50]。这项决定指出必须注意农民经济。决定是根据一个报告作出的,那个报告估计到了国家资本主义在一个农民国家的社会主义建设中的作用,强调了个人的、专人的负责制的意义,强调了这一因素在国家管理(它有别于建立政权的政治任务,有别于军事任务)中的作用。

## 我们的错误

1918 年初,我们曾经指望有一个相当的时期可以进行和平建设。缔结布列斯特和约[18]之后,好像危险已经过去,可以着手和平建设了。结果我们大失所望,因为在 1918 年,随着捷克斯洛伐克军的叛乱[51]和国内战争(它一直延续到 1920 年)的爆发,真正的军事危险向我们袭来了。当时在某种程度上由于军事任务突然压来,由于共和国在帝国主义战争结束时似乎已经陷于绝境,由于这一些和其他一些情况,我们犯了错误:决定直接过渡到共产主义的生产和分配。当时我们认定,农民将遵照余粮收集制交出我们所需数量的粮食,我们则把这些粮食分配给各个工厂,这样,我们就是实行共产主义的生产和分配了。

不能说我们就是这么明确具体地给自己描绘了这样的计划,但是我们差不多就是根据这种精神行事的。不幸这是事实。我说不幸,是因为经过一段不很长的试验我们终于确信,这种构想是错误的,是同我们以前关于从资本主义到社会主义的过渡的论述相抵触的,以前我们认为,不经过一个实行社会主义的计算和监督的时期,即使要走到共产主义的低级阶段也是不可能的。从 1917 年产生了接收政权的任务和布尔什维克向全体人民揭示了这一任务的时候起,在我们的理论文献中就明确地强调指出,要从资本主义社会走上接近共产主义社会的任何一条通道,都需要有社会主义的计算和监督这样一个过渡,一个漫长而复杂的过渡(资本主义社会愈不发达,所需要的过渡时间就愈长)。

# 战 略 退 却

当我们不得不在国内战争激烈进行的情况下在建设方面采取必要措施的时候,好像把这一点遗忘了。而我们的新经济政策的实质正在于,我们在这一点上遭到了严重的失败,开始作战略退却:"趁我们还没有被彻底打垮,让我们实行退却,一切都重新安排,不过要安排得更稳妥。"共产党人既然自觉地提出了新经济政策问题,他们对于在经济战线上遭到了惨败这一点就不可能有丝毫怀疑。当然,一部分人不免会在这个问题上陷于灰溜溜的、近乎惊慌失措的状态,而一旦实行退却,甚至会手足无措。这是不可避免的事情。要知道,当红军撤退的时候,它避开敌人就是取得胜利的开始,而无论在哪一条战线上,每一次撤退都会使一些人惊慌一阵子。但不论在高尔察克战线上、邓尼金战线上、尤登尼奇战线上,或者在波兰战线上、弗兰格尔战线上,每当我们被痛打一顿(有时甚至不止一顿)之后,"一个挨过打的抵得上两个没有挨过打的"这句谚语都在我们身上得到了验证。我们挨过一顿打后,就开始从容地、有步骤地和谨慎地发起进攻。

当然,经济战线上的任务要比军事战线上的任务困难好多倍,但在战略的基本轮廓上是有相似之处的。在经济战线上,由于我们企图过渡到共产主义,到1921年春天我们就遭到了严重的失败,这次失败比高尔察克、邓尼金或皮尔苏茨基使我们遭到的任何一次失败都严重得多,重大得多,危险得多。这次失败表现在:我们上层制定的经济政策同下层脱节,它没有促成生产力的提高,而提高生产力本是我们党纲规定的紧迫的基本任务。①

在农村实行余粮收集制,这种解决城市建设任务的直接的共产主义办法阻碍了生产力的提高,它是我们在1921年春天遭到严重的经济危机和政治危机的主要原因。所以必须采取某种从我们的路线和政策来看只能叫做最严重的失败和退却的步骤。而且不能说,这种退却和红军那种秩序井然地退到预先准备好的阵地上去的退却是一样的。诚然,阵地是事先准备好的。这一点可以查证,只要把我们党1921年春的决定52同我上面提到的1918年4月的决定对照一下就行了。阵地是事先准备好的,但是向这些阵地的退却(外省很多地方现在还在退却)非常混乱,甚至太混乱了。

## 新经济政策的含义

在这里,政治教育委员会要同这种现象作斗争的任务就提到了第一位。从新经济政策的角度来看,根本的问题就在于要善于尽快利用当前的形势。

---

① 参看《列宁全集》中文第2版第36卷第414页。——编者注

新经济政策就是以实物税代替余粮收集制[53],就是在很大程度上转而恢复资本主义。究竟到什么程度,我们不知道。同外国资本家签订租让合同(诚然,已经签订的合同还很少,特别是同我们提出的建议相比),把企业租给私人资本家,这些都是直接恢复资本主义,是从新经济政策的根上萌发出来的。因为废除余粮收集制就意味着农民可以自由买卖完税后的剩余农产品,而实物税征收的只是他们产品中的一小部分。农民在全国人口和整个经济中占极大的比重,因此在这种自由贸易的土壤上不可能不滋长资本主义。

这是经济学初级读本教给我们的最基本的经济常识,而在我国,除此以外,每一个粮贩也都这样教我们,他们撇开经济学和政治学,出色地教我们认识经济。从战略上看,根本的问题在于谁能更快地利用这种新形势。全部问题在于农民跟谁走:跟无产阶级走呢,还是跟资本家走。无产阶级力求建成社会主义社会,而资本家则说:"我们回头吧,这样保险一些,别让他们用什么社会主义来打扰我们了。"

# 谁将取得胜利——
# 是资本家还是苏维埃政权?

目前这场战争要解决的问题是:谁将取得胜利,谁能更快地利用目前形势,是我们从一个大门甚至几个大门(我们自己也不知道有许多大门,因为打开这些大门并没有和我们打招呼,而是违反我们的意愿)放进来的资本家呢,还是无产阶级的国家政权。

无产阶级的国家政权在经济上能够依靠什么？一方面是依靠人民生活状况的改善。在这方面应当想到农民。虽然我们遭到了像饥荒这样的严重灾难，人民在受灾的情况下生活状况仍有改善，而这种改善正是来之于经济政策的改变，这是无可争辩的，是大家都看得到的。

另一方面，如果资本主义得益，工业生产就会得到发展，无产阶级也会随着成长。资本家将得益于我们的政策，并创造出工业无产阶级。我们的无产阶级由于战争和极严重的经济破坏，已经丧失了阶级特性，就是说，它已经失去本阶级的生活常态，不再作为无产阶级而存在了。所谓无产阶级，就是在资本主义大工业的企业中生产物质财富的阶级。既然资本主义大工业已被破坏，工厂已经停产，无产阶级也就不存在了。它有时在形式上仍算做无产阶级，但它已经失去了经济根基。

恢复资本主义也就是恢复无产阶级，使他们在大机器工厂里生产有利于社会的物质财富，而不去做投机生意，不去制造打火机出卖，不去干其他一些不太有益但在我国工业遭受破坏的情况下必然存在的"活计"。

全部问题就在于谁跑在谁的前面？资本家如果先组织起来，他们就会把共产党人赶走，那就什么也不用谈了。必须清醒地看待这些事情：谁战胜谁？无产阶级的国家政权是不是能够依靠农民，对资本家老爷加以适当的控制，把资本主义纳入国家轨道，建立起一种受国家领导并为国家服务的资本主义呢？必须清醒地提出这个问题。在这方面各式各样的思想、各式各样的关于政治自由的议论我们可以找到很多，如果看一看国外的俄国即第二个俄国，更是如此。在国外，各种政党出版几十种日报，用世上所有的曲调来赞美政治自由。这一切都是废话、空话。我们必须善于抛弃这些东西。

# 斗争还将更加残酷

四年来我们经历了许多严峻的战斗,我们知道:进行严峻的战斗是一回事,而关于严峻战斗的空谈,特别是那些袖手旁观的人的空谈又是一回事。必须善于抛弃这种思想、这种空谈,而去思索问题的实质。而问题的实质是:不论目前还是今后,斗争都比同高尔察克和邓尼金作战更加激烈,更加残酷。因为那种军事斗争是司空见惯的。千百年来人们一直在打仗。用战争杀人的本领大有长进。

诚然,几乎在每一个地主的大本营里都有社会革命党人和孟什维克,他们高喊民权、立宪会议[30],叫喊布尔什维克破坏了一切自由。

完成军事任务毕竟要比完成现在摆在我们面前的任务容易些。军事任务可以用猛攻、袭击和热情来完成,可以直接依靠看到地主正向自己进攻的广大工农拼体力来完成。现在没有公开的地主了。弗兰格尔、高尔察克和邓尼金匪徒,一部分去见尼古拉·罗曼诺夫了,一部分则躲在国外安全的地方。人民看不见从前的地主和资本家那样明显的敌人。人民看不清楚,敌人就在我们中间,这个敌人就是原来的敌人,革命正面临一道深渊(以往的一切革命碰到这道深渊后都退回去了)。人民不会有这样的认识,因为他们是文盲,非常无知。各种特设委员会[54]需要多长时间才能用特殊手段扫除文盲,还很难说。

人民怎么会知道高尔察克、弗兰格尔和邓尼金垮台以后,在我们中间还存在着葬送了以往一切革命的敌人呢?要知道,如果资本家战胜我们,那就意味着恢复老样子。这一点已为以往一切革命的经验所证实。我们党的任务就是要使大家都认识到,存在于我们中间的敌人就是无政府状态的资本主义和无政府状态的商品交换。必须清楚地了解斗争的这个实质,并且使广大工农群众清楚地了解斗争的这个实质:"谁战胜谁?谁将取得胜利?"无产阶级专政是一场最残酷最激烈的斗争,在这场斗争中,无产阶级要同全世界作战,因为全世界都支持高尔察克和邓尼金,反对我们。

现在,支持俄国资产阶级的世界资产阶级仍然比我们强大好多倍。我们并不因此而有丝毫的惊慌失措,因为过去他们的兵力也比我们强,然而这并不足以在战争中击溃我们,虽然他们拥有比我们强得多的炮兵和空军,在战争中击溃我们本当容易得多。也许反对我们的某个资本主义强国只要及时地再拼凑几个军,再借给高尔察克几百万金卢布,就能把我们打垮。

然而这还是无济于事。因为不论是开到阿尔汉格尔斯克的英国士兵,或是迫使舰队撤离敖德萨的法国水兵,都已深深地认识到他们是非正义的,我们是正义的。现在,反对我们的力量仍然比我们强大。要取得这场斗争的胜利,还必须依靠最终的力量源泉。而最终的力量源泉就是工农群众,就是他们的自觉性,他们的组织性。

或者是建立起一个无产阶级的有组织的政权,那我们就会取得胜利,而先进的工人和少数先进的农民是会理解这项任务,会在自己周围组织起人民运动的。

或者是我们不能做到这一点，那么在技术上比我们强大的敌人就一定会把我们打垮。

## 是最后的斗争吗？

无产阶级专政是一场残酷的战争。无产阶级在一个国家里取得了胜利，但是它在国际范围内仍然比较弱。它应当认识到战争还没有结束而把全体工农团结在自己的周围。我们常常在歌中唱道，"这是最后的斗争"。可惜这有点不符合实际，可惜这并不是我们最后的斗争。或者你们能在这场斗争中把工农团结起来，或者你们得不到胜利。

我们目前所见到的这种斗争在历史上还不曾有过。但是农民和地主间的战争，从奴隶占有制初期起，在历史上已经发生过不止一次。这种战争曾多次发生，但一个国家政权反对本国资产阶级和各国联合起来的资产阶级的战争还从来没有过。

或者是我们能在无产阶级政权支持下发展小农的生产力，并在这个基础上把小农组织起来；或者是资本家控制小农，——斗争成败的关键就在于此。在以往几十次革命中也碰到过这种情形，但是像我们这样的战争世界上还从来没有见过。人民不可能有这种战争的经验。我们必须自己创造这种经验，在创造这种经验时，我们只能依靠工农的觉悟。这就是我们的格言，也是任务的最大困难所在。

# 我们不应该指望直接采用
# 共产主义的过渡办法

我们不应该指望直接采用共产主义的过渡办法。必须以同农民个人利益的结合为基础。有人对我们说:"同农民的个人利益结合,就是恢复私有制。"不对,我们从来没有废除过农民对消费品和工具的个人所有制。我们废除的是土地私有制,而农民并没有私有的土地,他们是在租来的土地上经营。在许多国家里都存在过这种制度。这在经济上并没有什么办不到的地方。困难在于如何同个人利益结合。必须使每个专家也从生产的发展中得到好处。

我们是否善于这样做呢? 不,不善于! 我们以为在一个无产阶级已丧失其阶级特性的国家里可以按共产主义的命令进行生产和分配。我们一定要改变这种办法,否则我们就不能使无产阶级认识这种过渡。历史上还从来没有提出过这样的任务。我们曾尝试用所谓正面攻击的办法来直接完成这项任务,但是失败了。这种错误在每次战争中都有,而人们并不把它们看做错误。正面攻击失败了,那我们就改用迂回的办法,采用围攻和对壕战。

## 同个人利益结合和个人负责的原则

我们说,必须把国民经济的一切大部门建立在同个人利益的结合上面。共同讨论,专人负责。由于不善于实行这个原则,我们每走一步都吃到苦头。整个新经济政策要求我们把这两者分得非常清楚、非常明确。当人民转到新的经济条件下的时候,他们马上就讨论起来:这会产生什么结果,应当怎样按新方式来做。开始做任何一件事之前都非经过大家讨论不可,因为几十年几百年来,人民一直被禁止讨论任何事情,而革命不经过一段普遍开群众大会讨论各种问题的时期,是不能得到发展的。

这造成了许多混乱现象。确实是这样,这是不可避免的,但是应该说这并不危险。我们只有及时学会区分哪些事需要开群众大会讨论,哪些事需要管理,才能使苏维埃共和国达到应有的水平。可惜我们还没有学会这样做,大多数代表大会离务实很远。

我国代表大会之多,超过世界上一切国家。任何一个民主共和国都没有像我们那样召开这么多代表大会,而且它们也不会允许这样做。

我们应当记住,我国是一个损失惨重和贫穷不堪的国家,必须使它学会如何开群众大会才不致像我前面所说的那样,把需要开群众大会讨论的和需要管理的混淆起来。一方面要开群众大会,一方面要毫不犹豫地进行管理,要比以前资本家管得更严。否则,就不能打败他们。应该记住,一定要比以前更严更紧地进行管理。

在红军里,经过好几个月开群众大会讨论的阶段之后,它的纪律已经不亚于旧军队的了。红军采取了连旧政府都没有采取过的直到枪决的严厉措施。市侩们在书刊上号叫:"看啊,布尔什维克采用枪决的办法了。"我们应当说:"是的,我们采用了,而且是完全有意采用的。"

我们应当说:或者是那些想毁灭我们的人、我们认为理应灭亡的人灭亡,这样我们的苏维埃共和国就会生存下来;或者相反,是资本家生存下来而共和国灭亡。在一个贫穷不堪的国家里,或者是那些不能振作起来的人灭亡,或者是整个工农共和国灭亡。在这里没有而且也不可能有其他的选择,而且也容不得有任何温情主义。温情主义是一种并不亚于战争中的利己行为的罪恶。现在谁不守秩序,不守纪律,谁就是把敌人放进我们的队伍中来。

所以我说新经济政策还有学习方面的意义。你们在这里讨论应当如何进行教育。你们应当得出结论说:我们这里决不容许有学得不好的人。到了共产主义,学习的任务会轻一些。可是现在,在灭亡的威胁下,学习不能不是一项严峻的任务。

# 我们是否能为自己工作?

过去在我们军队中有开小差现象。劳动战线上也有这种现象,因为你是为资本家工作,为剥削者工作,那时不好好干是可以理解的。但现在你是为自己工作,为工农政权工作。应该记住,现在必须解决我们是否能为自己工作的问题,不解决这个问题,我再说一遍,我们的共和国就会灭亡。所以我们要像在军队中说过的那样说:或者是让所有想毁灭我们的人灭亡,为此我们要采取最严厉的纪律措施;或者是拯救我们国家,使我们的共和国生存下来。

这就是我们应当采取的路线,这就是我们所以需要新经济政策的原因之一。

大家都去做经济工作吧！资本家将同你们在一起,外国资本家,即承租人和租借人,也将同你们在一起,他们将从你们那里攫取百分之几百的利润,他们将在你们那里大发横财。就让他们发财吧,但你们要跟他们学会做经济工作。只有这样,你们才能够建成共产主义共和国。从必须赶快学会做经济工作这个角度来看,任何懈怠都是极大的犯罪。必须向这门科学进军,向这门艰难、严峻、有时甚至是残酷无情的科学进军,否则就没有出路。

你们应当记住,现在包围着我们这个经过多年磨难而贫穷不堪的苏维埃国家的,不是会用自己高度发达的技术和工业来帮助我们的社会主义法国和社会主义英国。不是的！我们必须记住,现在它们的高度发达的技术和工业,全部都归反对我们的资本家所有。

我们必须记住,我们应当高度紧张地从事每天的劳动,否则我们就必然灭亡。

在目前的形势下,整个世界发展得比我们迅速。发展着的资本主义世界正调动一切力量来反对我们。问题就这样摆着！这就是我们必须特别重视这个斗争的原因。

由于我国文化落后,我们不能用正面攻击来消灭资本主义。如果我们的文化是另一种水平,那就可以比较直截了当地解决这项任务了。也许其他国家到了建设它们的共产主义共和国的时候会这样来解决这项任务。但是我们不能用直截了当的方式来解决问题。

国家必须学会这样经营商业,即设法使工业能满足农民的需要,使农民能通过商业满足自己的需要。办事情应能使每一个劳动者都拿出自己的力量来巩固工农国家。只有这样,我们才能建立起大工业。

必须使群众都深刻认识到这一点，不仅是认识，还要使他们把这种认识付诸实现。我认为政治教育总委员会的任务就是由此产生的。在任何一次深刻的政治变革以后，人民需要用很长时间来消化这种变革。因此这里有这样一个问题：人民是否已经理解了他们所得到的教训。非常遗憾，对这个问题只能回答：没有。如果他们已经理解了这些教训，那我们动手建立大工业就会迅速得多，早得多。

在解决了世界上最伟大的政治变革的任务以后，摆在我们面前的已是另一类任务，即可称为"小事情"的文化任务。必须消化这个政治变革，使它为人民群众所理解，使它不致仅仅是一纸宣言。

# 过时的方法

这些宣言、声明、布告和法令在当初是需要的。这些东西我们已经够多了。为了向人民表明我们要怎样建设和建设什么，要为哪些前所未有的新事物奋斗，这些东西在当初是必要的。但是，能不能继续向人民表明我们要建设什么呢？不能！要是这样，连一个最普通的工人也要取笑我们了。他会说："你怎么老是向我们说你要怎样建设，让我们看看你的行动，——你会不会建设。如果不会，那我们就走不到一块，滚你的吧！"他这样说是对的。

应当从政治上描述伟大任务的时期已经过去，应当实际完成这些任务的时期已经到来。现在摆在我们面前的是文化任务，是消化那个应该而且能够得到贯彻的政治经验。或者是断送苏维埃政权所取得的一切政治成果,或者是为这些成果奠定经济基础。现在没有这种经济基础。我们应当做的正是这件工作。

提高文化水平是最迫切的任务之一。这正是政治教育委员会的任务,如果这样的委员会果真能为政治教育服务("政治教育"是它给自己选的名称)的话。取名并不难,可是,工作做得怎么样呢?希望在这次大会以后我们能够得到这方面的准确材料。我们的扫除文盲委员会是1920年7月19日成立的。在出席这次大会之前,我特地看了一下有关的法令。是叫全俄扫除文盲委员会……  而且是扫除文盲特设委员会[54]。希望在这次大会以后我们能够得到说明有多少个省在这方面做了些什么工作的材料,希望能够得到准确的工作报告。但是,不得不成立扫除文盲特设委员会这个事实已经证明,我们好像是一些(怎样说得轻一点呢?)半野蛮人,因为,在一个不是半野蛮人的国家里,是耻于成立扫除文盲特设委员会的。在这样的国家里,文盲是在学校里扫除的。那里有像样的学校,人们在学校里学习。学习什么呢?首先是识字。如果这个起码的任务还没有完成,那么谈新经济政策是可笑的。

# 最大的奇迹

哪里谈得上是什么新政策呢?既然我们得采取特殊措施来扫除文盲,上帝保佑,那还是让我们设法维持旧的吧。这是很明显的。但是更明显的是,我们无论在军事方面或其他方面都创造了许多奇迹。我想,要是能够把扫除文盲委员会本身彻底扫除掉,那会是这些奇迹中最大的奇迹。我还希望不要产生如我在这里听说的要把它从教育人民委员部分出来的提案。如果我听说的是事实,如果你们仔细想想,那你们就会同意我的看法:必须成立一个扫除某些坏提案的特设委员会。

此外,仅仅扫除文盲是不够的,还需要建立苏维埃经济,而在这件事上,光能识字是无济于事的。我们需要大大提高文化水平。必须使每个人能够实际运用他的读写本领,必须使他有东西可读,有报纸和宣传小册子可看,必须合理分配这些书刊,使它们能到人民手里,不致中途散失,而现在人们读到的还不及一半,其余的都在办公室里派了用场,到达人民手里的恐怕还不到四分之一。我们必须学会利用我们现有的一点点书刊。

因此,由于实行新经济政策,应当不断宣传这样一种思想:政治教育务必要能提高文化水平。应当用读和写的本领来提高文化水平,应当使农民有可能用读写本领来改进自己的经营和改善自己国家的状况。

苏维埃的法律是很好的,因为它使每一个人都有可能同官僚主义和拖拉作风作斗争。在任何一个资本主义国家里,都没有给工人和农民提供这种可能。然而有人利用了这种可能性吗?几乎没有!不仅农民不会利用,就连相当多的共产党员也不会利用苏维埃的法律去同拖拉作风和官僚主义作斗争,或者去同贪污受贿这种道地的俄国现象作斗争。是什么东西妨碍我们同这种现象作斗争呢?是我们的法律吗?是我们的宣传吗?恰恰相反!法律制定得够多了!那为什么这方面的斗争没有成绩呢?因为这一斗争单靠宣传是搞不成的,只有靠人民群众的帮助才行。我们的共产党员至少有一半不会进行斗争，且不说还有一些人妨碍斗争。不错，你们中间99%都是共产党员，所以你们知道，我们现在正在处理这些妨碍斗争的共产党员，清党[55]委员会在做这件事。但愿能从我们党内清除10万人左右。有人说20万人左右。我更喜欢后面这个数字。

我很希望我们能从党内赶走10万到20万混进来的人，他们不仅不会同拖拉作风和贪污受贿行为作斗争，而且妨碍同这些现象作斗争。

# 政治教育工作者的任务

我们将把一二十万人清除出党，这是一件有益的事情，但这只是我们应该做的工作的极小一部分。应当使政治教育委员会的全部工作都适应这个目的。文盲固然应当扫除，但仅仅识字还不够，还要有能教人们同拖拉作风和贪污受贿行为作斗争的文化素养。拖拉作风和贪污受贿行为是任何军事胜利和政治改革都无法治好的毛病。说实在的，这种毛病靠军事胜利和政治改革是治不好的，只有用提高文化的办法才能治好。这项任务就落在政治教育委员会的肩上了。

应当使政治教育工作者不用官僚的眼光来看待自己的任务。但有一种情况却常常可以看到，比如有人问，可否把省政治教育委员会的代表也吸收进省经济会议[38]。对不住，不必把你们编进什么机关去，你们要作为一个普通公民来完成自己的任务。你们一进什么机关就会官僚化。如果你们同人们打交道，从政治上教育他们,经验就会告诉你们,政治上有教养的人是不会贪污受贿的,但是在我们这里,这种行为却处处可见。人们会问你们:怎样才能消灭贪污受贿现象,防止执行委员会里有人贪污受贿呢?请你们教我们怎样才能做到这一点。如果政治教育工作者回答说:"这事不归我们管","关于这个问题我们已经出了小册子和布告",那么人们就会对你们说:"你们是坏党员。这事固然不归你们管,有工农检查院[56]来管,可是你们也是共产党员呀!"你们给自己取了"政治教育"这个名称。当你们取这个名称时,就曾提醒你们,名称不要搞得太显眼,还是用一个普通一点的好。可是你们要用"政治教育"这个名称,而这个名称含义很广。你们没有把自己称为教人民识字的人,而用了政治教育这个名称。于是人们可以对你们说:"很好,你们教人民读书写字,搞经济运动,这些都很好。但是这些并不是政治教育,因为政治教育是要使一切事情都有结果。"

我们正在进行反对野蛮行为和反对贪污受贿这类毛病的宣传,我希望你们进行这项工作,但是,政治教育并不限于这种宣传,它意味着实际的结果,意味着教会人民怎样取得实际结果,并且不是以执行委员会委员的身份而是以普通公民的身份给人们示范。政治教育工作者由于在政治上比别人有修养,不仅会责骂一切拖拉现象(这在我们这里非常风行),并且能以行动表明怎样克服这一弊病。这是一种很难掌握的艺术。不普遍提高文化水平,不使工农群众比现在更有文化,就不能掌握这种艺术!我希望政治教育总委员会[57]特别注意这项任务。

现在我把我所说的概括一下,把省政治教育委员会所面临的各项任务归纳一下。

# 三 大 敌 人

在我看来,现在每一个人,不论他的职务是什么,面前都有三大敌人,每一个政治教育工作者,如果他是共产党员的话(而政治教育工作者大多是党员),面前都摆着这三项任务。他们面前的三大敌人就是:(一)共产党员的狂妄自大,(二)文盲,(三)贪污受贿。

## 第一个敌人——共产党员的狂妄自大

所谓共产党员的狂妄自大,是指一个人置身于共产党内,还没有被清洗出去,就以为可以用共产党员的名义发号施令来解决他的一切任务。他以为,只要他是执政党的党员和某某国家机关的工作人员,就有资格谈论政治教育成就的大小。完全不是这么一回事!这只是共产党员的狂妄自大。要学会进行政治教育,这就是问题的所在,可是我们还没有学会,而且我们还没有正确解决这个问题的办法。

## 第二个敌人——文盲

至于第二个敌人——文盲,我可以这样说:只要在我国还存在文盲现象,那就很难谈得上政治教育。这并不是政治任务,这是先决条件,没有这个条件就谈不上政治。文盲是处在政治之外的,必须先教他们识字。不识字就不可能有政治,不识字只能有流言蜚语、谎话偏见,而没有政治。

## 第三个敌人——贪污受贿

最后,只要有贪污受贿这种现象,只要有贪污受贿的可能,就谈不上政治。在这种情况下甚至连搞政治的门径都没有,在这种情况下就无法搞政治,因为一切措施都会落空,不会产生任何结果。在容许贪污受贿和此风盛行的条件下,实施法律只会产生更坏的结果。在这种条件下不能搞任何政治,这里没有搞政治的基本条件。应该懂得,为了能向人民说明我们的政治任务,能向人民群众表明"我们必须力求完成的任务"(而这本是我们必须做到的!),就要提高群众的文化水平。必须达到一定的文化水平。否则就不能真正完成我们的任务。

## 军事任务和文化任务的区别

文化任务的完成不可能像政治任务和军事任务那样迅速。应当懂得,现在前进的条件已经和从前不一样了。在危机尖锐化时期,几个星期就可以取得政治上的胜利。在战争中,几个月就可以取得胜利,但是在文化方面,要在这样短的时间内取得胜利是不可能的。从问题的性质看,这需要一个较长的时期,我们应该使自己适应这个较长的时期,据此规划我们的工作,发扬坚韧不拔、不屈不挠、始终如一的精神。没有这些品质,甚至无法着手做政治教育工作。而政治教育的成果只能用经济状况的改善来衡量。我们不仅需要消灭文盲,消灭靠文盲这块土壤滋养的贪污受贿行为,而且应该使我们的宣传、我们实行的领导、我们的小册子真正为人民所接受,并且使这些工作的成果体现在国民经济的改善上。

这就是由于实行新经济政策而向政治教育委员会提出的任务。我希望通过这次大会我们能够在这方面取得更大的成就。

载于 1921 年 10 月 19 日《全俄政治教育委员会第二次代表大会。大会公报》第 2 号

选自《列宁选集》第 3 版修订版第 4 卷第 572—592 页

# 在莫斯科省第七次党代表会议上关于新经济政策的报告[58]

（1921 年 10 月 29 日）

## 1

# 报　　告

同志们！在作关于新经济政策的报告以前，首先应该声明，我对这个题目的理解可能出乎在座许多同志的意料，或者说得确切些，我只能谈谈这个题目中的一小部分。对于这个问题，大家的主要兴趣可能在于了解和评价苏维埃政权最近一些有关新经济政策的法令和决定，这是很自然的。这类决定愈多，完善、整理这些决定并总结其执行情况的需要愈迫切，对于这个问题发生兴趣也就愈自然。根据我在人民委员会的所见所闻，现在已深感有这种需要。大家都希望知道现有的一些能说明新经济政策的成果的事实和数字，这同样也是很自然的。当然，这些事实经过查证核实的为数还很少，但是毕竟还有一些。毫无疑问，为了了解新经济政策，注意这些事实并试加总结，是绝对必要的。但是关于问题的这两个方面，我都不能谈，如果你们对这些感兴趣，我相信你们一定会找到谈这些问题的报告人。我感兴趣的是另一个问题，即策略问题，或者说（如果可以这样说的话），是我们随着政策的改变而采取的革命战略问题,以及对下述情况的估计,即这个政策同我们对我们任务的一般理解符合到什么程度,另一方面,今天党内的认识和觉悟同实行新经济政策的必要性适应到什么程度。我想谈的,就只是这个专题。

我感兴趣的首先是这样一个问题:在评价我们的新经济政策时,在什么意义上可以说过去的经济政策是错误的;说它错误是否正确;最后,如果正确,那么在什么意义上可以认为这种评价是有益的和必要的?

我认为,这个问题对于估计今天我们党内在目前经济政策的一些最根本问题上意见一致的程度是有意义的。

党现在是否应该把注意力只放在这个经济政策的一些具体问题上,还是至少有时也应该把注意力放在如何估计实行这个政策的一般条件上,放在如何使党内的觉悟、兴趣和注意力适应于这些一般条件上? 我认为目前的情况是:我们党内有很多人对新经济政策还不那么清楚;我们如果对过去的经济政策的错误没有明确的认识,就不能顺利完成自己的任务,即给新经济政策打基础并最终确定新经济政策的方向。

为了说明我的看法,为了回答在什么意义上可以说(而且我认为应该说)我们过去的经济政策是错误的这个问题,我想拿日俄战争中的一个事件来作比喻。我认为,这个事件会帮助我们更确切地认识像在我国所发生的这种革命中不同的政治办法和手段的相互关系。我说的这个例子,就是日本乃木将军攻克旅顺口这个事件。使我对这个例子感兴趣的主要一点,就是攻克旅顺口经历了两个完全不同的阶段。第一阶段是多次猛烈的强攻,结果都失败了,使这位著名的日本统帅付出了极大的牺牲。第二阶段是不得不对这个要塞改用非常艰苦、非常困难而缓慢的地地道道的围攻,而过了一些时日,正是用这种方法完成了攻克要塞的任务。我们看一看这些事实,就会很自然地提出一个问题:在什么意义上可以说这位日本将军对旅顺口要塞采取的第一种战法是错误的呢? 强攻要塞是否错误? 如果是错误的,那么日军为了正确完成任务,应该在什么条件下承认这是错误,应该认识到这个错误有多大?

当然,乍看起来,答案是再简单不过了。既然对旅顺口的多次强攻毫无结果(这是事实),既然进攻者的牺牲非常大(这也是无可争辩的事实),那么,显而易见,对旅顺口要塞采取直接强攻的战术是错误的,这已无需任何证明了。但是从另一方面也不难看出,完成这种包含很多未知数的任务时,如果不作适当的实际试探,就很难有绝对的把握——哪怕是相当大的把握——大致准确或完全准确地确定用什么战法来攻克敌人要塞。不实际试探一下要塞的实力,即工事坚固程度、守军情况等等,这是无法确定的。不经过试探,就是一个优秀的统帅(乃木将军无疑算得上)也无法解决用什么正确战法攻克要塞的问题。从另一方面说,胜利结束整个战争这个目的和前提,也要求从完成这项任务的多种方法中选择速决战法;同时,事情很可能是这样的:即使牺牲极大,如果这对于用强攻拿下要塞是必要的话,那也还是得多于失。因为这样就能把日军腾出来,调到其他战场上去作战,就能在敌人即俄军把大批兵力调到这个远方战场以前,在把大批兵力训练得更好,在俄军或许变得比日军强好几倍以前,完成一项最重要的任务。

如果看一看整个战役的发展和日军作战的条件,我们就应得出这样的结论:对旅顺口的多次强攻不仅说明日军不惜巨大牺牲,作战非常英勇,而且还说明在当时的情况下,即在战役初期,这是唯一可能的而且是必要的和有益的做法,因为不用强攻要塞这一实际行动来检查一下兵力,不试探一下抵抗的力量,是没有理由采取比较长期比较艰苦的战斗方式的,要知道这种战斗方式仅仅由于时间长就蕴含着许多别的危险。从整个战役来说,我们也不能不把由强攻和冲击组成的战役第一阶段看做是必要的和有益的阶段,因为,我再说一遍,日军不经过这种试探,就不可能摸清这次战斗的具体条件。日军在对敌要塞进行强攻的阶段结束时情况是怎样的呢?成千上万的士兵被打死了,就是再死上几千士兵,用这种战法要塞还是拿不下来。当时的情况就是这样。当时有一部分人,或者说大多数人,已得出结论:必须放弃强攻而改用围攻。既然在战术上犯了错误,那就必须加以纠正。同这一错误战术有关的一切都应认为有碍于作战,需要作出调整:必须停止强攻而改用围攻,变更军队部署,重新分配作战物资。至于改变个别作战方法和作战行动,那就更不待说了。必须坚决地、明确地承认过去的做法是错误的,不要让它阻碍新战略和新战术的发展,阻碍作战行动的发展。这时作战行动必须完全用另一种方式来进行,而且如我们所知道的,新的作战行动取得了全胜,尽管时间比预料的长得多。

我认为,这个例子可以用来说明我国革命在解决经济建设领域里的社会主义任务时所处的境况。在这方面,十分明显地分为两个时期。一个是从(大致是从)1918 年初到 1921 年春的时期,另一个是从 1921 年春开始的现在这个时期。

你们回想一下我们党从 1917 年底到 1918 年初所作的各种正式的和非正式的声明就可以发现,我们那时已认为,革命的发展、斗争的发展的道路,既可能是比较短的,也可能是漫长而艰辛的。但是,在估计可能的发展道路时,我们多半(我甚至不记得有什么例外)都是从直接过渡到社会主义建设这种设想出发的,这种设想也许不是每次都公开讲出来,但始终是心照不宣的。我特意重新翻阅了过去写的东西,例如1918年3、4月间所写的关于我国革命在社会主义建设方面的任务的文章①,我确信当时我们真有过这样的设想。

那时正好是这样一个时期,当时,一项根本任务,政治上需要先行完成的任务,已经完成了,那就是夺取了政权,建立了苏维埃国家制度来代替从前的资产阶级议会制,接着又完成了退出帝国主义战争这项任务,而且大家知道,为了退出帝国主义战争,我们作出了惨重的牺牲,签订了十分屈辱的、条件极其苛刻的布列斯特和约[18]。在和约签订以后,从1918年3月到夏天这段时期,军事任务似乎已经完成了。但是后来事变表明:情况并非如此;1918年3月,我们在完成了退出帝国主义战争的任务之后,只是接近了国内战争的开端。从1918年夏天起,由于捷克斯洛伐克军的叛乱,国内战争愈来愈迫近。那时,1918年3、4月间,在谈论我们的任务时,我们就已把搞斗争的行动方式同渐进过渡的方法作过对比,前者主要是用于剥夺剥夺者,而这项任务正是1917年底和1918年初革命头几个月的主要特点。那时我们已经不能不承认,我们在组织计算和监督方面的工作远远落后于剥夺剥夺者方面的工作。这就是说,我们所剥夺的要比我们所能计算、监督、管理等

---

① 见《列宁选集》第3版修订版第3卷第469—473、474—508、511—540页。——编者注

等的多得多。因此便提出由实行剥夺、由破坏剥削者和剥夺者的政权的任务转向组织计算和监督的任务,转向所谓平凡的经济任务即直接从事建设的任务。那时我们已经在许多问题上都需要后退。例如1918年3、4月间出现了专家报酬这样的问题:专家报酬的标准不符合社会主义的关系而符合资产阶级的关系,也就是说,不符合劳动的艰辛程度或特别艰苦的劳动条件而符合资产阶级习惯和资产阶级社会的条件。给专家以这种非常高的、资产阶级式的报酬,原先并没有列入苏维埃政权的计划,甚至不符合1917年底所颁布的许多法令。但是在1918年初,我们党就直截了当地指出,我们在这方面应该后退一步,应该承认要作某种"妥协"(我这里用的是当时所用的字眼)。全俄中央执行委员会1918年4月29日的决定承认有必要在总的工资制度中实行这一变动[59]。

当时我们把建设工作、经济工作提到首位,只是从一个角度来看的。当时设想不必先经过一个旧经济适应社会主义经济的时期就直接过渡到社会主义。我们设想,既然实行了国家生产和国家分配的制度,我们也就直接进入了一种与以前不同的生产和分配的经济制度。我们设想,国家的生产和分配同私营商业的生产和分配这两种制度将互相斗争,而斗争所处的环境是:我们将建立起国家的生产和分配,逐步夺回敌对制度在这两个领域中的阵地。我们说,现在我们的任务与其说是剥夺剥夺者,不如说是计算、监督、提高劳动生产率和加强纪律。这是我们在1918年3、4月间说的,但是当时根本没有提出我们的经济同市场、同商业的关系问题。当1918年春我们同一部分曾反对签订布列斯特和约的同志论战而提出国家资本主义问题时,并没有说我们要退到国家资本主义上去,而是说我们俄国如果有国家资本主义作为占统治地位的经济制度,那我们的处境就会好一些,我们完成社会主义的任务就会快一些。我希望你们特别注意这一情况,因为我觉得,为了了解我们经济政策有什么转变以及怎样评价这个转变,这是必要的。

现在我举一个例子,它可以更具体、更清楚地说明我们当时的斗争是在什么样的条件下展开的。不久以前,我在莫斯科看到一份私人办的《广告小报》[60]。在我们先前的经济政策执行了三年以后,这份《广告小报》给人一种十分特殊、十分新奇的印象。但从我们经济政策所采取的一般方法来看,这里又没有什么可奇怪的。在举这个虽然很小但却相当有代表性的例子时,需要回想一下,在我们整个革命中,斗争是怎样发展的,它的任务是什么,它的方法是什么样的。在1917年底颁布的头一批法令中,有一条关于国家垄断广告业务的法令。这条法令意味着什么呢?它意味着:争得国家政权的无产阶级设想,向新的社会经济关系过渡尽可能采用渐进的办法——不取消私人报刊,而使它们在某种程度上服从国家的领导,把它们纳入国家资本主义轨道。法令规定国家垄断广告业务,也就是设想还保留私营报纸而把它作为一种常规,还保留需要私人广告的经济政策,也保留私有制,即保留许多需要刊登广告的私营企业。关于垄断私人广告业务的法令就是这样,而且也只能这样来理解。关于银行业的一些法令也有与此相似的地方,为了不使例子复杂化,我就不谈它们了。

那么,在苏维埃政权成立后头几个星期里颁布的这项垄断私人广告业务的法令命运如何呢?它的命运是这样的:很快就被踢开了。现在我们回想起斗争的发展和从那以后的斗争条件,一想到我们那么天真,竟在1917年底大谈国家垄断私人广告业务,真是可笑。在进行殊死斗争的时期,哪会有什么私人广告!我们的敌人——资本主义世界——对苏维埃政权这项法令的回答是：继续进行斗争，把斗争推向白热化，把斗争进行到底。法令设想，苏维埃政权、无产阶级专政已经非常巩固，因此任何其他经济都不可能再存在，所有私人企业主和个体业主都非常清楚必须服从苏维埃政权，我们国家政权在什么地方布置斗争，他们就会在什么地方应战。当时我们说，你们还可以保留私人报刊、私人经营企业的权利以及为这些企业提供服务所必需的刊登广告的自由，我们只规定国家对广告征税，只规定把广告业务集中在国家手中，对私人广告制度本身不但不去破坏，而且相反，由于信息业务的适当集中，只会让你们得到某些好处。然而事实表明，我们不得不在完全不同的战场上进行斗争。我们的敌人资本家阶级用完全否认整个国家政权来回答它的这项法令。当时根本谈不上什么广告，因为残留在我们制度中的一切资产阶级资本主义势力当时已经全力以赴地投入夺取政权基础的斗争。当时我们向资本家建议："你们服从国家的调节吧，服从国家政权吧，那么一切符合居民的旧利益、旧习惯、旧观点的东西就不会被完全消灭，而是通过国家的调节逐渐地加以改变。"但是他们却向我们提出了我们本身的生死存亡问题。资本家阶级所采取的策略就是迫使我们进行殊死的无情的斗争，因而我们对旧关系的破坏比原来设想的要彻底得多。

关于垄断私人广告业务的法令没有得到任何结果，它依然是一纸空文。实际生活，即资本家阶级的反抗，迫使我们的国家政权把全部斗争转移到另一个完全不同的方面，不是把斗争放在我们在 1917 年底曾天真地研究过的那些琐碎得可笑的问题上，而是放在生死存亡的问题上——粉碎整个职员阶级的怠工，击退得到全世界资产阶级支持的白卫军。

我认为,这一小段关于广告法令的插曲,对我们了解旧的策略是否错误这个基本问题提供了有益的启示。当然,我们现在从后来历史的发展这个背景上来评价事件,不能不认为这个法令是天真的,而且从某种意义上说是错误的,但是同时其中也有正确的成分,即国家政权(无产阶级)在向新的社会关系过渡时曾试图通过一种可以说是最能适应当时存在的关系的途径,尽可能采用渐进的办法,不作大的破坏。而我们的敌人资产阶级却施展一切手段,迫使我们采取殊死斗争的极端做法。从敌人方面说,这在战略上是否正确呢? 当然是正确的,因为资产阶级如果不在这方面通过直接的搏斗来试一下自己的力量,怎么会突然服从一个崭新的、从来没有过的无产阶级政权呢? 资产阶级回答我们说:"对不起,可敬的先生们,我们要和你们谈的根本不是什么广告问题,而是我们能否再找到一个弗兰格尔、高尔察克和邓尼金,国际资产阶级是否会来帮助他们解决问题,解决的也决不是你们要不要有国家银行的问题。"关于国家银行,正如关于广告问题一样,我们在 1917 年底写了很多东西,它们在很大程度上都成了废纸。

当时资产阶级用正确的(从他们的利益来看)战略回答了我们:"我们首先要为这样一个根本问题进行斗争:你们是否真的是国家政权,抑或这只是你们的错觉。这个问题当然不能靠法令,而要靠战争、靠暴力来解决。这种战争很可能不仅仅是我们这些被赶出俄国的资本家进行的战争,而是所有得益于资本主义制度的人进行的战争。如果事实表明这同其余的世界有相当的利害关系,那么国际资产阶级就会支持我们这些俄国资本家。"资产阶级这样做,从维护他们利益的角度看是做得对的,只要他们还有一线希望用最有效的手段——战争来解决这个根本问题,他们就不可能也不应当接受苏维埃政权为了用比较渐进的办法过渡到新制度而对他们作出的局部性让步。"根本不要过渡,根本不要新制度!"——这就是资产阶级的回答。

这就是事态发展成我们现在所看到的样子的原因。一方面,无产阶级国家在1917—1918年在人民意气风发的条件下进行了轰轰烈烈的斗争,取得了胜利;另一方面,苏维埃政权试行了一种经济政策,起初打算实行一系列渐进的改变,打算比较慎重地向新制度过渡,这一点也表现在我所举的那个小小的例子里。但是,苏维埃政权从敌人的阵营得到的回答却是:决心进行残酷的斗争,以确定苏维埃政权作为一个国家能否在世界经济关系体系中站住脚。这个问题只能用战争来解决,而且既然是国内战争,它就是非常残酷的。斗争愈艰巨,实行慎重过渡的余地就愈小。我已经说过,资产阶级按照这种斗争逻辑来行动,从他们方面来说是正确的。而我们能说些什么呢? 我们只能说:"资本家先生们,你们吓不倒我们。你们在政治方面已经连同你们的立宪会议被打垮了,现在我们在这方面要再次把你们打垮。"我们不能不这样做。采用任何其他的行动方式,从我们方面说,都等于完全交出我们的阵地。

回想一下我们斗争的发展条件你们就会懂得,这种看来似乎不正确和偶然的改变意味着什么,为什么我们依靠普遍高涨的热情和政治上的稳固统治能够轻而易举地解散了立宪会议[30],又为什么在这同时我们却必须试用一系列的措施来逐渐地慎重地实行经济改造,最后,为什么斗争的逻辑和资产阶级的反抗迫使我们改用内战这样一种最极端的、拼命的、不顾一切的斗争方式,从而使俄国遭受了三年的破坏。

到1921年春天已经很清楚了：我们用"强攻"办法即用最简单、迅速、直接的办法来实行社会主义的生产和分配原则的尝试已告失败。1921年春天的政治形势向我们表明，在许多经济问题上，必须退到国家资本主义的阵地上去，从"强攻"转为"围攻"。

如果这种转变引起某些人的埋怨、悲泣、颓丧和不满，那么应该指出，失败并不危险，危险的是不敢承认失败，不敢从失败中得出应有的结论。军事斗争比社会主义同资本主义的斗争要简单得多，我们所以战胜了高尔察克之流，是因为我们敢于承认自己的失败，敢于从失败中吸取教训，把没有做完和做得不好的工作再三重做。

在社会主义经济反对资本主义经济这场复杂得多、困难得多的斗争中也应该这样。敢于承认失败，从失败的经历中学习，把做得不好的工作更仔细、更谨慎、更有步骤地重新做过。如果我们有人以为承认失败会像放弃阵地那样使人颓丧气馁，那就应该说这样的革命者是一钱不值的。

我希望除个别情况外，谁也不能说在三年国内战争的实践中锻炼出来的布尔什维克是这种人。无论过去和将来，我们的力量都在于，我们对最惨重的失败也能给予十分冷静的估计，从失败的经历中学习应该怎样改进我们的活动方式。因此应当直言不讳。这一点，不仅从理论真理来看，而且从实践来看，都是重要的和值得注意的。如果昨天的经验教训没能使我们看到旧的方式方法的不正确，那么我们今天就决不可能学会用新的方式方法来完成自己的任务。

所以提出改行新经济政策的任务，是因为经过了在空前困难的条件下，在国内战争的条件下，在资产阶级强迫我们采用残酷斗争的形式的条件下直接进行社会主义建设的试验之后,到 1921 年春天情况已经很清楚:不是直接进行社会主义建设,而是要在许多经济领域退向国家资本主义;不是实行强攻,而是进行极其艰苦、困难和不愉快的长期围攻,伴以一连串的退却。要动手解决经济问题,也就是说,保证经济转到社会主义的基础之上,就必须这样做。

我今天不能用数字、总结或事实来说明这种退回到国家资本主义的政策给了我们什么好处。我只举一个小小的例子。你们知道,顿巴斯是我国经济几大中心之一。你们知道,我们在那里有一些原来是资本主义的大企业,它们已达到西欧资本主义企业的水平。你们也知道,我们在那里的任务是先恢复大工业企业,因为我们靠数量不多的工人恢复顿巴斯的工业比较容易。但是在春天改变政策以后,我们今天在那里看到了什么呢?我们在那里看到了相反的情况——生产发展得特别顺利的是租给农民的小矿井。我们看到,国家资本主义的关系有了发展。农民矿井的生产情况很好,他们把开采的煤拿出大约 30% 作为租金交给国家。顿巴斯生产的发展表明,与今年夏天的惨状相比,目前情况已经普遍有了显著的好转,在这方面,小矿井生产的好转以及它们按国家资本主义原则经营这一点起了不小的作用。我不能在这里分析全部有关材料,但你们从这个例子里还是可以清楚地看到政策的改变所取得的某些实际结果。经济生活的活跃(这是我们绝对需要的)和生产率的提高(这也是我们绝对需要的),这些,我们通过局部退回到国家资本主义制度已经开始得到了。至于今后的成绩如何,将取决于我们的本事,取决于我们今后执行这一政策的正确程度。

现在回过头来阐发一下我的基本思想。今年春天我们改行新经济政策,退回到采用国家资本主义的经营手段、经营方式和经营方法,这种退却是否已经够了,以致可以停止退却而开始准备进攻呢?不,实际表明退得还不够。理由如下。如果按我开头所讲的那个比喻(战争中的强攻和围攻)来说,那么我们还没有重新部署好军队,还没有重新分配好作战物资,如此等等。一句话,我们还没有作好新战役的准备,而根据新的战略和战术,新战役将按另一种方式进行。既然我们现在正在转向国家资本主义,那么试问,是不是应该设法使适合于以前的经济政策的活动方式现在不来妨碍我们呢?不言而喻,而且我们的经验也证明,我们应该做到这一点。今年春天我们说过我们不怕退回到国家资本主义,我们还说过我们的任务就是把商品交换这一形式固定下来。自1921年春天以来,我们制定了一连串法令和决定,写了大批文章,进行了大量宣传工作和立法工作,这一切都是在适应发展商品交换的需要。商品交换这个概念包括一些什么内容呢?这个概念所设想的建设计划(如果可以这样说的话)是怎样的呢?它设想,在全国范围内,或多或少要按照社会主义方式用工业品换取农产品,并通过这种商品交换来恢复作为社会主义结构唯一基础的大工业。结果怎样呢?现在你们从实践中以及从我国所有的报刊上都可以清楚地看到,结果是商品交换失败了。所谓失败,是说它变成了商品买卖。如果我们不想把脑袋藏在翅膀下面,如果我们不想硬着头皮不看自己的失败,如果我们不怕正视危险,我们就必须认识到这一点。我们应当认识到,我们还退得不够,必须再退,再后退,从国家资本主义转到由国家调节买卖和货币流通。商品交换没有得到丝毫结果,私人市场比我们强大,通常的买卖、贸易代替了商品交换。

你们要努力适应这种情况,否则买卖的自发势力、货币流通的自发势力会把你们卷走的!

这就是为什么我们处于目前这种境地,仍然不得不退却,以便在日后最终转入进攻。这就是为什么目前我们大家都应该认识到以前的经济政策所采取的方法是错误的。我们必须了解这一点,以便弄清目前问题的关键在哪里,我们当前的转变的特点是什么。对外任务目前不是我们的迫切任务。军事任务也不是我们的迫切任务。现时摆在我们面前的主要是经济任务,而且我们应该记住,眼下还不能直接过渡到社会主义建设。

我们在三年内还没有能搞好我们的工作(经济工作)。我国的经济破坏和贫困是这么厉害,文化是这么落后,要在这样一个短时期内完成这项任务是不可能的。但是一般说来,过去的强攻并不是毫无影响和毫无益处的。

现在我们处于必须再后退一些的境地,不仅要退到国家资本主义上去,而且要退到由国家调节商业和货币流通。这条道路比我们预料的要长,但是只有经过这条道路我们才能恢复经济生活。必须恢复正常的经济关系体系,恢复小农经济,用我们自己的力量来恢复和振兴大工业。不这样我们就不能摆脱危机。别的出路是没有的。但是,我们中间有人对实行这一经济政策的必要性还认识得不够清楚。例如,当你说到我们的任务就是使国家变成一个批发商或者学会经营批发商业,说到我们的任务就是经商做买卖的时候,就觉得非常奇怪,有些人甚至感到非常可怕。他们说:"共产党员居然说出这种话来,说什么现在要把商业任务,把最平常、最普通、最庸俗、最微贱的商业任务提上日程,这样共产主义还能剩下什么呢?人们看到这种情况万念俱灰,说了一声'唉,一切都完了!'这有什么不应该呢?"我想,只要看一看自己的周围,就能发现这种情绪;这种情绪是非常危险的,因为它一旦蔓延开来,就会蒙蔽许多人的眼睛,使人难于清醒地理解我们当前的任务。1921 年春季,我们在经济方面实行了退却,而且现在,秋季,乃至于 1921 年到 1922 年的这个冬季,我们还要继续退却。如果我们对自己、对工人阶级、对群众隐瞒这一点,那就等于承认我们根本没有觉悟,等于没有勇气正视现状。要是这样,我们就无法进行工作和斗争。

如果一支军队已经确信不能用强攻方式拿下要塞,但仍然表示不同意撤出旧阵地,不去占领新阵地,不改用新方法来完成任务,那么对于这样的军队应当说:只学会了进攻而没有学会在某些困难条件下为了适应这种条件必须实行退却,是不会取得战争胜利的。自始至终全是胜利进攻的战争在世界历史上是从来没有过的,即或有过也是例外。就普通的战争来说,情况就是这样。而在决定整个阶级的命运、决定是社会主义还是资本主义这个问题的战争中,是否有合理的根据设想第一次解决这个课题的人民一下子就能找到唯一正确无误的方法呢? 有什么根据作这样的设想呢? 毫无根据! 经验证明恰恰相反。在我们所完成的任务中,没有一项是不经过反复而一次完成的。失败了再来,一切重新做过,相信一项任务总有办法可以完成,即使做得不能绝对正确,至少也能差强人意。我们过去是这样工作的,今后还应该这样工作。如果面对眼前的情况我们的队伍不能齐心一致,这是最令人痛心的,这说明在我们党内有一种非常危险的颓丧情绪。相反,如果我们敢于直截了当地说出甚至是痛苦的严重的真实情况,那么我们就一定能学会、绝对能学会如何战胜一切困难。

我们必须立足于现有的资本主义关系。我们害怕这样的任务吗？或者说这不是共产主义的任务吗？如果这样，那就说明我们不懂得革命斗争，不懂得革命斗争的性质，不懂得革命斗争是一种最紧张的斗争，伴有许多我们决不可以漠视的急剧转变。

现在我作几点总结。

我来谈一个很多人都关心的问题。既然现在，即1921年秋季和冬季，我们又一次退却，那么究竟要退到什么时候为止呢？我们时常直接或间接地听到这样的问题。这个问题使我想起签订布列斯特和约[18]时所听到的一个类似的问题，我们签了布列斯特和约以后有人问我们："你们对德帝国主义作了这样那样的让步，到底要让到哪年哪月为止呢？有什么东西能保证到时候停止让步呢？你们这样做不是使处境更加危险了吗？"当然，我们是增加了自己处境的危险性，但是不应当忘记一切战争的基本规律。战争的要素是危险。在战争中你无时无刻不被危险包围着。什么是无产阶级专政呢？无产阶级专政是一场战争，是一场比过去任何战争更残酷、更持久和更顽强得多的战争。在这场战争中，时时处处都有危险。

我们的新经济政策所造成的情况，如小型商业企业的发展、国营企业的出租等，都意味着资本主义关系的发展，看不到这一点，那就是完全丧失了清醒的头脑。不言而喻，资本主义关系的加强，其本身就是危险性的增强。你们能给我指出什么没有危险的革命道路、没有危险的革命阶段和革命方法吗？危险的消失就意味着战争的结束，无产阶级专政的终止。当然，此时此刻我们谁也不做这样的梦想。这个新经济政策所采取的每一个步骤都包含着许许多多的危险。我们在今年春天说，我们要用粮食税代替余粮收集制[53]，要颁布法令，规定交纳粮食税以后剩下的粮食可以自由买卖。当时我们这样做,也就是使资本主义得到发展的自由。不明白这一点,就等于根本不懂得基本的经济关系,根本不可能认清形势和正确行动。当然,斗争方法改变后,发生危险的条件也改变了。在解决建立苏维埃政权和解散立宪会议的问题时,危险来自政治方面。这种危险是微不足道的。在全世界资本家所支持的国内战争的时期到来后,出现了军事上的危险,这种危险就比较严重了。而在我们改变了我们的经济政策后,危险就更大了,因为整个经济是由大量经营管理方面的日常的琐事构成的,而人们对这些琐事习以为常,不太注意,这就要求我们聚精会神、全力以赴,这就非常明确地提出了学会用正确方法来克服这种危险的必要性。资本主义的恢复、资产阶级的发展和资产阶级关系在商业领域的发展等等,这些就是我们目前的经济建设所遇到的危险,就是我们目前逐步解决远比过去困难的任务时所遇到的危险。在这一点上切不可有丝毫的糊涂。

我们必须懂得:目前的具体条件要求国家调节商业和货币流通,我们正应当在这方面发挥我们的作用。我们目前经济现实中的矛盾比实行新经济政策以前要多:居民中某些阶层即少数人的经济状况有了部分的、些许的改善,但是另一些阶层,即大多数人,他们得到的物质资料同他们的基本需要则完全不相适应。矛盾增加了。不难理解,在我们经历大变革的时候,要一下子消除这些矛盾是不可能的。

最后,我想强调一下我的报告中的三个主题。第一个是一般性问题:我们应当在什么意义上承认在新经济政策以前的一个时期内我们党所实行的经济政策是错误的? 我举了某次战争中的一个例子,力求用它来说明由强攻转为围攻的必要性,说明开头实行强攻的必然性以及认识到强攻失败后采取新的战法的意义的必要性。

其次,到 1921 年春天才明确起来的第一个教训和第一个阶段,就是在新的道路上发展国家资本主义。在这方面现在取得了一些成绩,但也产生了从未有过的矛盾。我们还没有掌握这个领域。

第三个是,自从 1921 年春天我们不得不从社会主义建设退到国家资本主义之后,我们看到,调节商业和货币流通的问题已提上日程。不管我们怎样觉得商业领域距离共产主义很遥远,但正是在这个领域我们面临着一项特殊任务。只有完成了这一任务,我们才能着手解决极其迫切的经济需要问题。也只有这样,通过一条比较漫长然而比较可靠的,也是目前我们唯一走得通的道路,我们才能保证大工业有恢复的可能。

这就是我们在新经济政策问题上应该看清的主要之点。我们在解决这一政策的种种问题时,应当认清基本的发展路线,以便对现时我们在经济关系中所看到的表面上的混乱现象有清楚的认识。当前,在看到旧事物的破坏同时,我们还看到了新事物的仍很孱弱的幼苗,也常常看到我们的一些活动方式还不适应新的条件。我们既已提出提高生产力和恢复作为社会主义社会唯一基础的大工业的任务,我们就应当努力做到正确地对待这一任务,并且务必完成这一任务。

载于 1921 年 11 月 3 日和 4 日《真理报》第 248 号和第 249 号

选自《列宁选集》第 3 版修订版第 4 卷第 593—609 页

# 2

# 总 结 发 言

同志们！在回答纸条上提出的意见以前,我想先说几句,答复在会上发言的几位同志。我觉得必须指出拉林同志发言中的一点误解。他竟把我所说的调节问题同调节工业的问题扯在一起。要就是我说得不确切,要就是他理解错了。这显然是不对的。我说的是调节商业和货币流通,并把这种调节同商品交换作对比。还应当指出的是,如果我们关心我们的政策、决定、宣传和鼓动,要使我们的宣传、鼓动和法令有所改进,那就不应该漠然无视最近的试验所取得的成果。1921年春天我们谈论商品交换对不对呢？当然是对的,你们大家都知道这一点。说商品交换作为一种制度已经不适应实际情况,实际情况奉献给我们的不是商品交换而是货币流通、现金交易,——这样说对不对呢？这也是毫无疑问的,事实证明了这一点。这也是对斯图科夫和索凌两位同志说我虚构一些错误的答复。这就是证明我们确实犯了错误而不是虚构错误的明显事实。

今春以来这个时期我们实行经济政策的经验表明,1921年春谁也没有对新经济政策表示异议,无论在代表大会上,在代表会议上,或者在报刊上,全党都一致同意这一政策。旧日的争论对于这个一致同意的新决定丝毫也没有影响。当时作出这一决定的根据是:我们通过商品交换就能比较直接地过渡到社会主义建设。现在我们清楚地看到,在这方面还需要通过商业,走一条迂回的道路。

斯图科夫和索凌两位同志怨气冲天,说有人在大谈错误,说难道不虚构错误就不行吗? 当然,如果是虚构错误,那将是非常糟糕的。但是,如果像哥尼克曼那样避而不谈实际问题,那也是完全不对的。哥尼克曼的发言几乎通篇都是谈这样一个问题:"历史现象形成什么样就是什么样。"当然,这是不容争辩的,这是我们大家都知道的共产主义的基本常识,历史唯物主义的基本常识,马克思主义的基本常识。我们且按这种方式来判断一下。谢姆科夫同志的发言是不是一种历史现象呢? 我肯定这也是一种历史现象。那么"这种历史现象形成什么样就是什么样"恰好证明这里既没有虚构错误,也没有不正确地希望或者纵容党员颓丧、惶恐和情绪低落。斯图科夫和索凌两同志非常担心,认为一承认错误,不管是怎样承认,是全部还是局部,是直接还是间接,都是有害的,因为这样做会使人普遍颓丧,情绪低落。而我举一些例子正是要说明,问题的实质在于,承认错误目前是不是有实际意义,在发生了并且是必不可免地发生了问题以后,现在是不是应当作某种改变? 我们一开始是进行强攻,只是在这以后才转为围攻,这是大家都知道的。现在妨碍我们实行自己的经济政策的,是把在别的情况下也许是出色的而在现时却是有害的那些做法错误地搬过来。几乎所有发言的同志都完全回避了这个问题,可是问题的全部实质就在于此,也仅在于此。在这里,我最好的同盟者是谢姆科夫同志,因为他在大家眼前奉献了这个错误。如果谢姆科夫同志没有出席会议,或者如果他今天没有发言,那确实会使人产生这样的印象:莫非错误是列宁虚构的? 但谢姆科夫同志的话说得很明确:"您讲国营商业干什么呢？在监狱里又没有人教过我们做生意！"谢姆科夫同志，是这样，在监狱里没有人教过我们做生意！可是，在监狱里有人教过我们作战吗？在监狱里有人教过我们管理国家吗？调解各人民委员部之间的争执，协调它们的活动，这种非常讨厌的玩意儿又有谁在什么时候什么地方教过我们呢？在任何地方也没有人教过我们这些东西。在监狱里在最好的情况下也没有人教我们学东西，而是我们自己学习马克思主义，学习革命运动史等等。从这一点说，很多人没有白坐监狱。当有人对我们说"在监狱里没有人教过我们做生意"的时候，从这句话正好看出他们对我们今天进行党的斗争和活动的实际任务存在着错误的理解。而这恰恰是这样一种错误：把适用于"强攻"的做法硬搬到"围攻"时期来。在谢姆科夫同志身上暴露了在党的队伍里存在的错误。必须认识到这个错误并加以纠正。

军事上和政治上的热情是一种公认的巨大的历史力量，曾经起过伟大的作用，并将对国际工人运动有深远的影响。如果我们依靠这种热情，再有相当的文化水平和稍微完好的工厂，能够直接进行社会主义建设，那么，我们就不会来搞商业核算和生意经这套讨厌的玩意儿了。那时这一套就不需要了。可是现在我们必须搞这一套。为什么呢？因为我们正在领导而且必须领导经济建设。经济建设促使我们不仅需要采取出租这种不愉快的手段，而且需要搞做买卖这套讨厌的玩意儿。这种不愉快的情形会使人意志颓丧，情绪低落，这是可以料到的。可是这究竟是谁的过错呢？不正是那些情绪低落、意志颓丧的人的过错吗？既然国际国内的全部经济政治条件给我们造成了这样一种经济现实，即不是商品交换而是货币流通变成了事实，既然需要我们致力于调节目前的商业、目前这种情况很糟的货币流通，那我们共产党人怎么办呢，能说这跟我们无关吗？如果这样，那是一种极有害的颓丧情绪，极严重的绝望情绪，会使我们一事无成。

我们目前的工作环境并不完全是由我们自己造成的，它还和经济斗争以及我们同其他国家的相互关系有关。这一切的结果是我们在今年春天提出了出租问题，而现在又必须提出商业问题和货币流通问题。借口"在监狱里没有人教过我们做生意"来回避这一问题，那就等于陷入不可容忍的颓丧情绪，就等于不执行自己的经济任务。如果用强攻方式能拿下资本主义商业这块阵地，而且在一定条件下（工厂完好，有高度的经济和文化水平）采取"强攻"即直接建立商品交换，没有犯任何错误，那是痛快得多。可是现在的错误恰恰在于我们不愿意了解采用其他办法的必要性和必然性。这不是虚构出来的错误，也不是历史上的错误，而是能够帮助我们正确理解当前能够做什么和必须做什么的一个教训。如果党面对自己的任务竟然说"在监狱里没有人教过我们做生意"、我们不需要商业核算等等，那党能完成自己的任务吗？有很多东西在监狱里都没有人教过我们，我们只得在革命以后学。我们学了，并且学得很有成效。

我想，学会了解商业关系和经商是我们的责任。而只有开门见山地指明这个任务，我们才能开始有成效地学并最终学会。我们不得不退这样远，因为商业问题成了党的一个实际问题，成了经济建设的一个实际问题。是什么迫使我们转而采用商业原则呢？是周围的环境，是目前的条件。所以必须这样做，是为了使大工业迅速恢复并且尽快同农业结合起来，以便实现正常的产品交换。在工业比较发达的国家里做到这一点要快得多。可是在我国就要通过一条迂回漫长的道路,但我们所追求的目的最终是能达到的。现在我们必须把实现今天和明天向我们、向必须领导整个国家经济的党提出的任务作为方针。现在已经谈不上商品交换了,因为商品交换这个战场已经从我们手里给夺走了。不管这使我们多么不愉快,但这是不容置疑的事实。那是不是应该说,我们再没有别的事情可做了呢?绝对不是。我们应该学习。应该学习由国家调节商业关系。这项任务是困难的,但决不是无法完成的。我们一定能完成这一任务,因为过去那些对我们来说同样是新的、必需的和困难的任务我们都完成了。搞合作商业是一项困难的任务,但决不是无法完成的,只是需要对这项困难的任务有清楚的认识,认真下功夫。我们的新政策归结起来就是这样的。目前已有少数企业开始实行商业核算制度,按自由市场的价格支付工资,改用金卢布结算。但是这样的经营单位为数极少,大多数企业的情况还很混乱,工资与生活条件极不适应;部分企业已经不再靠国家供给,一部分企业还要部分地靠国家供给。出路在哪里呢?唯一的出路在于我们要学会,要适应环境,要能恰当地解决也就是根据当前的条件来解决这些问题。

以上是我对几位就我今天的讲话发言的同志的答复。现在我来简短地回答一下递上来的几张条子。

其中有一张说:"您拿旅顺口作例子,但是您不认为被国际资产阶级包围的我们可能就是旅顺口吗?"

是的,同志们,我已经指出:战争的要素是危险;不估计到可能遭到失败,就不能进行战争。如果我们遭到失败,当然就会陷入旅顺口那样的悲惨境地。在我的全部讲话中,我指的是国际资本主义这个旅顺口,它已经被包围,而且不仅仅被我们这支大军所包围。在每个资本主义国家里,包围这个国际资本主义旅顺口的大军都在日益成长壮大。

有一张条子问:"如果一两年后爆发社会革命,那革命后我们会马上采取什么样的策略?"要是能够回答这样的问题,那么干革命就易如反掌了,我们就能在世界各地干成许许多多的革命了。这样的问题是无法回答的,因为我们不仅不能肯定一两年后会发生什么事情,甚至不能肯定半年以后会发生什么事情。提出这样的问题同预卜战斗双方谁将陷入旅顺口要塞的悲惨境地一样,都是徒劳无益的。我们只知道一点:国际旅顺口要塞最终一定会拿下来,因为能够夺下这一要塞的力量正在世界各国成长壮大。而我们的基本问题是,应当怎样做才能在我们目前所处的极端困难的条件下保住恢复大工业的可能性。我们不应当规避商业核算,而应当懂得,只有在这个基础上才能创造起码的条件,使工人不仅在工资方面,而且在工作量等方面得到满足。只有在商业核算这个基础上才能建立经济。成见和怀旧则妨碍进行这项工作。如果我们不估计到这一点,就不可能以应有的方式来实行新经济政策。

有人提出这样的问题:"我们退到哪儿为止?"还有几张条子也提出同样的问题:我们退到什么时候为止? 我料到会产生这个问题,所以在我的第一次讲话中已就这点讲了几句。这个问题是某种颓丧情绪的反映,是完全没有根据的。我们在签订布列斯特和约时也听到过同样的问题。这个问题提得不对,因为只有进一步实行我们的转变,才能提供回答这一问题的材料。我们什么时候学会了,什么时候为扎实地转入进攻作好了准备,我们就什么时候停止退却。对这个问题不可能作出更多的回答。退却是非常不愉快的事,但是人家揍你的时候,是不管你愉快不愉快的。军队经常撤退，谁也不会感到奇怪。谈论我们到底退到什么时候为止是谈不出什么好办法来的。我们为什么要瞎想一些得不出任何结果的方案呢？我们倒是应该去做具体的工作。应该细心地研究具体的条件和情况，应该确定可以利用什么地形站住脚，——利用一条河、一座山、一片沼泽或某个车站？因为我们只有在可以利用某种地形站住脚时，才能转入进攻。不应当陷在颓丧情绪里，不应当用慷慨激昂的鼓动来规避问题，这种鼓动用得适当是非常可贵的，可是在当前的问题上它只会带来害处。

载于 1921 年 11 月 3 日和 4 日《真理报》第 248 号和第 249 号

选自《列宁全集》中文第 2 版第 42 卷第 233—239 页

# 论黄金在目前和
# 在社会主义完全胜利后的作用

(1921 年 11 月 5 日)

　　庆祝伟大革命的纪念日,最好的办法是把注意力集中在还没有完成的革命任务上。现在,有一些根本性的任务革命还没有完成,要完成这些任务需要把握某种新的(同至今革命已经做到的相比)事物,在这种时候用上述办法来庆祝革命特别适当而且必要。

　　目前的新事物,就是我国革命在经济建设的一些根本问题上必须采取"改良主义的"、渐进主义的、审慎迂回的行动方式。这一"新事物"无论在理论上或实践上都引起了许多问题和疑虑。

　　理论问题是:在革命总的说来是胜利推进的条件下,在同一个领域里,在采取了许多最革命的行动之后,又转而采取非常"改良主义的"措施,这该怎样解释呢? 这里有没有"放弃阵地"、"承认失败"或诸如此类的事情呢? 我们的敌人,从半封建的反动分子到孟什维克或第二半国际[23]的其他骑士,当然说有。要是他们不假托各种理由或者不要任何理由就发出这样的叫嚣,那他们就不成其为敌人了。一切政党,从封建主到孟什维克,在这个问题上的惊人的一致,不过再一次证明所有这些政党对无产阶级革命来说确实是"反动的一帮"(顺便说一句,这正像1875年和1884年恩格斯给倍倍尔的信中所预见的一样①)。

但是,在朋友中间也有某种……"疑虑"。

我们要恢复大工业,组织大工业和小农业间的直接产品交换,帮助小农业社会化。为了恢复大工业,我们实行了余粮收集制,从农民那里借来一定数量的粮食和原料。这就是我们在1921年春天以前的三年多时间内所实行的方案(或方法、制度)。从直接和彻底摧毁旧社会经济结构以便代之以新社会经济结构的意义上说,这是完成任务的一种革命办法。

1921年开春以来,我们提出(还不是"已经提出",只是刚刚"提出",并且还没有充分意识到这一点)完全不同的、改良主义的办法来代替原先的行动的办法、方案、方法、制度。所谓改良主义的办法,就是不**摧毁**旧的社会经济结构——商业、小经济、小企业、资本主义,而是**活跃**商业、小企业、资本主义,审慎地逐渐地掌握它们,或者说,做到有可能**只在**使它们活跃起来的**范围内**对它们实行国家调节。

这是完成任务的另一种完全不同的办法。

与原先的革命办法相比,这是一种改良主义的办法(革命这种改造是最彻底、最根本地摧毁旧事物,而不是审慎地、缓慢地、逐渐地改造旧事物,力求尽可能少加以破坏)。

有人问,既然你们试用革命方法以后承认这种方法失败而改

———————

① 见《马克思恩格斯选集》第3版第3卷第345页;《马克思恩格斯全集》中文第1版第36卷第252—253页。——编者注

用改良主义方法,那岂不证明你们是在宣布革命就是根本错误的吗?那岂不证明根本不应该从革命开始,而应该从改良开始,并且只限于改良吗?

孟什维克和类似的人所作的就是这样的结论。但这种结论,不是政治上饱经"风霜"的人的诡辩和骗人伎俩,就是"初出茅庐"的人的幼稚无知。对于一个真正的革命者来说,最大的危险,甚至也许是唯一的危险,就是夸大革命作用,忘记了恰当地和有效地运用革命方法的限度和条件。真正的革命者如果开始把"革命"写成大写,把"革命"几乎奉为神明,丧失理智,不能极其冷静极其清醒地考虑、权衡和验证在什么时候、什么情况下、什么活动领域要善于采取革命的行动,而在什么时候、什么情况下、什么活动领域要善于改用改良主义的行动,那他们就最容易为此而碰得头破血流。要是真正的革命者失去清醒的头脑,异想天开地以为"伟大的、胜利的、世界性的"革命在任何情况下、在任何活动领域都一定能够而且应该用革命方式来完成一切任务,那他们就会毁灭,而且一定会毁灭(是指他们的事业由于内因而不是由于外因而失败)。

谁"异想天开"要这么干,那他就完了,因为他想在根本问题上干蠢事,而在激烈的战争(革命就是最激烈的战争)中干蠢事是要受到失败这种惩罚的。

凭什么说"伟大的、胜利的、世界性的"革命能够而且应该只采用革命的方法呢?这是毫无根据的。这样说是完全错误、绝对错误的。如果站在马克思主义立场上,从纯理论原理来看,这种说法的不正确是不言而喻的。我国革命的经验也证实了这种说法的不正确。从理论上看,在革命时期也和在其他任何时期一样,都会干出蠢事来。这是恩格斯说的①,他说得对。应该尽量少干蠢事,尽快地纠正已经干了的蠢事,尽量冷静地考虑:在什么时候,哪些任务可以用革命方法完成,哪些任务不能用革命方法完成。从我们自己的经验看:布列斯特和约<sup>18</sup>就是一个决非革命行动而是改良行动的例证,这种行动甚至比改良行动更糟,因为这是倒退行动,而改良行动通常是缓慢地、审慎地、逐渐地前进,而不是倒退。我们在缔结布列斯特和约时的策略的正确性,现在已得到充分的证实,大家都很清楚,一致公认,因此对这个问题用不着多讲。

我国革命充分完成了的只是资产阶级民主性的工作。我们完全有权以此自豪。在我国革命中,无产阶级的或者说社会主义的工作可以归纳为三大项:(1)通过革命手段退出世界帝国主义战争;揭露两个世界性的资本主义强盗集团的大厮杀并使这场战争**打不下去**;从我们方面说,这一点已经完全做到了;但是要从各方面都做到这一点,只有靠几个先进国家的革命。(2)建立苏维埃制度这一实现无产阶级专政的形式。有世界意义的转变已经完成。资产阶级民主议会制时代已经终结。世界历史的新的一章——无产阶级专政的时代已经开始。只不过苏维埃制度和无产阶级专政的各种形式还要靠许多国家来改进和完善。在这方面我们还有很多很多事情没有完成。如果看不到这一点,那是不可饶恕的。我们的工作还得不止一次地补做、改做或重做。今后在发展生产力和文化方面,我们每前进一步和每提高一步都必定要同时改善和改造我们的苏维埃制度,而现在我们在经济和文化方面水平还很低。我们有待于改造的东西很多,如果因此而"面有愧

---

① 见《马克思恩格斯选集》第 3 版第 3 卷第 300 页。——编者注

色",那就荒谬绝顶了(如果不是比荒谬更糟的话)。(3)从经济上建设社会主义制度的基础。在这方面,最主要最根本的工作还没有完成。而这是我们最靠得住的事业,——无论从原则来看或从实践来看,也无论从俄罗斯联邦的现状来看或从国际方面来看,都是最靠得住的事业。

既然在打基础上最主要的工作还没有完成,那就应该把全部注意力放在这上面。这里的困难在于过渡的形式。

我在1918年4月《苏维埃政权的当前任务》一文中曾这样写道:"仅仅一般地做一个革命者和社会主义拥护者或者共产主义者是不够的。必须善于在每个特定时机找出链条上的特殊环节,必须全力抓住这个环节,以便抓住整个链条并切实地准备过渡到下一个环节;而在这里,在历史事变的链条里,各个环节的次序,它们的形式,它们的联接,它们之间的区别,都不像铁匠所制成的普通链条那样简单和粗陋。"①

当前,在我们所谈的这个活动领域里,这样的环节就是在国家的正确调节(引导)下活跃国内**商业**。在历史事变的链条中,在1921—1922年我国社会主义建设的各种过渡形式中,商业正是我们无产阶级国家政权、我们居于领导地位的共产党"**必须全力抓住的环节**"。如果我们**现在**能紧紧"抓住"这个环节,那么不久的将来我们就一定能够掌握**整个**链条。否则我们就掌握不了整个链条,建不成社会主义社会经济关系的基础。

这看起来很奇怪:共产主义与商业?!这是两种风马牛不相及、毫不相干、相去甚远的东西。但是,如果**从经济上**认真考虑一

---

① 见《列宁选集》第3版修订版第3卷第506页。——编者注

下,就会知道这二者之间的距离并不比共产主义同小农的、宗法式的农业的距离更远。

我们将来在世界范围内取得胜利以后,我想,我们会在世界几个最大城市的街道上用黄金修建一些公共厕所。这样使用黄金,对于当今几代人来说是最"公正"而富有教益的,因为他们没有忘记,怎样由于黄金的缘故,在1914—1918年"伟大的解放的"战争中,即在为了解决是布列斯特和约坏些还是凡尔赛和约[20]坏些这个重大问题的战争中,曾使1 000万人死于非命,3 000万人变成残废;怎样又是由于黄金的缘故,不知是在1925年前后还是在1928年前后,是在日美之间还是在英美之间的战争中,或者在诸如此类的战争中,一定还会使2 000万人死于非命,6 000万人变成残废。

但是,无论上述那种使用黄金的办法多么"公正",多么有益,多么人道,我们仍然说:要做到这一点,我们还应当像1917—1921年间那样紧张、那样有成效地再干它一二十年,不过工作的舞台比那时要广阔得多。目前在俄罗斯联邦仍然应当爱惜黄金,卖黄金时要卖得贵些,用黄金买商品时要买得便宜些。和狼在一起,就要学狼叫。至于要消灭所有的狼(在一个合理的人类社会里理应如此),那我们就要照俄国一句精辟的俗话去做:"上战场别吹牛,下战场再夸口……"

**假定……假定**在千百万小农旁边没有电缆纵横的先进的大机器工业,——这种工业按其技术能力和有组织的"上层建筑"以及其他伴生的条件来说,能够比从前更迅速更便宜更多地向小农提供优质产品——那么商业就是千百万小农与大工业之间唯一可能的经济联系。就世界范围来说,这种"假定"没有的东西**已经有**

了，这个条件已经具备了，但是，某一个国家，而且是最落后的资本主义国家之一，在试图马上直接实现即实际建立工业和农业之间的这种**新**的联系时未能用"强攻"方法完成这项任务，现在就不得不采取一系列缓慢的、渐进的、审慎的"围攻"行动来完成这项任务。

掌握商业，引导商业，把它控制在一定的范围内，这是无产阶级国家政权能够做到的。现在举一个小例子，一个小小的例子。在顿巴斯，一方面由于国营大矿井劳动生产率提高，另一方面由于把小矿井出租给农民，经济已经开始活跃，虽然活跃的程度还很小，但无疑是活跃了。这样一来，无产阶级国家政权额外得到了一些为数不多的煤（对于先进国家来说，这个数量是微不足道的，然而在我国一贫如洗的情况下却是很可观的）。我们所得到的煤，假使成本是100%，而我们卖给国家机关是按120%，卖给私人是按140%（附带声明一下，这些数字完全是我随便举的，因为第一，我不知道确切的数字，第二，即使知道，我现在也不会公布）。看来我们**已开始**掌握——哪怕是规模极小——工农业之间的**流转**，掌握批发商业，掌握这样的任务：抓住现有的落后的小工业或被削弱被破坏了的大工业，在**目前的**经济基础上使商业活跃起来，使中等的普通的农民（他们是农民的多数，农民群众的代表，自发势力的体现者）感到经济上的活跃，利用这一点来更有步骤、更顽强、更广泛、更有效地进行恢复大工业的工作。

我们决不会受本能地轻视商业的"感情社会主义"或旧俄半贵族半农民的宗法情绪的支配。各种过渡经济形式都可以利用，而且既然有利用的必要，就**应该**善于利用它们来巩固农民同无产阶级的联系，立即活跃我们这个满目疮痍、受尽苦难的国家的国民经济,振兴工业,为今后采取各种更广泛更深入的措施如电气化等创造条件。

只有马克思主义才精确地正确地规定了改良同革命的关系,然而,马克思只能从一个方面,只能在无产阶级还没有在哪一个国家取得第一次稍微巩固、稍微持久的胜利的情况下看到这种关系。在这种情况下,正确关系的基础就是把改良看做无产阶级的革命阶级斗争的副产品。就整个资本主义世界来说,这种关系是无产阶级革命策略的基础,是一个起码常识,而第二国际卖身求荣的领袖们以及第二半国际半是迂腐、半是装腔作势的骑士们却歪曲和抹杀这种起码常识。无产阶级哪怕在一个国家取得胜利以后,在改良同革命的关系中就出现了某种新东西。从原则上说情况还和从前一样,但在形式上发生了变化。这种变化马克思本人当时是预见不到的,我们只有根据马克思主义的哲学和政治学说才能认识到。为什么我们能够正确地实行布列斯特的退却呢? 因为我们已前进了相当远,有退却的余地。从 1917 年 10 月 25 日到签订布列斯特和约时为止,我们**在几个星期之内**以令人头晕目眩的速度建立了苏维埃国家,通过革命手段退出了帝国主义战争,完成了资产阶级民主革命,**即使**作了签订布列斯特和约这个大倒退,我们仍然保留了充分广阔的阵地,可以利用"喘息时机"再胜利前进,反击高尔察克、邓尼金、尤登尼奇、皮尔苏茨基、弗兰格尔。

无产阶级取得胜利以前,改良是革命的阶级斗争的副产品。取得胜利以后,改良在国际范围内仍然是一种"副产品",但对取得胜利的国家来说,如果经过极度紧张的斗争,实力显然不足以用革命手段来实行某种过渡,那么改良又是一种必要的、合理的喘息时机。胜利提供了很多"后备力量",我们即使被迫退却也能坚持下去,无论在物质方面或精神方面都能坚持下去。所谓在物质方面坚持下去,就是保持兵力的充分优势,使敌人不能彻底打垮我们。所谓在精神方面坚持下去,就是不使自己精神沮丧,组织瓦解,仍保持对情况的清醒估计,保持饱满的精神和坚强的意志,退得虽远但退得适度,能及时停下来并重新转入进攻。

我们已经退到了国家资本主义。但我们退得适度。现在我们正退到由国家调节商业。但我们会退得适度的。现在已经有一些迹象可以使人看到退却的终点了,可以使人看到在不很久的将来停止这种退却的可能性了。这次必要的退却进行得愈自觉,愈协调,成见愈少,那么,我们就会愈快停止退却,而随后的胜利进击就会愈有把握,愈迅速,愈波澜壮阔。

1921 年 11 月 5 日

载于 1921 年 11 月 6—7 日《真理报》第 251 号

选自《列宁选集》第 3 版修订版第 4 卷第 610—618 页

# 关于工会在新经济政策条件下的作用和任务的提纲草案[61]

## （1921 年 12 月 30 日—1922 年 1 月 4 日）

俄共中央全会 1921 年 12 月 28 日审议了关于工会在新经济政策条件下的作用和任务的问题。会上听取了鲁祖塔克、安德列耶夫、施略普尼柯夫三位同志的报告（原定的卢托维诺夫同志的报告由于没有及时通知报告人而没有作）。经过交换意见，决定把鲁祖塔克和安德列耶夫两位同志的提纲草稿（加上列宁同志的补充）交给由他们两人组成的委员会，委托该委员会拟出提纲草案，提交政治局审批。

（**在**委员会和政治局批准该草案**后**对这段话还要补充几句。）

## 草 案

## 1. 新经济政策和工会

新经济政策使无产阶级的状况、因而也使工会的状况发生了一些重大的变化。发生这些变化，是由于目前共产党和苏维埃政权在从资本主义向社会主义过渡的整个政策上实行特殊的过渡办法,在许多方面采取和以前不同的方式,用所谓"新的迂回方法"来夺取一些阵地,实行退却,以便更有准备地再转入对资本主义的进攻。比如说,现在不但容许而且还发展由国家调节的自由贸易和资本主义,而另一方面,国营企业也在改行所谓经济核算,实际上就是在相当程度上实行商业的和资本主义的原则。

## 2. 无产阶级国家中的国家资本主义和工会

无产阶级国家在不改变其本质的情况下,可以容许贸易自由和资本主义的发展,但只是在一定限度内,而且要以国家调节(监察、监督、规定形式和规章等等)私营商业和私人资本主义为条件。这种调节能否成功,不仅取决于国家政权,而且更取决于无产阶级和全体劳动群众的成熟程度以及文化水平等等。即使这种调节十分成功,劳资之间阶级利益的对立无疑还是存在的。因此,今后工会最主要的任务之一,就是在无产阶级同资本作斗争时从各方面全力维护无产阶级的阶级利益。这项任务应当公开提到一个极重要的地位,工会的机构应当作相应的改组、改变或扩充,应当设立,或确切些说,应当着手设立罢工基金等等。

## 3. 改行所谓经济核算的国营企业和工会

国营企业改行所谓经济核算,同新经济政策有着必然的和密切的联系,而且在最近的将来,这种企业即使不会成为唯一的一种,也必定会是主要的一种。在容许和发展贸易自由的情况下,这实际上等于让国营企业在相当程度上改行商业的即资本主义的原则。由于迫切需要提高劳动生产率,使每个国营企业扭亏为盈,由于必然会产生本位利益和过于热衷本位利益的现象,这样做难免造成工人群众同国营企业的经理即管理人员或同企业主管部门在利益上的某种对立。因此,即使在国营企业中,工会也义不容辞应维护无产阶级和劳动群众的阶级利益,使之不受雇用他们的人侵犯。

## 4. 无产阶级在承认土地工厂等的私有制、由资本家阶级掌握政权的国家中进行的阶级斗争同在不承认土地和多数大企业的私有制、由无产阶级掌握政权的国家中进行的阶级斗争之间的重大区别

只要阶级存在,阶级斗争就不可避免。在从资本主义到社会主义的过渡时期,必然存在着阶级。俄共纲领十分明确地指出:我们现在还只是在采取最初步骤从资本主义向社会主义过渡。因此共产党也好,苏维埃政权也好,工会也好,都应当公开承认:只要工业和农业的电气化还没有完成(哪怕是基本完成),只要小经济和市场统治的一切根子还没有因此而被铲除,阶级斗争就会存在,而且不可避免。因此,目前我们决不能放弃罢工斗争,不能在原则上同意实行用强制的国家调解代替罢工的法律。

另一方面,在资本主义制度下,罢工斗争的最终目的显然是破

坏国家机构,推翻现有的、阶级的国家政权。而在我们这种过渡型的无产阶级国家中,罢工斗争的最终目的只能是通过同这个国家的官僚主义弊病,同它的错误和缺点,同资本家力图逃避国家监督的阶级野心等等作斗争,来巩固无产阶级国家和无产阶级的国家政权。因此,无论共产党、苏维埃政权或工会都决不能忘记,而且也不应当向工人和劳动群众隐瞒:在无产阶级掌握国家政权的国家里采取罢工斗争,其原因只能是无产阶级国家中还存在着官僚主义弊病,在它的机构中还存在着各种资本主义旧残余,这是一方面;另一方面,是由于劳动群众政治上不开展和文化上落后。既然法院和其他一切国家机关都是由劳动者自己在阶级基础上建立的,而把资产阶级排除在选民之外,那么,解决劳资之间、受雇者和雇用者之间的冲突,应当愈来愈多地采取由劳动者直接投诉国家机关这种正常的方式。

# 5. 恢复工会的自愿入会制

把所有工人强行登记为工会会员的做法,既不符合工业社会化实际达到的水平,也不符合群众的觉悟水平。此外,强制入会的做法还使工会产生了某种程度的官僚主义弊病。必须在相当长的时期内坚决恢复自愿入会的做法。对工会会员决不能要求具有一定的政治观点;在这一点上,也和对待宗教的问题一样,工会应当是非党的。对于无产阶级国家中的工会会员,只应要求他们懂得同志纪律,懂得工人团结起来捍卫劳动者的利益和忠于劳动者政权即苏维埃政权的必要性。无产阶级国家应当从权利上和物质上鼓励工人参加工会组织。但是工会如果不尽义务,就不应当有任何权利。

# 6. 工会和企业管理

无产阶级取得国家政权以后,它的最主要最根本的需要就是增加产品数量,大大提高社会生产力。这项在俄共纲领上已经明确提出的任务,今天由于战后的经济破坏和饥荒而变得格外紧迫了。因此,在恢复大工业方面必须尽速取得尽可能扎实的成绩,没有这个条件,劳动摆脱资本桎梏这整个解放事业就不可能获得成功,社会主义就不可能获得胜利。但是要取得这样的成绩,在俄国目前的环境下,又绝对需要把全部权力集中在工厂管理机构手中。这些通常按个人管理制原则组成的管理机构,在享有最大的机动自由、极其严格地检查在提高生产和扭亏增盈方面的实际成绩、十分认真地选拔最优秀最能干的行政管理人员等等条件下,应当独立地处理规定工资数额以及分配纸币、口粮、工作服和其他种种供应品的工作。

在这种情况下,工会对企业管理进行任何直接干预都必须认为是绝对有害的,不能允许的。

但是把这一无可争辩的真理解释成工会不得参加社会主义的工业组织和国营工业的管理,那就完全错了。在以下几种严格规定的形式下,工会的参加是必要的。

## 7. 工会的作用和工会怎样参加无产阶级
## 国家的经济机关和国家机关

无产阶级是正在从资本主义向社会主义过渡的国家的阶级基础。在一个小农占极大优势的国家里,无产阶级只有非常巧妙地、谨慎地和逐渐地同绝大多数农民结成联盟,才能顺利完成过渡这一任务。在我国,国家政权的一切政治经济工作都由工人阶级觉悟的先锋队共产党领导,工会应当是国家政权最亲密的和不可缺少的合作者。工会一般说来是共产主义的学校,尤其应当是全体工人群众以至全体劳动者学习管理社会主义工业(以后也逐渐管理农业)的学校。

根据这些原则,应当为工会参加无产阶级国家经济机关和国家机关规定以下几种基本形式:

(1)工会用推荐候选人、提供咨询的方式参与一切经济机关以及同经济有关的国家机关的人事安排;工会也参加这些机关,但不是直接参加,而是通过由它们推举并经共产党和苏维埃政权批准的领导人选来参加,这些人选包括最高一级国家机关的委员、经济部门的委员、工厂管理机构的委员(在实行这种集体管理制的单位),还有行政管理人员及其助手,等等。

(2)工会最重要的任务之一,就是从工人和一般劳动群众中提拔和培养行政管理人员。目前这种工业行政管理人员,完全称职的我们有几十个,比较称职的有几百个。但是不久我们就需要有几百个完全称职和几千个比较称职的行政管理人员。工会应当远比现在更细致更坚持不懈地系统登记一切有能力担任这种工作的工人和农民,从各方面切实认真地检查他们学习管理工作的成绩。

(3)工会参加无产阶级国家一切计划机关的工作同样重要。除了参加一切文化教育工作和生产宣传工作之外,工会的这一活动应当能够更广泛更深入地吸引工人阶级和劳动群众参加国家的整个经济建设,使他们熟悉经济生活的整个情况,熟悉工业从采购原料到销售产品的全部工作,使他们更具体地了解国家统一的社会主义经济计划和实现这一计划同工农的实际利害关系。

(4)在建设社会主义和参加工业管理方面,工会工作的一个必要组成部分就是制定工资标准和供给标准等。特别是纪律审判会应当不断加强劳动纪律,不断改进加强劳动纪律和提高生产率的文明工作方法,但决不可干涉人民法院和管理机构的职权。

以上列举的工会在社会主义经济建设中几项最重要的职能,当然还应当由工会和苏维埃政权的有关机关作出详细规定。最重要的是,工会要自觉地坚决地放弃对管理工作进行没有准备的、外行的、不负责任的、危害不浅的直接干预,而去进行顽强的、切实的、预计需要做许多年的工作:**实地训练**工人和全体劳动者**管理**全国的国民经济。

# 8. 联系群众是工会一切工作的基本条件

联系群众,也就是联系大多数工人以至全体劳动者,这是工会任何一项工作取得成绩的最重要最基本的条件。工会组织及其机关从下级到最上级,应当培养出一批负责同志,并在多年的实践中加以考察,这些负责同志不一定都是共产党员,他们应当生活在工人群众之中,非常熟悉他们的生活,能够在任何时候任何问题上正确无误地判断群众的情绪,判断他们真正的需要、愿望和想法,能够不带半点虚假拔高成分来确定群众的觉悟程度,确定这样那样的旧偏见和旧残余对他们的影响有多大,能够用同志的态度对待群众、关心满足群众的要求,以此赢得群众的无限信任。对于一个人数不多的共产党来说,对于一个作为工人阶级的先锋队来领导一个大国在暂时没有得到较先进国家的直接援助的情况下向社会主义过渡的共产党来说,最严重最可怕的危险之一,就是脱离群众,就是先锋队往前跑得太远,没有"保持排面整齐",没有同全体劳动大军即同大多数工农群众保持牢固的联系。一家拥有优良发动机和第一流机器的上等工厂,如果发动机和机器之间的传动装置坏了,那就不能开工,同样,如果共产党和群众之间的传动装置——工会位置摆得不正或工作得不正常,那我们的社会主义建设就必然遭殃。这个道理,仅仅加以解释、提醒、论证是不够的,还应当从组织上把它落实到工会的一切机构中,落实到工会的日常工作中。

## 9. 在无产阶级专政下工会处境的矛盾

按照以上的论述,工会各项任务之间就产生了一系列矛盾。一方面,工会的主要工作方法是说服教育;另一方面,工会既然是国家政权的参加者,就不能拒绝参加强制。一方面,工会的主要任务是维护劳动群众的利益,而且是最直接最切身这种意义上的利益;另一方面,工会既然是国家政权的参加者和整个国民经济的建设者,就不能拒绝实行压制。一方面,工会应当按照军事方式来工作,因为无产阶级专政是一场最残酷、最顽强、最激烈的阶级战争;另一方面,正是工会最不宜采用专门适合军事的工作方法。一方面,工会要善于适应群众,适应群众当时的水平;另一方面,工会又决不应当姑息群众的偏见和落后,而要坚持不懈地提高他们的水平,如此等等。

这些矛盾不是偶然的,而且不是在几十年的时间内所能消除的。因为第一,这是一切学校所固有的矛盾。而工会是共产主义的学校。没有几十年的时间,休想使大多数劳动者达到高度发展水平,从而能把成人"学校"的痕迹和回忆统统抹掉。第二,只要资本主义和小生产的残余还存在,在整个社会制度中这些残余和社会主义幼芽之间的矛盾就不可避免。

由此可以得出两个实际结论。第一个结论:工会要有效地进行工作,仅仅正确地理解工会的任务、仅仅有适当的机构设置是不够的,还必须有特殊的机智,善于在各种具体场合用不同的方式对待群众,在文化、经济和政治方面把群众提高一步,而又能尽量减少摩擦。

第二个结论:上述种种矛盾必然会引起冲突、不协调和摩擦等现象。因此必须有一个相当权威的上级机关及时地解决这类问题。这种机关就是共产党和各国共产党的国际联合组织共产国际。

# 10. 工会和专家

关于这个问题的基本原则已经在俄共纲领中阐明。但是,如果不经常注意事实,不看这些原则贯彻到什么程度,那么这些原则还会停留在纸上。最近就有这样的事实:第一,不仅在乌拉尔的而且在顿巴斯的社会化矿山中,都发生了工人打死工程师的事件;第二,莫斯科自来水厂总工程师弗·瓦·奥登博格尔自杀。①

造成这种现象,共产党和整个苏维埃政权的责任当然要比工会大得多。但是现在的问题不是要确定政治责任的大小,而是要作出一定的政治结论。我们一切领导机关,无论是共产党、苏维埃政权还是工会,如果不能做到像爱护眼珠那样爱护一切勤恳工作、精通和热爱本行业务的专家(尽管他们在思想上同共产主义完全格格不入),那么社会主义建设事业就不可能取得任何重大的成就。在没有达到共产主义社会最高发展阶段以前,专家始终是一个特殊的社会阶层,我们应该使专家这个特殊的社会阶层在社会主义制度下比在资本主义制度下生活得更好,不仅在物质上和权利上如此,而且在同工农的同志合作方面以及在思想方面也如此,也就是说,使他们能从自己的工作中得到满足,能意识到自己的工作不再受资本家阶级私利左右而有益于社会。这一切我们还不能很快办到,但无论如何一定要办到。如果某个主管部门在保障专家的各种需要、鼓励优秀的专家、维护他们的利益等方面工作无计划,没有取得实际效果,那么,谁也不会承认这个部门办得还不坏。工会应当不是着眼于本部门的利益,而是着眼于劳动和国民经济整体的利益,来进行所有这些工作(或者经常参加各部门的有关工作)。在专家问题上,工会担负着一项极其艰巨的任

① 请看 1922 年 1 月 3 日《真理报》关于此事的报道:((援引该报第 4 版"新闻"栏报道的全文))。**62**

务,就是要经常教育广大劳动群众同专家建立正确的相互关系,只有这样做才能收到真正重大的实际效果。

## 11. 工会和小资产阶级对工人阶级的影响

工会只有把极广大的非党工人群众联合起来,才算是真正的工会。这样一来,作为资本主义残余和小生产的上层建筑的政治影响,必然会在工会中相当稳固地存在,在一个农民占极大优势的国家里尤其如此。这是一种小资产阶级的影响,也就是说,一方面是社会革命党—孟什维克(第二国际和第二半国际[23]各党在俄国的变种)的影响,一方面是无政府主义的影响。只有在这些流派中还有那么一些人不是出于自私的阶级动机而是在思想上维护资本主义,继续相信他们所鼓吹的一般的"民主"、"平等"和"自由"具有超阶级的含义。

正是应当用上述社会经济原因而不是用个别集团的作用,更不是用个别人物的作用,来解释为什么我们工会中还存在着现在这种小资产阶级思想的残余(有时甚至是复苏)。因此,共产党和领导文化教育工作的苏维埃机关以及工会中的全体共产党员,都应当更加重视同工会中的小资产阶级的影响、思潮和倾向进行思想斗争,尤其是在新经济政策不能不在某种程度上加强资本主义的时候。为了对抗资本主义的加强,加紧抵制小资产阶级对工人阶级的影响是十分必要的。

## 完

同提纲一并讨论。

把它交给莫洛托夫，**不用重抄**。

供发表的提纲，即先提交给委员会然后提交给政治局的提纲草案到此结束。

建议政治局作出专门决定通过鲁祖塔克同志草案中的一项决定，行文如下：

政治局委托组织局成立一个隶属中央组织局的专门委员会，从加紧抵制小资产阶级的即社会革命党—孟什维克的和无政府主义的影响和倾向出发，来审查和更换工会运动的领导人（如有可能也包括所有的党员工作人员）。该委员会应该在俄共第十一次（例行）代表大会[63]召开前完成（哪怕是基本完成）自己的工作，并向党代表大会提出工作报告。[64]

不供发表

列　宁

1922 年 1 月 4 日

载于 1922 年 1 月 17 日《真理报》第 12 号（略有修改）

选自《列宁选集》第 3 版修订版第 4 卷第 619 — 630 页

# 关于司法人民委员部
# 在新经济政策条件下的任务[65]

## 给德·伊·库尔斯基的信

抄送:(1)莫洛托夫并转政治局委员

　　　(2)亚·德·瞿鲁巴

　　　(3)李可夫(等他来到后)

　　　(4)叶努基泽同志并转全俄中央执行委员会主席团
　　　　成员

**请特别注意**:不得复制,传阅时必须签字,不得外传,不得泄露给敌人。

1922 年 2 月 20 日

库尔斯基同志:

司法人民委员部的工作看来还完全不适应新经济政策。

以前,苏维埃政权的战斗机关主要是陆军人民委员部和全俄肃反委员会。现在战斗性**特别**强的职能则由司法人民委员部承担。遗憾的是,看不出司法人民委员部的领导人和主要工作人员已经理解了这一点。

加紧惩治苏维埃政权的政治敌人和资产阶级代理人(**特别是孟什维克和社会革命党人**[4]);由革命法庭和人民法院采取最迅速、**最符合革命要求的**方式加以惩治;在莫斯科、彼得格勒、哈尔科夫和其他一些最重要的中心城市必须安排一批**示范性**审判(在从速从严惩治方面,在法院和报刊向人民群众**说明**这些审判的意义方面作出示范);通过党对人民审判员和革命法庭成员施加影响,以改进审判工作和加紧惩治;——这一切应当经常地、坚持不懈地进行,并且必须执行汇报制度(汇报要简明扼要,用电报文体,但要实事求是,准确无误,并且一定要用统计数字说明司法人民委员部怎样惩办和怎样学习惩办在我们队伍中占多数的、只会讲空话和摆架子而不会工作的"共产主义"坏蛋)。

司法人民委员部在保证**新经济政策**实施方面的战斗职能同样重要,因而它在这方面的软弱无能和精神不振更加令人愤慨。现在看不出他们已经理解到:我们过去承认和今后也要承认的只是**国家**资本主义,而国家就是我们,就是我们有觉悟的工人,就是我们共产党员。因此,应当认为有些共产党员是毫无用处的共产党员,他们不**像我们那样理解国家概念和国家任务**,根本不理解自己的任务是限制、制止、监督、当场抓住犯罪行为,是狠狠地惩办**任何超越国家资本主义范围的资本主义**。

在这方面,正是司法人民委员部和人民法院肩负着战斗性特别强、责任特别重大的任务。然而看不出他们对此有所理解。报纸上对滥用**新经济政策**的现象议论纷纷。这种现象多不胜数。

可是,对惩办滥用新经济政策的坏蛋的**示范性审判**,什么地方有过议论呢?没有,因为并没有进行过这类审判。司法人民委员部"忘记了":这是它的事情;没有能督促、推动、整顿人民法院的工作,没有能教会它们**无情地(直至枪决)和迅速地惩办**滥用新经济政策的人,而这正是司法人民委员部的职责。**它**要对此负责。在这方面一点也看不到司法人民委员部的生气勃勃的工作,因为它根本没有这样做。

审判的教育意义是巨大的。我们是否关心过这件事呢? 是否考虑过实际效果呢? 没有,而这却是整个司法工作的起码常识。

对共产党员的惩办应比对非党人员加倍严厉,这同样是起码常识,而司法人民委员部对此同样漠不关心。

沙皇时代是根据胜诉的百分比来撤换或提升检察官的。我们从沙皇俄国学到了最坏的东西,也就是简直要把我们窒息死的官僚主义和奥勃洛摩夫习气<sup>33</sup>,可是**高明的东西**却没有学到手。对司法人民委员部的每一个部务委员和每一个工作人员进行鉴定应当依据他的履历,先问问他:在你监禁的共产党员中有几个判刑比犯同样过失的非党人员更重? 你监禁了多少个犯有官僚主义和拖拉作风罪过的官僚主义者? 你把多少个滥用**新经济政策**的商人判处了枪决,或者处以其他并非儿戏的(像在莫斯科在司法人民委员部鼻子底下经常发生的那样)惩罚? 你无法回答这个问题吗? ——那就是说你是个不干正事的人,这种人由于"共产党员的空谈"和"共产党员的狂妄自大"应当驱逐出党。

目前正在制定新的民法。司法人民委员部在"随波逐流",这种情况我看得出来。可是它是应当**同潮流作斗争**的。不要因袭(确切点说,不要被那些昏庸的资产阶级旧法学家所愚弄,他们总是因袭)陈旧的、资产阶级的民法概念,而要创造新的。不要受"因职责关系"沿用"适合欧洲"的行动方式的外交人民委员部的影响,而要同这种行动方式**作斗争**,制定**新的**民法,确定对"私人"

契约的新的态度,等等。我们不承认任何"私人"性质的东西,在我们看来,经济领域中的**一切**都属于**公法**范畴,而不是什么私人性质的东西。我们容许的资本主义**只是**国家资本主义,而国家,如上所述,就是我们。因此必须:对"私法"关系更广泛地运用国家干预;扩大国家废除"私人"契约的权力;不是把罗马法典,而是把**我们的革命的法律意识**运用到"民事法律关系"上去;通过一批示范性审判来经常地、坚持不懈地表明应当**怎样**动脑筋、花力气做这件事;通过党来抨击和撤换那些不学习这个本事和不愿理解这一点的革命法庭成员和人民审判员。

如果司法人民委员部不立即振作起来,不立即全力以赴地承担起战斗任务,走上新的轨道,就会在热那亚会议**66**面前(也在全世界面前)声誉扫地。

建议您:

1. 向司法人民委员部全体部务委员宣读我的信;

2. 召集 100—200 名从事民法、刑法和国家法实际工作的人,都要共产党员,向他们宣读我的信;

3. 禁止乱谈此事(此信),违者给予党纪处分,因为向敌人泄露我们的战略是愚蠢的;

4. 让一些在法院和司法人民委员部工作的、完全同意本信精神的共产党员就这些问题在报刊上发表一些文章,作一些公开的专题报告;

5. 组织全体部务委员(尽可能也包括在司法人民委员部系统担任重要职务的其他共产党员)分工**负责**:

(1)新**民**法的各个部分(这是**特别**重要**和最为**重要的)

(2)刑法的各个部分

（3）国家法
和政治法的各个部分 } 迫切性稍小

（4）在上述中心城市安排和进行若干有声势的、**有教育意义的**示范性审判

（5）对人民法院和革命法庭进行切实有效的而不是有名无实的监督，使它们真正能够既对苏维埃政权的政治敌人**加紧惩治**（如果不加紧惩治，司法人民委员部就是**头号罪犯**），也对**滥用新经济政策的人加紧惩治**。

做生意吧，发财吧！我们允许你这样做，但是我们将**加倍**严格地要求你做老实人，呈送真实准确的表报，不仅要认真对待我们共产主义法律的条文，而且要认真对待它的**精神**，不得有**一丝一毫**违背我们的法律，——这些就应当是司法人民委员部在**新经济政策**方面的基本准则。如果司法人民委员部不能够使我们这里的资本主义成为"训练有素的"、"循规蹈矩的"资本主义，如果司法人民委员部不能用一批示范性审判证明它**善于**抓住违反以上规定的行为，并且不是用罚款一两亿这样一种蠢得丢人的"共产党员的愚笨"办法，而是**用判处枪决的办法**来**进行惩办**，那么，司法人民委员部就毫不中用，那时我就认为自己有责任要求中央撤换司法人民委员部的负责工作人员。

司法人民委员部全体部务委员按上述任务分工的情况，请尽快通知我，使我能十分准确地知道（除人民委员负责**全盘**工作外）究竟是谁负责**民**法（其次是刑法等等）的某某部分，谁负责进行示范性审判（每一个部务委员都应当通过安排和进行**若干**示范性审判来显显**身手**），谁负责切实监督某个省或莫斯科某个区的革命法庭和人民法院以及法院侦查人员等等的工作。

不是把"各部分"分隔开来,也不是就此采取官僚主义的不闻不问态度,而是要使每一个参加部务委员会的**共产党员**都亲自负责某一项生动的革命工作,——这就是人民委员应当做到而且应当证明他能够做到的事。

人民委员会主席

**弗·乌里扬诺夫**(列宁)

附言:在报刊上丝毫不得提到我的信。谁要愿意,可以用自己的名义发表文章,不要提到我,而且要多举一些具体材料!

选自《列宁选集》第 3 版修订版第 4 卷第 631—636 页

# 俄共(布)中央委员会政治报告[67]

### 在俄共(布)第十一次代表大会上的报告

### (1922年3月27日)

　　(鼓掌)同志们！请允许我这次作中央的政治报告,不从年初开始,而从年终谈起。目前人们最关心的政治问题是热那亚会议。[66]不过我们的报刊对这个问题已经谈得很多,我在3月6日的讲话中,在这个已经发表的讲话中也谈了对这个问题最基本的看法①,所以,如果你们不特别要求我说明某些细节,那就请允许我不详细谈这个问题了。

　　关于热那亚会议,你们大体上都已经了解了,因为报刊在这个问题上已经用了很多篇幅,依我看,甚至是太多了,却忽视了我国整个建设尤其是经济建设真正的、实际的和迫切的需要。在欧洲,当然,是在各资产阶级国家,人们很喜欢在头脑里装满或者说塞满有关热那亚问题的种种无聊的议论。而这一次(当然还不仅这一次)我们却仿效他们,而且仿效得太过分了。

　　应当指出,我们中央已经十分精心地设法组成一个有我国优秀外交家参加的代表团(现在我们已有相当数量的苏维埃外交

---

① 见《列宁全集》中文第2版第43卷第2—8页。——编者注

家,和苏维埃共和国初期不同了)。我们中央委员会给我国去热那亚的外交家拟定了十分详细的指示。我们花了很长时间草拟这些指示,而且反复讨论过①。不言而喻,这里的问题,我虽然不说它是个军事问题,因为军事这个词会引起误解,但至少这是一个竞赛问题。在资产阶级阵营里,有一个非常有力量的、比其他派别强大得多的派别,正在想破坏热那亚会议。也有无论如何要保住这个会议并设法使它开成的一些派别。现在这后一种派别占了上风。最后,在资产阶级国家阵营里,还有一种可以叫做和平主义的派别,整个第二国际和第二半国际[23]也应算在内。这是一个试图捍卫住一系列和平主义建议、制定出某种类似和平主义的政策的资产阶级阵营。我们共产党人对于这种和平主义是有明确看法的,这里完全用不着加以阐述。显然,我们不是以共产党人的身份,而是以商人的身份去热那亚的。我们要做生意,他们也要做生意。我们希望做有利于我们的生意,而他们希望做有利于他们的生意。至于斗争将怎样展开,这要看我们外交家的艺术了,虽然是在不大的程度上。

我们以商人的身份到热那亚去,是同醉心于用武力解决问题的资产阶级阵营的代表打交道,还是同倾心于和平主义(哪怕是最糟糕的、从共产主义观点看来是不值一驳的和平主义)的资产阶级阵营的代表打交道,这对我们当然是有区别的。如果一个商人不善于掌握这种区别,不能使自己的策略适应这种情况来达到实际目的,那他就是个蹩脚的商人。

---

① 见《列宁全集》中文第 2 版第 42 卷第 399 — 401、409 — 411、412 — 413、436—438 页,第 43 卷第 34—39、65—66 页。——编者注

我们到热那亚去的实际目的是：扩大贸易，为最广泛最顺利地发展贸易创造条件。但是我们并不能保证热那亚会议一定成功。作这样的保证是可笑的、荒谬的。我应当说明，在对目前热那亚的各种可能性作最冷静最谨慎的估量之后，我还是认为，我们能达到自己的这个目的，这样说并不夸大。

如果我们那里的对话者很识时务，不过分固执，那就通过热那亚会议达到这一点，如果他们要固执到底，那就绕过热那亚会议。但我们一定能达到自己的目的！

要知道，资本主义列强近年来最迫切、最实际和表现得最突出的利益，要求发展、调整和扩大同俄国的贸易。既然存在这种利益，那么，尽管会有辩论、会有争执、分歧各方会有不同的组合——甚至很可能闹到决裂的地步，但这个基本的经济需要最终还是会发生作用的。所以我想，我们在这一点上尽可以放心。我不能担保用多少时日，也不能担保一定成功，但是在这次大会上我可以十分有把握地说，苏维埃共和国同整个资本主义世界的正常贸易往来一定会得到进一步的发展。至于往来中断的可能性如何，这一点我到下面有关部分再谈，不过我想，关于热那亚问题可以讲到这里为止。

不用说，那些希望更详细了解这个问题、看了报上公布的代表团名单还不满足的同志，可以选出一个委员会或一个小组来了解中央的所有材料、信件和指示。当然，我们所拟定的细节是假设性的，因为直到现在还不能确切知道，谁会出席这次热那亚会议，会提出哪些条件，是先决条件还是附带条件。在这里研究所有这些问题是极不适当的，我认为，甚至是实际上办不到的。再说一遍，代表大会完全可以通过小组或委员会收集到关于这个问题的已经公布的和中央拥有的各种文件。

我就谈到这里为止，因为我相信，我们最大的困难不在这个问题上。全党的主要注意力不应放在这个问题上。欧洲资产阶级报刊故意吹嘘和存心夸大这次会议的意义，欺骗劳动群众（在所有这些自由民主国家和共和国里，十分之九的资产阶级报刊总是这样做的）。我们受了一点这种报刊的影响。我们的报纸仍旧受着资产阶级的老习惯的影响，不想转上新的社会主义的轨道，因此我们小题大做，掀起了不必要的喧嚷。其实，对于共产党人说来，尤其是对我们这些经历过 1917 年以来的严酷岁月、见过自那以后各种严重的政治局面的共产党人说来，热那亚会议并不是什么大的困难。我不记得，不仅中央而且全党在这个问题上有过什么意见分歧或争论。这是很自然的，因为在共产党人看来，这里并没有什么可争论的——尽管他们中间有各种微小的差异。我再说一遍，我们是以商人身份去热那亚的，是为了寻求发展贸易的最有利的形式，这种贸易已经开始，正在进行，即使有人能强行使之中断一个时期，但过后它必然还会发展起来。

因此，关于热那亚会议就简短地说到这里，现在我来谈谈我认为是过去一年和今后一年中的政治上的主要问题。我觉得（或者说，至少我的习惯是如此），作中央委员会的政治报告，不应当光谈报告年度内做过什么事情，而且应当指出报告年度内有哪些主要的、根本的政治教训，以便正确规定我们下一年的政策，从过去一年里学到一点东西。

主要问题当然是新经济政策。整个报告年度就是在新经济政策的标志下度过的。如果说我们这一年取得了什么重大的和不可剥夺的成就（对这一点我还不那么深信无疑），那也不过是从开始实行这个新经济政策方面学到了一些东西。尽管我们学到的东西不多，可是我们这一年确实在新经济政策方面学到了很多东西。至于我们是否真正学会以及学会了多少，这大概就要由后来发生的很少以我们意志为转移的事情来检验，比如由当前面临的财政危机来检验。我觉得，在我国新经济政策问题上主要应当注意如下三点，这是讨论如何吸取上一年的经验、如何为下一年提供实际教训的基础。

第一，新经济政策对我们之所以重要，首先是因为它能够检验我们是否真正做到了同农民经济的结合。在我国革命发展的前一时期，全部注意力和全部力量主要放在或者说几乎都放在抵抗入侵的任务上，我们不可能很好地考虑这种结合，还顾不上这一点。那时我们刻不容缓的万分紧急的任务，是如何防止立刻被世界帝国主义的强大势力扼杀的危险，因此，在某种程度上忽略这种结合是可以的，也是应该的。

转向新经济政策，这是上次代表大会[68]完全一致通过的，而且比我们党决定其他问题时更加一致（应当承认，一般说来我们党是非常一致的）。这种一致表明，通过新的途径来建设社会主义经济已经绝对必要了。在许多问题上有分歧、以不同观点来估计形势的人们，都一致地、非常迅速地、毫不犹豫地得出结论说，我们还没有找到建设社会主义经济、建立社会主义经济基础的真正途径，但我们有找到这种途径的唯一办法，这就是实行新经济政策。由于军事事态的发展，由于政治事态的发展，由于旧的文明西方的资本主义的发展和各殖民地的社会条件和政治条件的发展，我们不得不在我国还是经济最落后的国家，至少是最落后的国家之一的时候，首先在资本主义旧世界打开一个缺口。我国绝大多数农民都经营着小个体经济。我们把我们制定的建设共产主义社会的纲领中可以立刻实现的东西先建立起来，因而在某种程度上脱离了广大农民群众中所发生的情况，我们把很重的负担加在他们身上，理由是战争不容许我们在这方面有丝毫犹豫。从整体上说，这个理由农民是接受了的，虽然我们犯了一些无法避免的错误。总的说来，农民群众看到并且懂得，为了保卫工农政权不被地主推翻，为了不致被可能夺走全部革命成果的资本主义入侵所扼杀，他们肩负起这些重担是必要的。但当时在国有化、社会化的工厂和国营农场中建立起来的经济没有同农民经济结合起来。

这一点我们在上次党代表大会上就看清楚了。这一点我们看得很清楚，所以在新经济政策势在必行这个问题上，党内没有发生过任何摇摆。

看看国外俄国各党派大量出版的报刊对我们这个决定的各种评价，真觉得好笑。这些评价几乎没有区别。他们生活在往事的回忆里，现在还一再说左派共产主义者[26]至今仍在反对新经济政策。他们在 1921 年回忆着 1918 年的事情，回忆连我们这里的左派共产主义者自己都已忘记的事情，他们至今还在反复唠叨这一点，硬说这些布尔什维克自然是狡猾撒谎之徒，说他们向欧洲隐瞒内部的意见分歧。读到这些话，心里就会想：就让他们执迷不悟吧！既然他们对我们的情况持这种看法，那就可以根据这点看出这些现在逃往国外的似乎极有教养的旧人物的认识程度了。我们知道，我们没有任何意见分歧，之所以没有，是因为大家都很清楚，有实际必要通过另一种途径来建立社会主义经济的基础。

我们试着建立的新经济并没有同农民经济结合起来。现在是否结合了呢？还没有。我们只是开始寻求这种结合。我们的报刊现在还常常到处探寻新经济政策的意义，但是找的不是地方，其实新经济政策的全部意义就在于而且仅仅在于：找到了我们花很大力量所建立的新经济同农民经济的结合。我们的功绩就在这里。不然，我们就不成其为共产党人革命家了。

我们不顾一切旧事物，完全按照新的方式开始建设新经济。如果我们不开始建设新经济，那我们在头几个月或头几年就被打垮了。但这并不是说，我们要固执己见，认为我们既然无所畏惧地开始了新经济的建设，那就非这样干下去不可。这有什么根据呢？没有任何根据。

我们一开头就说过，我们要进行的是崭新的事业，如果资本主义比较发达的国家的工人同志不能很快地来帮助我们，我们的事业就会遇到极大的困难，一定会犯许多错误。主要的是应该善于清醒地看出在什么地方犯了这样的错误，接着一切从头做起。既然不是一两次，而是很多次地不得不一切从头做起，那这正说明我们没有成见，我们是用冷静的眼光来看待自己肩负的世界上最伟大的任务的。

在新经济政策问题上，现在主要是要正确地吸取过去一年的经验。应该这样做，我们也愿意这样做。如果我们想务必做到这一点（我们是想做到这一点，而且一定会做到！），那就应该知道，新经济政策的基本的、有决定意义的、压倒一切的任务，就是使我们开始建设的新经济（建设得很不好，很不熟练，但毕竟已在完全新的社会主义经济，即新的生产和新的分配的基础上开始建设）同千百万农民赖以为生的农民经济结合起来。

以前没有这种结合，所以现在我们首先要建立这种结合。一切都应当服从于这种打算。我们还应该弄清楚，新经济政策在多大程度上能做到既建立这种结合,又不破坏我们在不熟练的情况下开始建设的东西。

我们在同农民一道建设自己的经济。我们要一次次地改造这种经济,并把它组织得能使我们在大工业和农业中的社会主义工作同每个农民从事的工作结合起来,农民是能怎么干就怎么干,只求摆脱贫困,而且是会怎么干就怎么干,决不卖弄聪明(因为他们要摆脱惨遭饿死的直接威胁,哪里还顾得上卖弄聪明呢?)。

要让人看到这种结合,让我们清楚地看到它,让全体人民看到它,让全体农民群众都看到,他们现在空前破产、空前贫穷的艰难困苦的生活同人们为了远大的社会主义理想而进行的工作之间是有联系的。要做到让每一个普通劳动者都了解,他的境况得到了某种改善,而且这种改善与地主当政时代、资本主义时代少数农民境况的改善不同,那时每一点改善(改善无疑是有的,甚至很大)都是同对庄稼人的讥笑、侮辱和嘲弄分不开的,是同对群众的暴行分不开的,这一点俄国哪个农民也没有忘记,再过几十年也不会忘记。我们的目的是恢复这种结合,用行动向农民证明,我们是从农民所理解、所熟悉、目前在他们极其贫困的境况下办得到的事情做起,而不是从在农民看来是遥远的、空想的事情做起;证明我们能够帮助农民,共产党人在眼下小农破产、贫困、挨饿的困难时刻,正在实际帮助他们。要么我们能证明这一点,要么就被农民撵走。这是完全不可避免的。

这就是新经济政策的意义,这就是我们全部政策的基础。这是我们过去一年来实施新经济政策的主要教训,也可以说是我们下一年度的主要政治准则。农民是在贷款给我们,他们有了过去的经历,当然不会不给。农民大都同意这样做:"好,既然你们不会，那我们就等一等吧，也许你们会学会的。"但是这种贷款不会是取之不尽的。

应该明白这一点，并且借了钱总得抓紧学。要知道，农民国家不再贷款给我们的日子快到了，那时，如果用一句商业术语来说，农民就会要求现金交易了。"最敬爱的执政者，时间虽然拖延了好几个月、好几年，但你们现在终于找到了帮助我们摆脱贫困、饥饿和破产的最正确最可靠的办法。你们学会了，你们已经证明这一点。"这就是我们一定要经受的一次考试，归根到底这次考试将决定一切，既决定新经济政策的命运，也决定俄国共产主义政权的命运。

我们能不能完成我们眼前要做的事情呢？这种新经济政策是否有点用处呢？既然退却是正确的，那么，在退却之后同农民群众汇合起来一道前进，虽然缓慢百倍，却能坚定地稳步前进，使他们随时看到我们毕竟在前进。那时我们的事业就一定会立于不败之地，世界上任何力量都不能战胜我们。第一个年头已经过去了，我们至今还没有达到这一点。这是应当直率地说清楚的。但我深信（我们的新经济政策使我们能够十分明确肯定地作出这个结论），只要我们充分认识到新经济政策所包含的巨大危险，用我们的全部力量去克服薄弱环节，我们就一定能够完成这个任务。

同农民群众，同普通劳动农民汇合起来，开始一道前进，虽然比我们所期望的慢得多，慢得不知多少，但全体群众却真正会同我们一道前进。到了一定的时候，前进的步子就会加快到我们现在梦想不到的速度。依我看，这就是新经济政策的第一个基本的政治教训。

第二个是较为局部的教训，就是通过国营企业同资本主义企业的竞赛来进行检查。现在我们正在建立合营公司——关于合营公司我下面还要略微谈一谈——这些公司也和我们的全部国营商业以及整个新经济政策一样，都是我们共产党人运用商业方法，资本主义方法的表现。这些公司还有另一种意义，就是资本主义的办法和我们的办法进行实际竞赛。请作实际的比较吧！我们过去写了纲领，许了诺言。这在当时是完全必要的。没有纲领和诺言就不能发动世界革命。如果白卫分子，包括孟什维克在内，为这一点骂我们，那只说明孟什维克以及第二国际、第二半国际的社会党人根本不懂得革命是怎样发展的。不经过这个过程，我们就无从着手。

但目前的情况是，我们应当对自己的工作进行认真的检查，不过不是通过那些正在由共产党员建立的监察机关来检查，虽然这些监察机关非常好，虽然在苏维埃机关系统中，在党的机关系统中都设有这种监察机关，虽然它们几乎可以说是理想的监察机关，这种检查从农民经济的实际需要看来是可笑的，但从我们的建设来看决不可笑。我们现在正在建立这些监察机关，但我这里说的不是这种检查，而是一种着眼于民众经济的检查。

资本家会做供应工作。他们做法恶劣，像强盗那样行事，他们侮辱我们，掠夺我们。这一点连不谈论共产主义（因为不知道共产主义是怎么一回事）的普通工人和农民都知道。

"但是，资本家毕竟会做供应工作，你们会吗？你们不会。"这就是去年春天听到的，并不总是听得很清楚的一种议论，而这种议论说出了去年春天整个危机的内在原因。"你们这些人倒是很好，可就是不会干你们所抓的事务，经济事务。"这就是去年农民以及一些工人阶层通过农民对共产党提出的最朴实、最致命的批评。在新经济政策问题上，这个老早就有的论点所以具有这样重要的意义，其原因就在这里。

检查必须是真正的检查。旁边资本家在活动，在抢劫，在攫取利润，但他们有这种本领。而你们呢，你们试行新的一套，你们没有利润，原则是共产主义的，理想是很好的，你们简直像圣人，真可以活着升天堂，但是，你们会不会办事呢？这需要检查，需要真正的检查，但不是由中央监察委员会[69]调查和提出指责，再由全俄中央执行委员会决定处分的那种检查——不是这样，而是需要一种着眼于国民经济的真正的检查。

共产党人得到的贷款比任何其他政府多，而且可以一再延期归还。当然，共产党人曾帮助农民摆脱资本家和地主的压迫，农民很珍视这一点，所以才答应延期还债，但总有一定的期限。接着就要检查了：你们是不是会经营得不亚于别人？旧日的资本家会经营，你们却不会。

这就是第一个教训，中央政治报告的第一个主要部分。我们不会经营。这是一年来已经证明了的。我真想能举出几个国营托拉斯①（如果用这种曾受到屠格涅夫如此赞扬的优美的俄罗斯语言来说[70]）的例子来说明我们会不会经营。

可惜，由于种种原因，主要是由于生病，我不能很好地准备报告的这一部分，只能根据自己对现状的观察谈一些看法。这一年来我们十分明显地证明，我们不会经营。这是基本的教训。如果我们不能在最近一年内证明我们会经营，那苏维埃政权就无法生存下去。而最大的危险就在于，不是所有的人都认识到这一点。

---

① 原文为"roctpect"，并不是地道的俄语词。——编者注

如果全体共产党员、负责工作人员都清楚地认识到，我们不会经营，让我们从头学起，那我们就会把事情办好——依我看，这就是主要的根本的结论。但是，他们没有认识到这一点，反而认为谁这样想，谁就是无知的人，没有学过共产主义——也许学一下就会懂得的。不，对不起，问题不在于农民和非党工人没有学过共产主义，而在于需要阐发纲领、号召人民实现这一伟大纲领的时期已经过去了。这种时期已经过去了，现在需要证明，你们在目前的困难情况下有本事实际帮助工人和庄稼汉的经济，让他们看到你们能在竞赛中取胜。

我们开始设立的合营公司，既有俄国和外国的私人资本家参加，也有共产党员参加，这种公司是一种可以正常展开竞赛的形式，通过这种形式可以表明并且学会，我们能够不比资本家逊色地建立起同农民经济的结合，能够满足农民的需要，就在农民目前这种十分愚昧的情况下（因为要在短期内使农民改观是不可能的），也能帮助他们前进。

摆在我们面前的就是这样的竞赛，这是一项刻不容缓的任务。这就是新经济政策的关键，并且我认为也是党的政策的全部实质。我们这里纯政治的问题和困难，要多少有多少。这你们都知道，又有热那亚会议，又有武装干涉危险。困难很大，但是同上述困难比起来，它们全都微不足道。在那方面我们已经看到该怎么办，在那方面我们已经学会很多东西，领教过资产阶级的外交。这套玩意孟什维克已经教了我们15年，也教会了我们一些有益的东西。这并不新鲜。

然而在经济方面，我们现在必须做的事情是在同普通店员、普通资本家和商人的竞赛中取胜。这些人到农民那里，并不是去争论共产主义（你看，不是去争论共产主义），而是去争论：如果你们需要弄到什么东西，把交易做好，建筑得好，那可以由我来办，价钱虽然贵，可是让共产党人来办也许更贵，甚至贵上 10 倍。这种宣传反映了现在问题的本质，经济的根基也就在这里。

我再说一遍，由于我们采取了正确的政策，我们获得了人民的贷款，并且可以延期偿还，如果用新经济政策的用语来说，这叫做期票，但这些期票并没有写明期限，至于什么时候要求兑现，从票面上是看不出的。危险就在这里，这些政治期票和普通商业期票不同的地方也就在这里。这一点我们要特别注意，不要以为在国营托拉斯和合营公司中到处都有负责的优秀共产党员，就可以高枕无忧了——这毫无用处，因为他们不会经营，在这种意义上他们还不如那些经过大工厂大商号训练的普通资本主义店员。这一点我们没有意识到，这里还存在着共产党员的狂妄自大，用了不起的俄罗斯语言来说，就是 комчванство。问题在于负责的共产党员虽然优秀，人人知道他忠诚老实，受过苦役折磨，不怕死，可是他不会做生意，因为他不是生意人，没有学过也不愿学这一行，他不懂得应当从头学起。他是共产党员，是完成了世界上最伟大的革命的革命者，即使没有 40 座金字塔[71]，也有 40 个欧洲国家怀着摆脱资本主义的希望看着他，然而他应当向那些在粮食行里跑了十来年而懂得这一行的普通店员学习。可是他这个负责的共产党员，忠诚的革命者，不仅不懂得这一行，甚至还不知道自己不懂得这一行。

同志们，哪怕我们能改变一下不知道自己不懂行这种状况，那也是一个极大的胜利。这次代表大会闭幕后，我们应该带着这种信念回去：我们不懂这一行，我们要从头学起。我们毕竟还是革命者(虽然很多人说,甚至不是毫无根据地说,我们已经官僚化了),我们能够了解一个简单的道理,对于新的异常困难的事业,应当善于三番五次地从头做起,开始了,碰壁了,从头再来——哪怕反复重做十次,但一定要达到我们的目的,不要摆架子,不要狂妄自大,认为你是共产党员,那是非党店员,也许还是白卫分子,甚至确实是个白卫分子,但他却会办经济上非办到不可的事,而你却不会。如果你是负责的共产党员,有成百个官衔和称号,又有共产党和苏维埃的"勋章",只要你了解这一点,你就能够达到自己的目的,因为这是可以学会的。

一年来我们虽然取得了一些小小的成绩,但毕竟是微不足道的。主要是没有意识到,没有使全体共产党员普遍相信,现在我们俄国最忠诚的负责的共产党员在这方面的本领比任何一个旧店员都差。我再重复一遍,应当从头学起。如果我们意识到这一点,那我们考试就能及格,这是日益逼近的财政危机举行的一场严峻的考试,是俄国和国际的市场举行的一场考试,我们受制于这个市场,同它有割不断的联系。这是一场严峻的考试,因为在这场考试中人家可能在经济上和政治上击败我们。

问题就是这样,也只能是这样,因为这是一场重大的竞赛,具有决定性意义的竞赛。我们曾有过各种各样的克服我国政治经济困难的途径和办法。我们可以引为骄傲的是,在此以前我们一直善于根据不同的情况把各种途径和办法配合起来运用,但是,现在我们再也没有办法了。请允许我毫不夸大地告诉你们这一点,从这个意义上说,我们确实是在进行"最后的斗争",不是同国际资本主义(同它还要进行许多次"最后的斗争"),而是同从小农经济中成长起来的、得到小农经济支持的俄国资本主义进行这种斗争。

这里在不久的将来就会有斗争，准确时间不能确定。这里将进行"最后的斗争"，没有任何道路——政治的或其他的道路可以绕行，因为这是同私人资本进行竞赛的考试。或者我们能在这场同私人资本竞赛的考试中及格，或者我们完全失败。通过这次考试所需要的一切，除了本领，我们要什么有什么，既有政治权力，又有各种经济资源和其他资源。就是缺本领。如果我们能从过去一年的经验中吸取这个简单的教训，把它当做我们在整个1922年的行动指南，那我们就连这个困难也能战胜，虽然这个困难要比以前的困难大得多，因为这个困难在我们本身。这并不是什么外来的敌人。这个困难在于我们自己不愿意认识我们非接受不可的不愉快的现实，也不愿做我们应该做的不愉快的事情：从头学起。我看，这是从新经济政策中得出的第二个教训。

第三个教训，补充的教训，是国家资本主义问题上的教训。可惜，布哈林同志没有参加这次代表大会，我本想同他稍微争论一下**72**，不过还是留到下次代表大会再说吧。在国家资本主义问题上，我们的报刊和我们的党都犯了一个错误，就是染上了知识分子习气，堕入了自由主义，自作聪明地来理解国家资本主义，并且去翻看旧本本。可是那些书里写的完全是另一回事，写的是资本主义制度下的国家资本主义，而没有一本书写到过共产主义制度下的国家资本主义。连马克思也没有想到要就这个问题写下片言只语，他没有留下任何明确的可供引用的文字和无可反驳的指示就去世了。因此现在我们必须自己来找出路。如果像我在准备这个报告时所试图做的那样，在脑子里综观一下我国报刊上关于国家资本主义的论述，就会确信，这些文章完全看偏了，没有谈到点子上。

照所有经济著作解释,国家资本主义就是资本主义制度下由国家政权直接控制这些或那些资本主义企业的一种资本主义。但是我国是一个无产阶级国家,它依靠无产阶级,给无产阶级种种政治上的优先权,并通过无产阶级把下层农民吸引到自己方面来(你们记得,我们是从建立贫苦农民委员会[73]开始这项工作的)。因此,国家资本主义把很多很多人都弄糊涂了。要消除这种现象,必须记住基本的一点,我们现有的这种国家资本主义,是任何理论、任何著作都没有探讨过的,原因很简单,所有同这一名词有关的常用概念都只适用于资本主义社会的资产阶级政权。而我们的社会虽已脱离资本主义轨道,但还没有走上新轨道,不过领导这个国家的已不是资产阶级,而是无产阶级。我们不愿了解,当我们说到"国家"的时候,这国家就是我们,就是无产阶级,就是工人阶级的先锋队。国家资本主义,就是我们能够加以限制、能够规定其范围的资本主义,这种国家资本主义是同国家联系着的,而国家就是工人,就是工人的先进部分,就是先锋队,就是我们。

国家资本主义是我们应当将之纳入一定范围的资本主义,但是直到现在我们还没有本领把它纳入这些范围。全部问题就在这里。这种国家资本主义将来会怎样,这就取决于我们了。我们有足够的、绰绰有余的政治权力,我们还拥有足够的经济手段,但是,被推举出来的工人阶级先锋队却没有足够的本领去直接进行管理,确定范围,划定界限,使别人受自己控制,而不是让自己受别人控制。这里所需要的只是本领,但我们缺乏这种本领。

无产阶级,革命先锋队掌握着足够的政治权力,同时又存在国家资本主义,这种情况是历史上前所未见的。问题的关键在于我们要懂得,这是一种我们可以而且应当容许其存在、我们可以而且应当将之纳入一定范围的资本主义,因为这种资本主义是广大农民和私人资本所需要的,而私人资本做买卖应能满足农民的需要。必须让资本主义经济和资本主义流转能够像通常那样运行,因为这是人民所需要的,少了它就不能生活。其余的一切对于他们,对于这个阵营,并不是绝对必需的,其余的一切,他们是可以迁就的。你们共产党员,你们工人,你们负责管理国家的无产阶级的觉悟分子,你们必须善于使自己掌握的国家按照你们的意志来行动。我们又经历了一年,国家掌握在我们手中,但是这一年在新经济政策方面,它是否按照我们的意志行动了呢?没有。我们不愿意承认,它没有按照我们的意志行动。它是怎样行动的呢?就像一辆不听使唤的汽车,似乎有人坐在里面驾驶,可是汽车不是开往要它去的地方,而是开往别人要它去的地方,这个别人不知是非法活动分子,不法之徒,投机倒把分子,天知道哪里来的人,还是私人经济资本家,或者两者都是。总之,汽车不完全按照,甚至常常完全不按照掌握方向盘的那个人所设想的那样行驶。这就是在国家资本主义问题上我们要记住的基本点。应该在这个基本领域从头学起,而只有当我们完全领会到和意识到这一点的时候,我们才能担保说,我们能够学会这点。

现在我来谈谈停止退却的问题,这个问题我在五金工人代表大会[74]上的讲话中已经谈过了。① 从那时起,无论在党的报刊上,在同志们的私人来信中,还是在中央委员会里,我都没有听到过任何反对意见。中央委员会批准了我的报告提纲,提纲要求在代表中央委员会向这次大会所作的报告中突出强调停止退却,并请求

---

① 见《列宁全集》中文第 2 版第 43 卷第 8—15 页。——编者注

代表大会代表全党作出相应的必须执行的指令。我们已经退了一年。我们现在应当代表党宣告:够了! 退却所要达到的目的已经达到了。这个时期就要结束或者已经结束。现在提出的是另一个目标,就是重新部署力量。我们已经到达新的地点,总的说来,我们的退却总算进行得比较有秩序。不错,从各方面听到过不少想使这次退却陷入慌乱的喊叫声。有些人说,你们在这个或那个地方退得不对,例如,那个叫做"工人反对派"[17](我认为他们这个名称取错了)的集团中某些代表就是这样。由于热心过头,他们本来要进这个门,结果却跑进了那个门[75],这一点现在已经明显地暴露出来了。当时他们没有看到,他们的活动不是在纠正我们的运动,实际上只是起了一个作用,那就是散布惊慌情绪,妨害有纪律地退却。

退却是一件难事,尤其是对于已经习惯于进攻的革命家,尤其是在他们几年来习惯于进攻并取得巨大成就的时候,尤其是在他们周围的各国革命家一心向往发起进攻的时候,那就更难了。他们中间有些人看见我们在退却,竟很不应该地像小孩子那样大哭起来,在最近这次共产国际执行委员会扩大会议上就发生过这样的事情。有些同志出于最崇高的共产主义感情和共产主义志向,看到优秀的俄国共产党人竟然退却起来而嚎啕大哭。[76]也许我现在已经很难体会西欧人的这种心理了,尽管我在这些美好的民主国家侨居过好多年。也许在他们看来,这实在难于理解,只好放声大哭。不管怎样,我们是没有工夫伤感的。我们明白,正因为我们许多年来这样胜利地实行了进攻,获得了这么多不平常的胜利(而且是在一个遭到了难以置信的破坏和缺乏物质前提的国家里!),为了巩固这种进攻,我们在取得这么多的战果之后完全有必要实行退却。我们不能保持住迅速夺得的全部阵地；另一方面，正因为我们依靠工农蓬勃的热情迅速取得了无数的胜利，我们才有这么宽广的地盘，使我们可以退得很远，甚至现在还可以退得很远，而丝毫不会丧失主要的和基本的东西。虽然惊慌失措的喊叫，其中包括"工人反对派"的喊叫（他们最大的害处也就在这里！），使我们这里发生过局部的偏差，即违反纪律，不能正常地退却，但是总的说来，退却是相当有秩序的。退却时最危险的就是惊慌失措。假如全军（我打个比方）在撤退，那就不会有全军前进时的那种情绪。这时处处都会看到某种沮丧的情绪。我们甚至有过这样一些诗人，他们写道：看！莫斯科受寒忍饥，从前整洁美丽，而现在是买卖投机。我们这里有很多这样的诗作。

可以理解，这是退却造成的。正是在这里蕴藏着巨大的危险，在伟大的胜利进攻之后，实行退却是一件极其困难的事情；退却的时候，情况是完全不同的；进攻的时候，即使维持不了纪律，大家也会自动向前飞奔；但在退却的时候，就必须自觉地遵守纪律，百倍地需要纪律，因为在全军退却的时候，它不清楚、也看不见退到哪里为止，看见的只是退却，所以有时只要有一点惊慌的喊叫，就会使大家逃跑。这里的危险是很大的。真正的军队在实行这种退却的时候，就架起机关枪，一旦正常的退却发生混乱，就下令"开枪！"这样做是对的。

当我们实行空前困难的退却的时候，当全部关键在于保持良好的秩序的时候，如果有人散布惊慌情绪，即使是出于好意，我们对这种稍微破坏纪律的人也必须严厉地、残酷地、无情地惩罚，不仅对于我们党内的某些事情应该如此，而且对于孟什维克或第二半国际的所有先生们更应该如此。

前几天我在《共产国际》杂志[77]第20期上读到了拉科西同志的一篇评论奥托·鲍威尔新著的文章[78]，我们大家过去曾向鲍威尔请教过，但是，他在战后和考茨基一样成了可怜的市侩。他现在写道："看，他们在退向资本主义；我们一直说，他们的革命是资产阶级革命。"

孟什维克和社会革命党人[4]也都在宣传这些东西，听到我们说要枪毙进行这种宣传的人，都感到惊奇。他们感到惊异，然而问题很清楚，当军队退却的时候，纪律必须比进攻时严格百倍，因为在进攻时大家都拼命向前冲。可是如果现在大家都开始拼命向后逃，那就必然会立刻灭亡。

正是在这种关头，退却要有秩序，要准确规定退却的限度，不要惊慌失措，这是最主要的事情。如果孟什维克说："你们现在在退却，而我一直主张退却，我同意你们的做法，我是你们的人，让我们一块退却吧！"那我们就要这样回答他们："凡是公开宣传孟什维主义者，我们革命法庭应一律予以枪决，否则它就不是我们的法庭，而天晓得是什么东西。"

但是，他们怎么也不能理解，他们说："这些人的独裁作风有多厉害！"他们直到现在还认为，我们所以要惩办孟什维克，是因为他们在日内瓦同我们吵过架[79]。如果我们真是那样的话，那我们的政权大概连两个月也保持不住。其实，奥托·鲍威尔、第二国际和第二半国际领导人、孟什维克、社会革命党人所作的这种说教反映了他们的本性："革命跑得太远了。我们一直这么说，现在你也这么说了。让我们再来重申这一点吧。"而我们对这一点回答说："正因为这样，让我们枪毙你们吧。要么劳驾收起你们的观点，要么你们在目前这种情况下，在我们的处境比遭到白卫分子直接进犯时困难得多的条件下，还要谈自己的政治观点，那对不起，我们就要把你们当做最可恶最有害的白卫分子来对待。"我们不应当忘记这一点。

我说停止退却，我讲这话的意思决不是指我们已经学会经商了。我的看法恰恰相反，如果我讲的话给人留下了这样的印象，那说明我的话被误解了，说明我不善于正确表达自己的思想。

问题在于，新经济政策实行以后在我们这里出现的那种神经过敏和无谓奔忙的现象，那种追求一切都按新样子建立和赶浪头的倾向，必须加以制止。我们现在有了一些合营公司。诚然，这种公司还很少。在我们这里，对外贸易人民委员部批准成立 9 个有外国资本家参加的合营公司，索柯里尼柯夫委员会[80]批准了 6 个，白海北部地区森林工业特别管理局[81]也办了两个。这样，现在由不同机关批准的拥有数百万资本的合营公司就有 17 个了（当然，由于我们各机关存在着严重的混乱现象，这方面也可能错过一些机会）。但无论如何，现在我们已经有了同俄国资本家和外国资本家合办的公司。数量还不多。这个小小的却又是实际的开端表明，对共产党人已作出评价，根据他们的实践作出评价，而且作出评价的不是中央监察委员会和全俄中央执行委员会这样一些高级机关。当然，中央监察委员会是一个很好的机关，我们现在还要给它更大的权力。尽管如此，当这些机关考查共产党员时……你们瞧，国际市场是不承认它们的权威的。（笑声）而当俄国的和外国的普通资本家同共产党人一起办合营公司的时候，我们可以说："我们总算会办一些事情了，尽管我们还办得不好，少得可怜，但作为一个开端我们毕竟取得了一点成绩。"当然，成绩还不怎么多；请想一想，我们宣布要把全副精力（据说，我们的精力很充沛）

放到这件事上已经有一年了，而一年来还只办了17个合营公司。

这一点证明，我们是多么不灵活、多么笨拙，证明我们还有多少奥勃洛摩夫习气**33**，为此我们一定还要挨打。但我再说一遍，我们毕竟有了一个开端，侦察工作已经完成。如果资本家连起码的活动条件都没有，他们是不会到我们这里来的。现在既然已经来了一小部分，那就说明，我们已经取得了部分胜利。

当然，他们还会在合营公司内部揍我们，会把我们揍得几年以后才明白过来。但这没有什么关系。我没有说这就是胜利，这只是一种侦察，它表明我们已经有了活动场所，有了一块地方，我们已经可以停止退却了。

侦察探明，同资本家签订的合同并不多，但毕竟是签订了。这方面还应该继续学习，继续进行活动。就这个意义上说，是中止神经过敏、大喊大叫和无谓奔忙的时候了。人们纷纷写条子和打电话来问："既然我们实行了新经济政策，我们这里能不能也改组一下？"大家都在无谓奔忙，杂乱无章；谁都不做实际工作，却去议论怎样适应新经济政策，结果是一无所成。

商人们却在嘲笑共产党人，大概还会说："过去有过劝说司令**82**，现在又出了空谈司令。"资本家挖苦我们，我们动手迟了，错过了机会——这是毫无疑问的，因此我提议，要用代表大会的名义批准这个指令。

退却已经结束。主要的活动方法，即如何同资本家共事的方法，已经订出来了。样板已经有了，虽然为数甚少。

在新经济政策问题上，不要再卖弄聪明、高谈阔论了！诗，让诗人去写好了，这是他们诗人的事。但是，经济工作者，请不要再侈谈新经济政策了，请你们更多地建立这种合营公司，查一下善于同资本家竞赛的共产党员有多少。

退却已经结束,现在的问题是重新部署力量。这就是代表大会应当作出的指令,这个指令应当结束忙乱现象。安静点吧,不要自作聪明,这是有害的。需要在实践上证明,你工作得并不比资本家坏。资本家为了发财致富建立了同农民的经济结合;为了加强我们无产阶级国家的经济实力,你也应该建立同农民经济的结合。你比资本家占优势,因为你手中有国家政权,有多种经济手段,只是你不善于利用这些东西,观察事物要清醒一些,扔掉华而不实的东西,脱去华丽的共产主义外衣,老老实实地学着做些平凡的工作,这样我们就能战胜私人资本家。我们有国家政权,我们有许多经济手段;如果我们击溃了资本主义,建立了同农民经济的结合,那我们就会成为绝对不可战胜的力量。那时,社会主义建设就不仅仅是作为沧海一粟的共产党的事业,而是全体劳动群众的事业了;那时,普通农民就会看到,我们在帮助他;那时,他就会跟着我们走,虽然这种步子要慢百倍,却稳当可靠百万倍。

应该在这个意义上来谈停止退却,所以用这种那种形式把这个口号变成代表大会的决议是正确的。

说到这里,我想谈一个问题:布尔什维克的新经济政策到底是什么,是演变还是策略? 路标转换派[83]就是这样提问题的,你们知道,他们是俄国流亡者中的一种派别,一种社会政治派别,领导这一派别的是立宪民主党[41]的一些著名人士,前高尔察克政府的一些部长,他们确信苏维埃政权在建设俄罗斯国家,因此应当跟这个政权走。路标转换派议论说:"但是这个苏维埃政权在建设什么样的国家呢? 共产党人说是共产主义国家,并要人相信这是一种策略:布尔什维克在困难关头把私人资本家糊弄过去,然后再达到自己的目的。布尔什维克可以爱怎么说就怎么说,但实际上这并不是策略,而是演变,是内部的蜕变,他们一定会走向通常的资产阶级国家,我们应当支持他们。历史是殊途同归的。"

他们有些人装做共产党人的样子,但是也有比较坦率的,乌斯特里亚洛夫就是其中的一个。他好像在高尔察克手下当过部长。他不同意他的伙伴们的意见,他说:"关于共产主义你们随便怎么说都行,而我断定,这并不是他们的策略,而是演变。"我认为,乌斯特里亚洛夫这种直言不讳的声明对我们有很大的好处。[84]我们常常听到一种甜蜜的共产主义谎言,"комвраньё",尤其是我,由于职务的关系每天都听得到,有时听得简直恶心死了。最近到了一期《路标转换》杂志[85],它不说这种共产主义谎言,而是直率地说:"你们那里根本不是那么一回事,这不过是你们的想象而已,其实,你们正在滚进通常的资产阶级泥潭,那里只不过摇动着几面写着各种空话的共产主义小旗子罢了。"这话很有好处,因为我们从这些话里看到的,已经不是简单地重复在我们周围经常听到的话,而完全是阶级敌人的阶级真话了。看看这种东西是很有益的,之所以这样写并不是由于在共产主义国家中通常都这样写而不许有另一种写法,而是由于这确实是阶级敌人粗鲁地公开说出的阶级真话。乌斯特里亚洛夫虽然是立宪民主党人、资产者,支持过武装干涉,但现在他却说:"我赞成支持俄国的苏维埃政权,我之所以赞成,是因为它踏上了走向通常的资产阶级政权的道路。"

这是很有益的话,我觉得必须予以重视;路标转换派这样写,对我们说来,比起他们中间某些装得很像共产党人的人要好得多,这种人远远看去真假难分——他们也许信仰上帝,也许信仰共产主义革命。无可讳言,这种坦率的敌人是有益的。无可讳言,乌斯特里亚洛夫所说的这种事情是可能的。历史上有过各种各样的变化；依靠信念、忠诚和其他优秀的精神品质，这在政治上是完全不严肃的。具有优秀精神品质的是少数人，而决定历史结局的却是广大群众，如果这些少数人不中群众的意，群众有时就会对他们不太客气。

这样的例子是很多的，所以应当欢迎路标转换派的这种坦率的声明。敌人说出了阶级的真话，指出了我们面临的危险。敌人力图使之成为不可避免的事情。路标转换派反映了成千成万的各色各样资产者或者参加我们新经济政策工作的苏维埃职员的情绪。这是一个主要的真正的危险。因此，应当把主要注意力放在这个问题上：究竟谁会得胜？我说的是竞赛。现在没有人向我们直接进攻，没有人掐住我们的喉咙。至于明天会怎样，我们还要看看再说，不过今天还没有人拿着武器向我们进攻，可是我们同资本主义社会的斗争却残酷、危险百倍，因为我们不能随时看清楚，反对我们的敌人在什么地方，谁是我们的朋友。

我不是从同情共产主义的角度，而是从经济形式和社会结构形式发展的角度来谈共产主义竞赛的。这不是竞赛，这是资本主义与共产主义之间拼命的激烈的斗争，即使不是最后一次也是接近最后一次的殊死斗争。

这里必须明确地提出一个问题：我们的力量是什么，我们缺少的是什么？政治权力是完全够了。这里恐怕没有一个人能指出，在处理某个实际问题时，在某个办事机构中，共产党员或共产党的权力不够。有些人还是这样认为，这些人都无可救药地向后看，而不懂得应该向前看。主要经济力量操在我们手里。一切具有决定意义的大企业、铁路等等，都操在我们手里。不管租赁在某些地方得到多么广泛的发展,但总的说来它的作用是微不足道的,它的比重总的说来是微乎其微的。俄国无产阶级国家掌握的经济力量完全足以保证向共产主义过渡。究竟缺少什么呢?缺什么是很清楚的:做管理工作的那些共产党员缺少文化。如果拿莫斯科 4 700 名负责的共产党员和一堆官僚主义的庞然大物来说,是谁领导谁呢?说共产党员在领导这堆庞然大物,我很怀疑这种说法。说句实话,不是他们在领导,而是他们被领导。这像我们小时候上历史课听到的情况。我们听老师说过,一个民族征服另一个民族,于是征服人家的民族成了征服者,而被征服的民族则成了战败者。这很简单,人人都懂。至于这两个民族的文化怎样呢?那就不那么简单了。如果出征民族的文化高于被征服民族,出征民族就迫使被征服民族接受自己的文化,反之,被征服者就会迫使征服者接受自己的文化。在俄罗斯联邦的首都是否有类似的情况呢? 4 700 名共产党员(差不多整整一师人,而且全是最优秀的分子)是否受别人的文化的支配呢?不错,这里似乎可以给人一种印象,被征服者有高度的文化。根本不是那么一回事。他们的文化低得可怜,但毕竟要比我们高一些。尽管他们的文化低得可怜,微不足道,可是总比我们那些负责的共产党员干部高一些,因为这些人没有足够的管理本领。共产党员担任机关领导的时候,往往被人愚弄,因为怠工者有时巧妙地故意把他们推到前面当做招牌。承认这一点是很不愉快的。或者说,至少是不很愉快的,但我觉得,必须承认这一点,因为现在问题的关键就在这里。我看,这就是过去一年的政治教训,而且 1922 年的斗争也将在这个标志下进行。

俄罗斯联邦和俄国共产党的负责的共产党员,是否了解他们不会管理呢?是否了解他们自以为在领导,其实是被领导呢?如果他们能了解这一点，那他们当然能学会，因为是可以学会的，但为此就应该学习，可是我们的人不学习。我们的人到处发号施令，结果完全事与愿违。

我们宣布新经济政策之后，提到日程上来的竞赛和比赛，是一场严重的竞赛。看起来这种竞赛是在所有国家机关中进行的，而实际上这是两个不共戴天的敌对阶级的又一斗争形式。这是资产阶级同无产阶级斗争的又一形式，这种斗争还没有结束，即使在莫斯科各中央机关，从文化上来说斗争也还没有过去。因为资产阶级人士往往比我们的优秀共产党员懂行，我们党员虽然拥有全部政权和一切条件，但丝毫不会利用自己的权利和自己的政权。

我想从亚历山大·托多尔斯基的一本小册子[86]中引证一段话。这本小册子是在韦谢贡斯克城（特维尔省有这样一个县城）于俄国苏维埃革命一周年——1918年11月7日出版的，时间已经过去很久了。韦谢贡斯克的这位同志看来是个党员。这本书我是很久以前读的，因此不敢担保现在不会引错。他谈到自己怎样着手装备两个苏维埃工厂，怎样吸收两个资产者参加工作，怎样用当时的办法，即以剥夺自由和没收全部财产相威胁做到了这一点。这两个人被吸收参加了恢复工厂的工作。我们知道1918年是怎样吸收资产阶级参加工作的（笑声），所以用不着详细讲，而现在我们正用另一种办法吸收他们参加工作。请看他的结论："仅仅战胜资产阶级、给资产阶级致命打击是不够的，这不过是事情的一半，还必须强迫他们为我们工作。"

这是多么精彩的话啊。这句精彩的话说明，甚至在韦谢贡斯克这样的县城，甚至在1918年，对胜利的无产阶级和被战胜的资产阶级之间的关系，就有了正确的认识。

　　我们痛打了剥削者的双手,使他不能为害,给了他致命打击,这还只是事情的一半。可是在我们莫斯科,在100个负责工作人员里,大约有90个都认为,问题仅仅在于给剥削者以致命打击,使他不能为害,痛打他的双手,如此而已。我关于孟什维克、社会革命党人和白卫分子所说过的话,往往被人只理解成使他们不能为害,痛打他们的双手(也许不光是打他们的手,还打别的地方),给他们致命打击。但这仅仅是事情的一半。甚至在1918年韦谢贡斯克的那位同志说这话的时候,这还是事情的一半,而现在连事情的四分之一都不到了。我们应当强迫资产阶级用他们的双手来为我们工作,而不能让负责的共产党员身居领导地位,头戴官衔,却跟着资产阶级随波逐流。问题的全部实质就在这里。

　　只靠共产党员的双手来建立共产主义社会,这是幼稚的、十分幼稚的想法。共产党员不过是沧海一粟,不过是人民大海中的一粟而已。他们只有不仅从世界历史发展方向来看是正确地确定了道路,才能领导人民走他们的道路。从世界历史发展方向来看,我们确定的道路是绝对正确的,每个国家都在证实我们确定的道路是正确的,但在我们的祖国,在自己的国家里,我们也应当正确地确定这条道路。确定这条道路不仅靠这一点,还要看有没有武装干涉,我们能不能用商品换取农民的粮食。农民会说:"你是好人,你保卫了我们的祖国;因此我们一直听你的,可是现在你如果不会经营,那就走开吧。"是的,农民会这样说的。

　　如果共产党员能够用别人的手来建设经济,而自己能向资产阶级学习,使资产阶级走共产党员要走的道路,那我们就能管理这种经济。而有的共产党员自以为我什么都懂,因为我是负责的共产党员,我打败的不是什么店员,我们在前线打过仗,难道打的是这种人吗——正是这种最常见的情绪在害我们。

我们使剥削者不能为害,痛打并斩断他们的双手,这不过是事情的最不重要的一部分。这是要做的。我们的国家政治保卫局和我们的法院都要做,而且不应当像以前那样软弱无力,要记住,它们是受全世界敌人包围的无产阶级的法院。不过这并不难,我们基本上已经学会了。这方面应当施加点压力,但这是容易做的。

至于胜利的第二部分,即用非共产党人的手来建设共产主义,切实做好经济上非做不可的事情,那就是要找到同农民经济的结合,满足农民的需要,让农民说:"不管饥饿多么难受,多么痛苦,多么严重,但我看到,尽管对这个政权不习惯,尽管它很特别,但它带来了实际的、确实可以感觉到的好处。"我们必须设法让那些与我们共事的、为数众多的、超过我们许多倍的人这样工作,使我们能够观察他们的工作,了解他们的工作,用他们的手做一些有益于共产主义的事情。目前形势的关键就在这里,因为还只有个别共产党员懂得和看到这一点,而广大党员群众还没有认识到吸收非党群众参加工作的必要性。关于这一点已写过多少通告,说过多少话,可是一年来做了些什么呢? 什么也没有做。在我们 100 个党委会中,能够拿出自己实际成绩来的连 5 个也没有。看,我们是多么严重地落后于当前的迫切需要,我们是多么厉害地保持着1918 年和 1919 年的传统。那是伟大的年代,那是具有世界历史意义的极其伟大的事业。如果只回头看这些年代,而看不到目前面临的任务,那就是自取灭亡,毫无疑问必定自取灭亡。而整个症结就在于我们不愿意认识这一点。

现在我想举两个实际例子来说明我们管理工作搞得怎样。我已经说过,比较正确的做法是拿一个国营托拉斯来作例子。但是请原谅,我不能用这种正确的方法,因为这样至少需要十分具体地研究一个国营托拉斯的材料,可惜我没有可能作这种研究,因此我只举两个小例子。一个例子是莫斯科消费合作社控告对外贸易人民委员部的官僚主义,另一个是顿巴斯地区的例子。

第一个例子不很恰当,但是,我举不出更好的例子。不过用这个例子也能说明我的基本意思。你们从报上都知道,最近几个月来我不能直接处理事务,我没有到人民委员会去工作,也没有到中央委员会去。我偶尔来莫斯科稍事逗留,就发觉许多人愤慨地激烈地埋怨对外贸易人民委员部。对外贸易人民委员部工作不好,办事拖拉,对这一点我一分钟也没有怀疑过。既然怨言变得特别激烈,我就试一试把事情搞清楚,抓住一件具体的事情,哪怕来一次寻根究底,看看怎么会出现这样的事情,这架机器为什么不转。

莫斯科消费合作社要购买罐头食品。为这件事来了一个法国公民[87]。我不知道,他这样做是否得到协约国[88]领导者的同意,或得到彭加勒以及其他苏维埃政权的敌人的核准而为国际政治服务(我想,我们的历史学家在热那亚会议以后会把这件事情弄清楚的),但事实是法国资产阶级不仅在理论上,而且在实际上参加了这笔生意,因为法国资产阶级的代表到了莫斯科,出售了罐头。莫斯科正在挨饿,到夏天挨饿的情况会更严重,肉类没有运来,并且从我们交通人民委员部的尽人皆知的素质来看,大概也运不来。

他们卖肉罐头(当然是指不完全变质的罐头,这以后会检查出来),换取苏维埃货币。还有什么比这更简单的呢?可是,如果按苏维埃方式认真地考虑一下,那就决不那么简单了。我没有可能直接查问这件事,但组织过调查,现在我有一个小本子记载着这一著名事件的发展经过。事情是这样开始的:2月11日俄共中央政治局根据加米涅夫同志的报告通过了一项决定，认为从国外购买一批食品是可取的。当然，不通过俄共中央政治局，俄国公民怎么能决定这样的问题呢？你瞧，不通过中央政治局，这4 700名负责工作人员（这仅仅是调查统计的数字[89]）怎么能决定从国外购买食品的问题呢？这当然是非常奇特的观念。加米涅夫同志显然很了解我们的政策和实际情况，所以并不过分指靠大批负责工作人员，一开始就用了擒牛抓角的办法，当然擒的不是牛，而是政治局，他一下子就得到一项决议（我没听说，在这个问题上有过什么辩论）："请对外贸易人民委员部注意，从国外进口食品是可取的，并请注意关税"等等。对外贸易人民委员部注意了这一点。事情就开始动起来了。这是2月11日的事。我记得，我到莫斯科是在2月底或在这前后，我一来就听到莫斯科的同志们的哭诉，简直是绝望的哭诉。这是怎么回事呢？说是根本无法买下食品。为什么？对外贸易人民委员部办事拖拉。我已经很久没有工作了，那时也不知道对这个问题政治局已经作出一项决定，所以只对办公厅主任说，调查一下，把文件找来给我看看。克拉辛来后，加米涅夫和他谈了谈，这件事情才有了结果，事情办妥了，我们买来了罐头。结果好就一切都好。

加米涅夫和克拉辛善于商量办事，能够正确确定俄共中央政治局所要求的政治路线，对这一点我是确信不疑的。如果商业问题上的政治路线也由加米涅夫和克拉辛来决定，那我们就会是世界上较优秀的苏维埃共和国了，但是，不能每一笔交易都把政治局委员加米涅夫和克拉辛拉来——克拉辛正忙于热那亚会议前夕的外交事务，要进行极度紧张的工作，不能拉这些同志来管购买法国公民的罐头事宜。不能这样工作。这里说不上新，说不上经济，也说不上政策，而简直是开玩笑。现在我有这件事情的调查材料。我甚至有两份调查材料：一份是人民委员会办公厅主任哥尔布诺夫和他的助理米罗什尼科夫的，另一份是国家政治保卫局的。国家政治保卫局究竟为什么注意这件事，我不知道，我也不大相信这样做是对的，但这点我不打算讲了，因为我怕又要来一次调查。重要的是材料已经收集到，现在就在我手头。

我在 2 月底回到莫斯科就听到一片哭诉，说"无法买下罐头"，而轮船就停在利巴瓦，罐头就在船上，人家甚至同意我们用苏维埃货币购买真正的罐头！（笑声）怎么会出现这样的事？如果这些罐头没有完全变质（这里我要强调"如果"，因为我没有十分的把握，到时不会再派人作第二次调查，不过结果如何，只好留到下一次代表大会再说了）——如果罐头没有变质，已经买到手，那我要问：这是怎么一回事？这样的事没有加米涅夫和克拉辛就动不了吗？从我手头的调查材料中看到，一个负责的共产党员把另一个负责的共产党员骂跑了。在这份调查材料中我还看到，一个负责的共产党员对另一个负责的共产党员说："以后没有公证人在场，我就不同你谈话。"看了这件事的经过，我想起 25 年前流放在西伯利亚时我当律师的情景。那时我是个地下律师，因为我是个行政流放犯，不准当律师，可是没有别的人，大家只好到我这里来陈诉某些案件。最困难的是弄清问题所在。有一次来了一个村妇，当然从她的亲戚如何如何讲起，可是怎么也弄不清楚究竟是怎么回事。我说："把状纸的副本拿来。"她谈她的白母牛。对她说："去把副本拿来。"她就边走边说："没有副本，白母牛的事就不爱听啦。"此后我们流放者说起这个副本就好笑。但是，我仍旧使情况有了一些改进，上我这里来的人都带着副本，这就可以弄清楚是怎么回事了，他们为什么控告，有什么冤屈。这是 25 年前在西伯利亚的事，那个地方离最近的火车站也有几百俄里。

但是，为什么在革命三年以后的苏维埃共和国首都，为了购买罐头竟要进行两次调查，要加米涅夫和克拉辛来干预，要政治局发指令呢？缺什么呢？政治权力吗？不是。钱也有了，可见既有经济权力，也有政治权力。那里一切机关都有。还缺少什么呢？就是百分之九十九的莫斯科消费合作社工作人员（我丝毫也不反对他们，并且认为他们都是很好的共产党员）和对外贸易人民委员部工作人员缺少文化，他们不能文明地处理业务。

我初次听到这件事情，就给中央写了一个书面建议：我认为，除全俄中央执行委员会委员以外，你们知道，他们是不可侵犯的，除全俄中央执行委员会委员以外，把莫斯科有关机关的全体工作人员送到莫斯科最坏的监牢里关押 6 小时，对外贸易人民委员部的工作人员关押 36 小时。① 而现在一个有罪的人也没有找到。（笑声）其实从以上所述可以十分清楚地看出，有罪的人是找不到的。这无非是常见的俄国知识分子不会办实事的积习——手忙脚乱，毫无章法。他们先是东奔西跑，贸然从事，然后再动脑筋，而在事情办不成时，就跑去向加米涅夫诉苦，把问题提到政治局去。当然，一切困难的国务问题是需要提到政治局去的，这一点我下面还要讲到，但是，遇事应该先动脑筋，后动手。如果你要办事，请务必带着文件去办。你可以先发一份电报，在莫斯科还有电话，可以给有关机关打一个电话，把电话稿副本送交瞿鲁巴，说清楚：我认为这笔交易很紧急，如果拖延，我是要追究的。应当想到这一起码的

---

① 参看《列宁全集》中文第 2 版第 42 卷第 461—462 页。——编者注

文明作风,处理事情要考虑周到。如果问题不能靠打一个电话,在一两分钟内一下子解决,那你就拿着文件,随身带着,告诉对方:"你要拖拉的话,我就把你关到监狱里去。"可是并没有这样做,根本没有深思熟虑,毫无准备,和惯常一样忙乱一气,成立几个委员会,弄得大家筋疲力尽,吃苦生病,而事情直到加米涅夫同克拉辛接头后才得以进展。这是典型的事例。这种事不光在首都莫斯科有,而且在所有独立共和国的首都,在某些州的首府也同样可以看到,在一般城市更是屡见不鲜,甚至严重百倍。

在我们的斗争中应当记住,共产党员需要深思熟虑。关于革命斗争,关于全世界革命斗争的情况,他们可以对你讲得头头是道。但是,要摆脱极端的贫困,需要深思熟虑,需要有文化,办事能井井有条。这些他们却不会。如果我们责备负责的共产党员,说他们办事不认真,那是不对的。他们绝大多数人,百分之九十九的人不仅办事认真,而且在最困难的情况下,无论在沙皇制度崩溃前或在革命胜利后,都证明自己忠于革命,真是舍生忘死。如果从这方面找原因,那就根本错了。即使处理最简单的国家事务也必须采取文明的办法,必须懂得这是国家事务、商业事务,如果有了障碍,就应该善于消除,把对办事拖拉负有罪责的人送交法院。在莫斯科我们有无产阶级法院,法院应当传讯这些罪犯,问他们为什么摆着几万普特的罐头不买。我想,无产阶级法院是知道怎样治罪的,但是要治罪,就要找到罪犯,我敢向你们担保,罪犯是找不到的,你们大家都来看看这件事情,这里没有罪犯,只有混乱和瞎忙。谁都不会办事,谁都不了解究竟应当怎样处理国家事务。一切白卫分子和怠工者就利用这一点。有一个时期我们曾经同怠工者作过激烈的斗争,这个斗争现在还摆在日程上;还有怠工者,必须同他们作斗争，这当然是对的。但是，像我上面所说的情况，难道可以同他们进行斗争吗？这种情况比任何怠工都更有害，怠工者不需要别的，只要看到两个共产党员彼此争论应该什么时候提到政治局去以取得购买食品的原则性指令，这就有空子好钻了。要是有一个稍微聪明一点的怠工者支持其中的一个共产党员，或者对双方轮流加以支持，那就完了。事情就永远完蛋了。是谁的过错呢？谁也没有过错。因为两个负责的共产党员，两个忠诚的革命家，在争论一个毫无意义的问题，争论究竟什么时候应该把问题提到政治局去，以便取得购买食品的原则性指令。

问题就在这里，困难就在这里。任何一个经过资本主义大企业训练的店员，都会办这种事，而百分之九十九负责的共产党员却不会办，并且不想懂得自己没有这种本领，应该从头学起。如果我们不懂得这点，不进预备班重新学习，我们就无论如何解决不了作为目前全部政策基础的经济任务。

我想举的另一个例子，就是顿巴斯。你们知道，这是我们整个经济的中心，真正的基础。如果我们不恢复顿巴斯，不把它恢复到应有的水平，那就根本谈不上恢复俄国大工业，也谈不上真正建设社会主义，因为没有大工业是不能建成社会主义的。我们中央委员会注意到了这一点。

这个地区并没有把琐碎问题毫无道理地荒谬可笑地提到政治局来，那里提出的是真正刻不容缓的问题。

中央委员会应当密切关注我们整个经济真正的中心、基地和基础，使那里确实能有条不紊地进行工作。那里在中央煤炭工业管理局担任领导工作的，都是些不仅绝对忠诚而且确实是有学识有才干的人，甚至说他们有才华也错不了，因此中央委员会把注意力集中到那里。乌克兰是个独立共和国,这很好,但是,它在党的关系上有时——怎么说得客气一点呢？——采取躲避的办法,我们不得不找到他们头上,因为那里管事的人很狡猾,而乌克兰中央,不说是在欺骗我们,也总是同我们有点疏远。为了弄清这全部情况,我们这里的中央委员会研究过,发现有摩擦和意见分歧。那里有个小矿井利用委员会。当然,在小矿井利用委员会同中央煤炭工业管理局之间有激烈的摩擦。但是,我们中央委员会还算有些经验,一致决定不撤换领导班子,如果发生摩擦,就向我们报告,甚至可以把所有的细节都告诉我们,因为我们在那个地区的人不仅忠诚,而且能干,应当尽力支持他们,假如他们还没有学会工作,那就应当让他们学会。结果,乌克兰召开了党代表大会[90],我不知道会上的情况,只知道发生了各种各样的事情。我问过乌克兰的同志,还特地问过奥尔忠尼启则同志,中央委员会还责成他到那里去了解情况。看来,那里有人捣鬼,事情乱成一团,就是让党史委员会[91]来研究,十年也搞不清楚。实际结果是,不顾中央一致通过的指令,这一班人被另一班人取代了。这是怎么一回事呢？从根本上说,这班人中间有些人虽然具有各种良好的品质,却犯了某种错误。他们过分醉心于行政手段。[92]在那里我们是同工人打交道。谈到"工人",常常以为指的就是工厂无产阶级。根本不是那么一回事。从战争开始以来,我们这里进工厂的根本不是无产者,而是逃避打仗的人。难道在我国目前的社会经济条件下,能说进工厂的是真正的无产者吗？这样说是不对的。这符合马克思的说法,但是马克思说的不是俄国,而是15世纪以来的整个资本主义。对过去的600年,这是正确的,而对现在的俄国不适用。进工厂的常常不是无产者,而是各式各样的偶然碰上机会的人。

要善于正确地安排工作,使工作不落后,能及时解决所发生的摩擦,不要使行政管理脱离政治——这就是我们的任务。因为我们的政治和行政管理靠的是整个先锋队保持同全体无产阶级群众、同全体农民群众的联系。如果有人忘了这些小轮子,而只醉心于行政手段,那就糟了。顿巴斯工作人员所犯的错误,同我们其他的错误比较起来是微不足道的,然而这是一个典型的例子,当时中央委员会曾一致要求:"留下这班人,即使是些小冲突,也提到我们中央来解决,因为顿巴斯不是无关紧要的地区,没有它,社会主义建设就不过是一种善良的愿望"——可是实际表明,我们的全部政治权力和中央的整个威信还不足以解决问题。

这次当然是犯了滥用行政手段的错误,同时也犯了一大堆别的错误。

这个例子说明,整个关键不在于政治权力,而在于会管理,会正确安排人员,会避免细小的冲突,使国家的经济工作不致被打断。我们没有这种本领,我们的错误就在这里。

我认为,谈到我国革命和估计我国革命的命运时,我们应当严格区分出哪些革命任务已经彻底完成,已经作为一种不可剥夺的成果载入了摆脱资本主义这一世界历史性转折的史册。我国革命已经完成了这样的事业。当然,可以让孟什维克和第二半国际的代表奥托·鲍威尔去叫喊"他们那里是资产阶级革命",可是我们说,我们的任务就是把资产阶级革命进行到底。正如一家白卫分子的刊物所说的,我国的国家机关有400年的积粪,而我们用4年工夫就清除干净了——这是我们最伟大的功绩。而孟什维克和社会革命党人做了些什么呢?什么也没有做。不但在我国,甚至在先进的文明的德国,都不能把中世纪的积粪清除干净。而他们却指责我们的最伟大的功绩。把革命事业进行到底,这是我们的不可抹杀的功绩。

现在可以闻到战争的气息。一些工会,例如改良主义工会,已通过反对战争的决议,并威胁说,要用罢工来反对战争。如果我没有弄错的话,不久前我看见报上有一则电讯说,在法国议院中,有一位杰出的共产党员发表了反战演说[93],他指出,工人宁愿起义,不愿战争。现在不应当像我们在 1912 年公布巴塞尔宣言[48]时那样来提问题。只有俄国革命才指明了怎样才能摆脱战争,这要费多大的气力,用革命手段摆脱反动战争意味着什么。反动的帝国主义战争在世界各地都是不可避免的。人类在解决所有这类性质的问题时,不能忘记,也不会忘记,过去有几千万人被屠杀了,现在还会遭到屠杀。要知道,我们是生活在 20 世纪,只有一个国家的人民用不是为哪一个政府效劳而是推翻它们的革命手段摆脱了反动战争,这就是俄国人民,是俄国革命使他们摆脱了战争。俄国革命的成果是不可剥夺的。这是世界上任何力量也不能夺去的,正如世界上没有任何力量能改变苏维埃国家已经建立这一事实。这是具有世界历史意义的胜利。几百年来,国家都是按照资产阶级类型建立的,现在第一次找到了非资产阶级的国家形式。也许我们的机关还不好,但是据说,最先发明的那台蒸汽机也是不好的,甚至不清楚它是否开动过。但是问题不在这里,问题在于已经发明出来了。就算头一台蒸汽机从外形来看是不适用的,但是现在我们有了火车头。就算我们的国家机关糟透了,但它毕竟建立起来了,已经有了历史上最伟大的发明,无产阶级类型的国家已经创立。全欧洲,千万家资产阶级报纸都说我们这里乱七八糟,贫困不堪,劳动人民只有受苦受难,就让它们宣传去吧,世界上所有的工人还是向往苏维埃国家的。这就是我们所获得的不可剥夺的伟大成果。但是对于我们这些共产党的代表来说，这还只是打开了门。现在摆在我们面前的任务是建设社会主义经济的基础。这点做到了没有呢？没有，还没有做到。我们还没有社会主义的基础。有些共产党人以为已经有了这种基础，这是极其错误的。全部关键在于，我们应当坚决地、明确地、冷静地分清楚，哪些是俄国革命具有世界历史意义的功绩，哪些我们还做得很不好，哪些还没有建立起来，哪些还要多次重新做起。

政治事态总是非常错综复杂的。它好比一条链子。你要抓住整条链子，就必须抓住主要环节。不能你想抓哪个环节就挑哪个环节。1917 年的整个关键是什么呢？是摆脱战争，这是全体人民的基本要求，因此这压倒了一切。革命的俄国摆脱了战争。虽然费了很大的力气，但注意到了人民的基本要求，因而保证了我们多年的胜利。人民感觉到，农民看到，从前线回来的每个士兵也都十分明白，苏维埃政权是他们所获得的比较民主、比较接近劳动群众的政权。不管在其他方面我们做了多少愚蠢荒唐的事情，但是，我们注意到了这个主要的任务，这就是说，一切都是正确的。

1919 年和 1920 年的关键是什么呢？是武装抵抗。当时称雄世界的协约国向我们进攻，要扼杀我们，因此用不着进行宣传，任何一个非党农民都懂得发生了什么事情。地主来了。共产党员能同他们作斗争。这就是大多数农民拥护共产党员的原因，这就是我们获得胜利的原因。

1921 年的关键是实行有秩序的退却。所以必须有十分严格的纪律。"工人反对派"说："你们低估了工人，工人应当发挥更大的主动性。"主动性应当表现在有秩序退却和严格遵守纪律上。

谁要是稍微发出点惊慌的声调或破坏纪律,他就会断送革命,因为最困难的事情,就是同那些习惯于进攻、浸透革命观点和理想、认为任何退却都是卑劣行为的人们一起退却。最大的危险就是破坏秩序,最大的任务就是保持秩序。

目前的关键是什么呢? 目前的关键,也是我想把它作为这次报告的结论的关键,并不在于政治,就是说不在于改变方针;实行新经济政策以后,关于这一点已经谈得够多的了。所有这些谈论都是徒劳无益的。这是最有害的空谈。新经济政策实行后,我们有人开始忙乱起来,又是改组机构,又是建立新机构。这是最有害的空谈。我们得出了结论,目前的关键在于人才,在于挑选人才。一个习惯于反对抓小事、反对单纯文化工作的革命家,是难以领会这一点的。但是,我们目前的处境是(对此在政治上应当有清醒的估计),我们前进得太远了,所以不能而且也不应保持所有的阵地了。

在国际方面,我们的境况近年来有极大的改善。我们争得了苏维埃类型的国家,这是全人类的一大进步,共产国际**94**每天从任何一个国家得到的消息都向我们证实了这一点。这是谁也不会怀疑的。但是在实际工作方面情况却是这样:共产党员如果不能给农民群众实际的帮助,农民群众就不会支持他们。注意力不应集中在立法、颁布更好的法令等等上面。我们有一个阶段把法令当做宣传的形式。人们嘲笑我们,说布尔什维克不知道人们并不执行他们的法令;所有白卫分子的报刊也充满了这种嘲笑,但是这个阶段是合理的,那时布尔什维克夺得了政权,他们告诉普通农民、普通工人说:我们想这样来管理国家,这就是法令,请试试看吧! 我们用法令的形式把我们的政策设想迅速告诉普通的工人和农民。结果我们在人民群众中过去和现在都获得了极大的信任。这是革命初期必然经过的阶段,不然我们就不会走在革命浪潮的前头,而只会充当尾巴。不然所有那些想在新基础上建设新生活的工人农民就不会信任我们。但是这个阶段已经过去了,而我们却不愿了解这一点。现在再有人下命令来设立和改组什么机构,工人农民就要嘲笑了。现在普通的工人农民对这点已不感兴趣,他们是对的,因为现在重点不在这里。你,共产党员,现在不应当向人民宣传这一套。虽然我们这些坐在国家机关里的人总是埋头于这种琐事,但是该抓的不是链条上的这一环节,关键不在这里,关键在于人员安排不当,革命干得很出色的负责的共产党员被派去搞他们一窍不通的工商业,他们妨碍别人看清事实真相,因为奸商和骗子都巧妙地躲在他们的背后。问题在于我们没有对执行情况进行实际检查。这是一种平凡的小任务,是些小事情,可是我们在最伟大的政治革命之后所处的环境是:我们在一段时间内必须与资本主义成分并存,全部情况的关键不在于政治,狭义的政治(报上所说的全是些政治高调,没有丝毫社会主义的东西),不在于决议,不在于机构,也不在于改组。这些只要对我们有必要,我们会做的,但决不要向人民灌输这些东西,而要挑选所需的人才,检查实际执行情况,这才是人民所重视的。

在人民群众中,我们毕竟是沧海一粟,只有我们正确地表达人民的想法,我们才能管理。否则共产党就不能率领无产阶级,而无产阶级就不能率领群众,整个机器就要散架。现在人民、全体劳动群众认为,对他们最重要的是切实帮助他们摆脱赤贫和饥饿,使他们能看到情况确有改善,而且符合农民的需要和习惯。农民熟悉市场,熟悉商业。我们不能实行直接的共产主义分配。要这样做,我们的工厂和设备都不够。所以我们必须通过商业来供给,而且要做得不比资本家差,否则人民就不能忍受这种管理。问题的全部关键就在这里。如果不出现什么意外,这就应当成为我们1922年全部工作的关键,不过要有以下三个条件:

第一个条件是没有武装干涉。我们虽然在外交上尽力避免它,但是每天都有发生的可能。我们确实应当时刻戒备,并且为了加强红军,我们应当作某些重大牺牲,当然也要严格规定牺牲的限度。我们面对着整个资产阶级世界,它不过是在寻找扼杀我们的方式。而我国的孟什维克和社会革命党人无非是这些资产阶级的代理人罢了。他们的政治地位就是如此。

第二个条件是财政危机[95]不过分严重。危机正在逼近。关于这一点,你们可以听有关财政政策问题的报告。如果危机太厉害、太严重,有许多事情我们就不得不重新调整,把一切力量都集中在某一点上。如果危机不过于严重,那甚至还可能有好处,因为它会把所有国营托拉斯中的共产党员清洗一下。只是不要忘记做这件事。财政危机能清理我们的机关和企业,其中不中用的会首先垮台。不过不要忘记,不能把垮台都归咎于专家,说什么负责的共产党员都很好,他们在前线打过仗,工作一贯很好。所以财政危机要是不过分严重,那么从中还可能得到好处,它不会像中央监察委员会或中央审查委员会[96]那样进行清洗,而是对经济机关中全体负责的共产党员来一次认真的清洗。

第三个条件是要在这期间不犯政治错误。当然,如果我们犯了政治错误,那整个经济建设就要受挫,那就不得不去争论纠偏和确定方针的问题。如果不犯这种可悲的错误,那最近的关键就不在于法令,也不在于政治,狭义的政治,不在于机构,也不在于机构的组织——这些事将根据需要由负责的共产党员和苏维埃机构来做，而全部工作的关键在于挑选人才和检查执行情况。只要我们在这方面实际上学到东西，收到实际成效，那我们就能再次克服一切困难。

最后，我要谈谈我们苏维埃机关，苏维埃各高级机构以及党同它们的关系这一问题的实际方面。在我们党同苏维埃机构之间形成了一种不正常的关系，这一点是我们一致承认的。我方才举了一个例子，说明有些具体的小事都要弄到政治局去解决。从形式上规定不许这样做是很困难的，因为在我国是唯一的执政党在进行管理，而且不能禁止党员提出申诉。于是一切问题都从人民委员会弄到政治局来了。在这一点上我也有很大的过错，因为人民委员会和政治局之间很多事都是通过我个人来联系的。一旦我离开工作，两个轮子立刻就不转动了，为了保持这种联系，加米涅夫就不得不加倍地工作。由于近期我未必能回来工作，全部希望就寄托在现在还有两位副主席这一点上，一位是被德国人清洗过的瞿鲁巴同志，一位是被德国人清洗得非常干净的李可夫同志。原来连德国皇帝威廉对我们也很有用，这是我没有想到的。他有个外科医生，这个医生给李可夫同志治过病，切除了他身上的坏器官，把它留在德国，而给他留下了好的，所以给我们送来的李可夫同志全身都是清洗干净的好器官。[97]如果以后继续采用这种办法，这真是一件大好事。

不开玩笑了，现在来谈谈主要的指令。在这方面中央的意见是完全一致的，我希望代表大会能高度重视这个问题，批准旨在解除政治局和中央的琐碎事务、加强负责工作人员的工作的指令。要使各人民委员对自己的工作负责，而不是先把问题提到人民委员会,然后又提到政治局。我们不能从形式上取消向中央申诉的权利,因为我们的党是唯一的执政党。但是应当制止什么小事都找中央的做法,要提高人民委员会的威信,各部的人民委员——而不是副人民委员——要多出席人民委员会的会议,应当改变人民委员会工作的性质,即把我最近一年没能做到的事情做到:更多地注意检查执行情况。我们还将有两位副主席——李可夫和瞿鲁巴。李可夫任工农国防委员会红军和红海军供给特派员[98]时善于督促工作,使工作得以开展。瞿鲁巴曾把一个人民委员部办成比较好的部。如果他们两人能尽量注意督促各人民委员部注重执行并负起责任来,那么我们就会前进一步,虽然是小小的一步。我们有 18 个人民委员部,其中工作根本不行的不下 15 个,好的人民委员不是到处都能找到的,但愿人们更加注意这一点。李可夫同志应担任中央政治局委员和全俄中央执行委员会主席团委员,因为在这两个机构之间应保持联系,没有这种联系主要的轮子有时就会空转。

因此要注意使人民委员会和劳动国防委员会[10]裁减所属的各种委员会,使它们熟悉和解决自己分内的事情,而不是把精力分散在无数的委员会上。最近把各种委员会清理了一下。总共有 120 个委员会。有多少是真正必要的呢?只有 16 个。而且这已不是第一次清理了。有些人不是对自己的工作负责,不是把决议提交人民委员会,也不知道自己对此负有责任,而是躲在各种委员会后面。在这些委员会里是一团混乱,谁也弄不清楚是谁负责;一切都乱成一团,最后作出由大家共同负责的决定。

因此应当指出,必须扩大和发挥区域经济会议[99]的自主权和职能。现在我们俄国的区域划分是有科学根据的,是估计到经济、气候、生活、燃料来源、地方工业等等条件的。根据这种划分，建立了区和区域的经济会议。当然，局部的调整还会有，但是应该提高这些经济会议的威信。

还有，应该使全俄中央执行委员会更加有力地工作，使常会能够正常地举行，会期应当长一些。常会应当讨论法律草案，有时法律草案没有必要匆忙地提到人民委员会去。最好把这些草案搁置一下，让地方工作人员去仔细考虑，并且对法律的起草人要求得更严格些，这些我们现在都没有做。

如果全俄中央执行委员会常会的会期长一些，它就可以分设各种小组和专门委员会，更严格地检查工作，抓住那种在我看来是目前政治局势的整个关键和本质的东西，也就是把重心转移到挑选人才、检查实际执行情况上去。

应该承认，也不怕承认：百分之九十九的负责的共产党员被派去干的并不是他们现在就胜任的工作，他们不会干自己那一行，现在应当学习。如果承认这一点，而我们又有充分可能做到这一点——从总的国际形势看，我们有时间来得及学会——那我们就无论如何要做到这一点。（热烈鼓掌）

载于 1922 年 3 月 28 日《俄国共产党（布尔什维克）第十一次代表大会公报》第 1 号

选自《列宁选集》第 3 版修订版第 4 卷第 656—698 页

# 答《曼彻斯特卫报》记者
# 阿·兰塞姆问[100]

## （1922 年 11 月）

## 第一种回答

### （11 月 5 日）

**1. 问**：我看到经济很活跃，大家都忙着买东西和卖东西，一个新的商业阶级显然正在产生。请问：怎么说耐普曼不是一种政治力量，也没有显示出要求成为一种政治力量的迹象呢？

**答**：您的第一个问题使我回想起很久很久以前在伦敦的一次谈话。那是一个星期六的晚上。大约 20 年前，我和一个朋友一起散步。[101]街上非常热闹。商人在街上摆满了摊子，用金属筒做的小煤油灯或诸如此类的灯具照亮着自己的商品。灯光很美丽。街上熙熙攘攘，热闹非常。大家都忙着买东西或卖东西。

俄国当时有一个派别，我们把它叫做"经济派"[102]。我们这种有点书生气的称呼，指的是那些幼稚地把马克思的历史唯物主义观点简单化的人。我的朋友是个"经济派"，他当即发表高论说：你看，在这种不寻常的经济活动之后，紧接着必然会要求成为一种政治力量。我嘲笑了对马克思思想的这种理解。小商贩人多，他们的活动极为活跃，还丝毫不能证明他们是阶级的强大的经济力量,而只有这种经济力量才可以而且应该断定会成为一种"政治力量"。也许,伦敦形成为世界性的贸易力量——既是经济力量又是政治力量——所走过的道路比我的交谈者所想象的要复杂一些;伦敦街头商贩虽然非常活跃,但他们离"政治力量",甚至离要求成为一种政治力量还相当远。

您问,为什么这种"耐普曼"(也就是街头商贩? 小贩?)在我们这里没有显示出"要求成为一种政治力量的迹象",您提这个问题恐怕会使我们发笑,而我们会这样来回答:这跟每逢星期六英国伦敦街头那群忙着买东西卖东西的人没有显示出"要求成为一种政治力量的迹象"的原因是一样的。

**2. 问**:我有这样一个印象:现在在俄国,买卖和交换的利润很高,而生产只有在极少数情况下能够赢利。买卖和交换掌握在耐普曼手里。赢利的生产多半规模很小,而且掌握在私人手里。**赔本的**生产则掌握在国家手里。**请问:这是不是意味着耐普曼在经济上不断加强而国家不断削弱呢**?

**答**:您提这第二个问题的着眼点恐怕也和上述"经济派"的观点相差无几。好像是巴师夏曾经近乎郑重地讲过他所持的见解:"古希腊人和罗马人是以掠夺为生的。"至于这些以掠夺为生的人所掠夺的东西究竟是从哪里来的这一"经济"问题,他却不很关心。

您的印象是"现在在俄国,买卖和交换的利润很高","而生产只有在极少数情况下能够赢利"。

您从莫斯科街头观察中得出这样的结论,我读后感到非常惊奇。我想,千千万万的俄国农民怎么样呢? 他们在种地,看来,这在俄国并不是少数情况,更不是极少数情况,而是极大多数情况吧? 这种情况"甚至"比"耐普曼"的任何"买卖"都要多吧? 俄国农民的生产大概不仅"可能",而且是非常"赢利"的吧？不然的话,我国农民非常迅速和轻易地交给国家的几亿粮食税是从哪儿来的呢？在辽阔的俄国的农村和城市里这样普遍掀起的有目共睹的建设高潮,又是从哪儿来的呢？

在俄国货币贬值,100万卢布在自由市场上还不值过去一个卢布的时候,一个小商贩有时赚了几百万几百万的利润,提问人是不是就认为这种小买卖是"利润很高的买卖和交换"呢？恐怕不至于犯这种错误吧！因为我国现在(已经几个月了)把纸币上"多余的"几个零抹掉了。[103]昨天是万亿,今天抹掉四个零,就变成1 000万了。国家并没有因此发财,但是说国家"变弱了",这是很奇怪的,因为这明明是货币状况改善了一步。耐普曼开始看到卢布在稳定起来,比如,这在今年夏天就看出来了。耐普曼开始料到今后还会继续"抹掉"零,而我怀疑耐普曼"要求成为一种政治力量"就能阻止把零抹掉。

再来谈谈生产。在我们这里,土地掌握在国家手中。占用土地的小农纳税的情况很好。所谓轻工业的工业生产显然活跃起来了,它多半或者归国家所有,由国家的职员管理,或者归承租人掌管。

因此,担心"国家不断削弱"是没有根据的。

要区别开的不是生产和贸易,而是轻工业生产和重工业生产。后者确实是无利可图的,因此我们国家的状况确实困难。这一点下面再谈。

**3. 问**:有人暗示说,将设法(用征税的办法)迫使耐普曼资助生产。请问:**这样做的结果会不会只是使物价上涨,使耐普曼的利润增加,间接地使工资必须提高——因此又回到原先的状态呢**?

**答**：国家手里有几亿普特粮食。在这种情况下，决不能认为征税"只是"使物价上涨。征税也能使我们从耐普曼和生产者那里取得支援工业的资金，特别是支援重工业的资金。

**4. 问**：如果用通常的资本主义尺度来衡量，应当说经济状况要坏一些。如果用共产主义的尺度来衡量，也应当说状况要坏一些（重工业衰落）。但是我所碰到的每一个人，都认为他的状况比一年前好。看来，这儿发生了一种与资本主义思想和共产主义思想都不相容的东西。这两种思想都要求有进步。但是，如果我们不是进步，而是退步，那怎么办呢？请问，**我们不是前进，不是走向新的富足安康，而是后退，退到旧的状况，这难道不可能吗**？俄国往后退，退到与俄国的需求大致适应的农业生产时期，退到国内商业活跃而从国外的进口无足轻重的时期，这难道不可能吗？难道不能设想在无产阶级专政下也可能有和过去封建专政下相同的时期吗？

**答**：让我们先用"通常的资本主义尺度"来"衡量"。整个夏天我们的卢布都是稳定的。这显然是好转的开始。其次，农民的生产和轻工业的生产无疑都在活跃起来。这也是一种好转。最后，我们的国家银行获得了不下 2 000 万金卢布的纯收入（这是最低数目，实际上还要多些）。数目虽小，但好转是不容置疑的。数目虽小，但重工业基金开始增加是不容置疑的。

其次，让我们再用共产主义尺度来衡量。上述三种情况，从共产主义观点来看也是好现象，因为在我们这里国家政权是掌握在工人手中的。卢布**趋于**稳定，农民生产和轻工业生产活跃，国家银行（即国家）**开始**获利——所有这一切，从共产主义观点来看，**也**是好现象。

资本主义和共产主义是对立的，然而从**两种对立的观点**来看，这些情况都是**好现象**，怎么可能有这样的事情呢？这是可能的，因为向共产主义的过渡**也**可以通过国家资本主义，只要国家政权掌握在工人阶级手中。这正是"我们现在的情况"。

重工业衰落是我们的坏现象。国家银行和对外贸易人民委员部开始赢利,就是为这方面的好转作准备。这里困难很大,但决不是没有希望的。

再往下说。我们是否会倒退到什么"封建专政"之类的时期去呢?无论如何不会的,因为我们在缓慢地攀登,时有停顿,有时还后退几步,沿着国家资本主义的路线攀登。这是一条引导我们前进,走向社会主义和共产主义(社会主义的最高阶段)的路线,决不会引导我们倒退到封建制度去。

对外贸易日益发展,卢布日趋稳定(虽然时有波动),彼得格勒和莫斯科的工业明显发展,国家开始筹集了少量的,很少量的支援重工业的资金,如此等等。所有这一切都证明俄国不是在倒退,而是在前进,虽然这种前进,我再说一遍,是很缓慢的,是有停顿的。

**5.问**:我们是不是处在一种**把应当用于生产的资本浪费掉**的可悲境地呢?

**答**:上面那一段话已经答复了这个问题。

**6.问**:除了这些问题以外,《曼彻斯特卫报》还很想听到您亲口驳斥目前莫斯科盛传的所谓今冬又将实行配给制和全部征用耐普曼的仓库的谣言。

**答**:我很乐意证实,所谓我们想恢复配给制或"全部征用耐普曼的仓库"这些谣言是毫无根据的。

这纯属无稽之谈。我们根本没有这样想过。

在现今的俄国,决不能设想有这样的事情。这都是那些很敌视我们,但又不很聪明的人恶意散布的谣言。

**7. 问**:最后,我认为你们同厄克特的合同并没有被最后否决,只不过是在同英国政府恢复正常的友好关系以前,暂时搁一搁而已,我这种推测对不对?

**答**:关于厄克特问题,您说得完全正确。我把最近跟法尔布曼说过的话①再说一遍。我们并没有最后否决向厄克特租让。我们否决这项租让,完全出于我们已经公开指出的那个政治原因。我们已开始在报刊上公开讨论所有**赞成**的和**反对**的意见。希望这次讨论以后,我们能够在政治和经济方面确定最后的意见。

您的 **列宁**

1922 年 11 月 5 日

载于 1922 年 11 月 22 日《曼彻斯特卫报》第 23797 号

选自《列宁选集》第 3 版修订版第 4 卷第 706—711 页

---

① 见《列宁全集》中文第 2 版第 43 卷第 237—242 页。——编者注

# 第二种回答（未完）

## （10 月 27 日和 11 月 5 日之间）

对您的问题答复如下：

1. 我想，"耐普曼"，也就是在"新经济政策"下繁荣起来的商业的代表，是想成为一种政治力量，但是没有在这方面显示出任何迹象，或者虽有迹象，那也是把自己的愿望掩盖起来的。他们必须竭力掩盖自己的愿望，因为不然的话，就会受到我们国家政权的严厉反对，有时比反对还厉害，会受到公开的敌视。

我认为，在绝大多数生产资料集中在我们国家政权手中的情况下，小资产阶级的真正的经济要求是消费品的买卖自由。我国的立法是保证小资产阶级有这种自由的。

您所用的"耐普曼"这个词会引起某种误解。它是由表示"新经济政策"的缩写词"耐普"（"нэп"）加上"曼"（"ман"）组成的，意思是"这种新经济政策的人或代表"。这个报纸上的用语产生之初，是对小商贩或滥用贸易自由的人的一种戏称。

从表面看，新经济政策后最引人注目的一点，就是这种"耐普曼"即您所写的"买东西和卖东西"的人登上了前台。

但是，真正大多数居民的真正经济活动根本不是在这一方面。例如，只要指出广大农民的活动就够了。正是现在，农民精力充沛地、废寝忘食地重整自己的耕地，修复自己的农具、房舍、各种设施等等。另一方面，也正是现在，产业工人同样精力旺盛地改进劳动工具,用新的劳动工具来代替已磨损的劳动工具,修复破旧不堪的或受到破坏的房屋等等。

"耐普曼",如果要用这个词的话,与其说是政治经济学上的严肃用语,不如说是报纸上的戏语,他们掀起的喧嚣远远超过他们的经济力量。因此,如果有人把继经济力量之后必定出现政治力量这个简单化了的历史唯物主义原理用在我国"耐普曼"的身上,那么我担心他会大错而特错,甚至会成为许多荒谬可笑的误解的牺牲品。

新经济政策的真正实质在于:第一,无产阶级国家**准许小生产者有贸易自由**;第二,对于**大资本的生产资料**,无产阶级国家采用**资本主义经济学中叫做"国家资本主义"的一系列原则**。

我认为,如果"耐普曼"由此得出结论,认为对他们来说成为一种政治力量是适当的,那他不但会犯错误,而且会因为庸俗地理解马克思主义而成为报纸嘲笑的对象。


2. 您的印象是:现在在俄国做买卖的收益非常之高,"而生产只有在极少数情况下能够赢利"。我觉得这个印象会引起对"'耐普曼'先生"的政治经济学的十分公正的嘲笑。

如果我没有弄错的话,在俄国小农占居民的绝大多数,他们现在尽心竭力地投身于生产,并且获得了几乎难以想象的巨大成就(部分原因是他们得到了国家在种子等方面的支援),如果考虑到国内战争、饥荒等等所造成的前所未有的破坏,那这一成就更显得了不起。在这种情况下小农获得了这样大的成就,因而非常容易地、几乎毫不勉强地就交纳了国家几亿普特的粮食税。

因此我认为较为正确的说法是:掌握在私人手中、大多数居民所从事的规模很小的生产,提供的利润最多。这是指农民的整个农业生产。一部分掌握在私人手中,一部分掌握在国营承租人或生产农村居民消费品的国营工厂手中的工业生产,也提供了同样多的或者略少一些的利润。

留在国家手中的真正不赢利的生产,只是那种用政治经济学的科学术语来说应当叫做生产资料(矿产、金属等)的生产或者固定资本的生产。在资本主义经济中,通常靠发行公债来恢复这种资本,因为公债可以马上提供大量资金(几亿卢布,甚至几亿美元)来改建一批能够恢复被破坏的生产资料的企业。

对我们来说,恢复被破坏的生产资料,长时期内是不能指望得到任何利润的,如您所说的,是"不赢利的"。我们只好在相当长的时期内,用租让的收入或国家的贴补来恢复固定资本。

当前的经济现实就是如此。您可以看出,我对这种现实的看法和您根本不同。按您的看法,似乎我国"耐普曼在经济上不断加强"而"国家在经济上不断削弱",我担心这种看法也许会受到马克思嘲笑庸俗政治经济学的那种嘲笑。

我还是抱着一种老看法,在马克思以后谈论什么非马克思的政治经济学,这只能愚弄小市民,尽管是"高度文明的"小市民。

最后我来谈谈"政治力量"问题。工人和农民是俄国政治力量的主体。在一切资本主义国家里,农民既受地主的掠夺,又受资本家的掠夺。农民愈觉悟,对这一点就理解得愈深刻。因此,人民大众是不会跟着"买东西和卖东西"的耐普曼走的。

3. 向"耐普曼"征税会不会只是使工资提高和物价上涨,而不会为生产提供资金呢?

——不是的,因为物价的基础是粮食。国家手中有一部分通过税收得来的粮食。耐普曼不可能单独影响物价,因为他不是生产者。顺便指出,对外贸易垄断也有助于我们控制耐普曼,因为物价不受耐普曼影响,而是由国外的生产价格加上我国用于生产贴补的加价确定的。

恐怕您有时候把我国纸币发行额的增加所造成的物价上涨,看成是耐普曼抬高物价了。这就错了。

载于 1926 年 1 月 21 日《真理报》第 17 号

选自《列宁选集》第 3 版修订版第 4 卷第 712—715 页

# 俄国革命的五年和世界革命的前途[104]

## 在共产国际第四次代表大会上的报告

## （1922 年 11 月 13 日）

　　（列宁同志出现时，全场热烈鼓掌、欢呼，经久不息。全体起立，高唱《国际歌》。）同志们！在发言人名单中，我被列为主要报告人，可是你们知道，我在久病之后不能作大报告。我的讲话只能作那些最重要的问题的引子。我的讲题范围是很有限的。《俄国革命的五年和世界革命的前途》这个题目太广、太大了，要一个人在一次讲话中把它说透彻，那是根本不可能的。因此，我只来谈谈这个题目中的一小部分，即关于"新经济政策"的问题。我有意只谈这一小部分，是要让大家了解目前这一最重要的问题，至少对我来说是最重要的，因为我此刻正在研究这个问题。

　　这样，我要讲的是我们怎样开始实行新经济政策，我们靠这个政策取得了哪些成果。如果只讲这个问题，也许我能作一个总的概述，使大家对这个问题有一个总的了解。

　　如果从我们怎么会实行新经济政策谈起，那我就应当提到我在 1918 年写的一篇文章①。1918 年初，我在一次短短的论战中恰

---

① 见《列宁选集》第 3 版修订版第 3 卷第 511—540 页。——编者注

1923 年 6 月 15 日《新青年》季刊第 1 号封面和该刊所载
列宁《俄国革命的五年和世界革命的前途》一文的中译文
（当时译《俄罗斯革命之五年》）

巧谈到我们对国家资本主义应当采取什么态度的问题。我当时写道：

"国家资本主义较之我们苏维埃共和国目前的(即当时的)情况,将是**一个进步**。如果国家资本主义在半年左右能在我国建立起来,那将是一个很大的胜利,那将极其可靠地保证社会主义一年以后在我国最终地巩固起来而立于不败之地。"①

在说这段话的时候,我们当然比现在要愚蠢一些,但也没有愚蠢到不会研究这种问题。

可见,我在1918年就认为,国家资本主义较之苏维埃共和国当时的经济情况,是一个进步。这话听起来很奇怪,甚至可能很荒谬,因为那时我们共和国就已经是社会主义共和国了;那时我们每天都在非常匆忙地——也许是过于匆忙地——采取各种新的经济措施,而这些措施只能说是社会主义的措施。但我那时还是认为,国家资本主义较之苏维埃共和国当时的经济状况,是一个进步,而且我为了进一步说明这个思想,还简单地列举了俄国经济制度中的几种成分。这些成分依我看来有以下几种:"(1)宗法式的,即最原始形式的农业;(2)小商品生产(这里包括大多数出卖粮食的农民);(3)私人资本主义;(4)国家资本主义;(5)社会主义。"②这几种经济成分当时在俄国都存在。那时我给自己提出了一个任务,要说明这些成分彼此之间的关系和是否应当把非社会主义成分之一即国家资本主义看得高于社会主义。我再说一遍,在一个宣布为社会主义的共和国里,竟把一种非社会主义成分看得比社

---

① 见《列宁选集》第3版修订版第3卷第521页。——编者注
② 同上,第522页。——编者注

会主义还要高,还要优越,这在大家看来是非常奇怪的。但是,如果你们回想一下,我们决没有把俄国的经济制度看成是一种单一的和高度发达的东西,而是充分认识到,俄国除了社会主义形式的农业之外,还有宗法式的农业,即最原始形式的农业,那问题也就很清楚了。在这种情况下,国家资本主义究竟能起什么作用呢?

我进而自问:这几种成分哪一种占优势呢?显然,在小资产阶级环境里,占主要地位的是小资产阶级成分。我那时认识到小资产阶级成分占优势。不可能有别的想法。当时在一次与现在的问题无关的专题论战中,我给自己提出的问题是:我们怎样对待国家资本主义?我回答自己说,国家资本主义虽然不是一种社会主义形式,但对我们和俄国来说,却是一种比现有形式更为适宜的形式。这是什么意思呢?这就是说,我们虽然已经完成了社会革命,但我们对于社会主义经济的萌芽或基础都没有估计过高;相反,我们当时在某种程度上已经认识到,如果我们先实行国家资本主义,然后再实行社会主义,那就好了。

我所以要特别强调这一方面,是因为我认为只有注意到这一点,第一,才能说明现在的经济政策是什么,第二,才能由此作出对于共产国际也很重要的实际结论。我不想说我们事先已有一个准备好了的退却计划。这是没有的。这短短几行论战性的文字,在当时决不是什么退却计划。例如,很重要的一点,即对国家资本主义具有根本意义的贸易自由,在这里就一个字也没有提到。但这毕竟提出了一个大致的、还不明确的退却思想。我认为无论从经济制度至今还很落后的国家来看,或是从共产国际和西欧先进国家来看,我们都应当注意到这一点。比方说,我们现在正在制定纲领。我个人认为,我们最好现在对所有的纲领只作一般的讨论,即所谓一读,然后送去付印,但不在现在,不在今年最后作出决定。为什么呢?我想首先当然是因为我们对这些纲领未必都很好地考虑过。其次还因为我们几乎根本没有考虑过可能的退却和保障这一退却的问题。而这个问题在世界上发生了像推翻资本主义和十分艰难地建设社会主义这样根本变化的时候,是我们必须注意的。我们不仅必须知道当我们直接转入进攻而且取得胜利的时候,应该怎样行动。在革命时期这并不怎么困难,也不怎么重要,至少这不是最有决定意义的。进行革命时,常常会有敌人张皇失措的时候,如果我们在这样的时候向他们进攻,就会容易取胜。但这还不说明什么问题,因为我们的敌人如果相当沉着,他就会预先结集力量等等。那时他会很容易挑动我们去进攻,然后把我们抛回到好多年前的境地。所以我认为,我们应当作好有可能退却的准备,这种思想有很重要的意义,而且不仅从理论上来看是如此。即使从实践上来看,凡是在不久的将来准备直接向资本主义进攻的政党,现在也应当考虑一下如何保障自己退却的问题。我认为,除了从我国革命经验中吸取其他一切教训外,如果我们还能注意到这个教训,那么,这对我们不但没有任何害处,而且在许多场合下很可能对我们有好处。

我已经着重谈了我们还在 1918 年就把国家资本主义看做一条可能的退却路线,现在我来谈谈我们实行新经济政策的结果。我再说一遍,当时这还是一个很模糊的思想,但是到了 1921 年,当我们度过了,而且是胜利地度过了国内战争的最重要阶段以后,我们就遇到了苏维埃俄国内部很大的——我认为是最大的——政治危机。这个内部危机不仅暴露了相当大的一部分农民的不满,而且也暴露了工人的不满。当时广大农民群众不是自觉地而是本能地在情绪上反对我们,这在苏维埃俄国的历史上是第一次,我希望也是最后一次。这种特殊的、对于我们自然也是极不愉快的情况是由什么引起的呢?是因为我们在经济进攻中前进得太远了,我们没有给自己留下足够的基地;群众已经感到的,我们当时还不能自觉地表述出来,但是过了几个星期,我们很快就认识到了,这就是:向纯社会主义形式和纯社会主义分配直接过渡,是我们力所不及的,如果我们不能实行退却,即把任务限制在较容易完成的范围内,那我们就有灭亡的危险。我觉得危机是从 1921 年 2 月开始的。就在当年春天,我们一致决定实行新经济政策,关于这一点,我没有看见我们中间有什么重大的意见分歧。到现在,即过了一年半以后,在 1922 年底,我们已经能够作一些比较了。究竟发生了些什么事情呢?这一年半多的时间,我们是怎样度过的呢?结果如何呢?这次退却对我们是不是有利,是不是真正拯救了我们,或者结果还不清楚呢?这就是我给自己提出的主要问题,而且我认为这个主要问题对于各国共产党也有头等重要的意义,因为回答如果是否定的,那我们大家就注定要灭亡了。我认为,我们可以问心无愧地对这个问题作肯定的回答,就是说,过去的一年半,绝对肯定地证明我们经受住了这一考验。

我想现在来证明这一点。为此我应当简略地谈谈我国经济中的各个组成部分。

首先谈谈我们的金融体系和出了名的俄国卢布。俄国卢布的数量已经超过 1 000 万亿,我看,单凭这一点,俄国卢布就够出名的了。(笑声)这可真不少。这是天文数字。我相信,在这里甚至不是所有的人都懂得这个数字是什么意思。(全场大笑)但是,我们并不认为这些数字有什么了不起,即使从经济学观点来看也是如此,因为零是可以划掉的。(笑声)在这种从经济观点来看也是完全不重要的艺术中,我们已经获得了一点成就,我相信今后还会在这种艺术方面取得更大的成就。真正重要的是稳定卢布的问题。[103]我们在研究这个问题,我们的优秀力量在研究这个问题,我们认为这一任务具有决定意义。如果我们能够使卢布稳定一个长时期,然后永远稳定下来,那我们就胜利了。那时这些天文数字,什么万亿、千万亿就算不了什么。那时我们就能把我们的经济放在一个坚固的基础上并在坚固的基础上继续发展下去。关于这个问题,我想可以向你们列举一些相当重要而又有决定意义的事实。1921 年,纸卢布币值的稳定期不到 3 个月。1922 年虽然还没有结束,但是稳定期已经持续 5 个多月了。我认为,这一点已经足够了。如果你们要我们科学地证明我们将来能够完全解决这一问题,这当然还是不够的。不过要完全充分证明这一点,我看是根本不可能的。上述材料证明,从去年我们开始实行新经济政策以来,到今天我们已经学会向前行进了。既然我们学会了这一点,那么我相信,我们今后还可以学会在这条道路上取得进一步的成就,只要我们不干出什么特别的蠢事来。可是,最重要的是商业,即我们所必需的商品流转。两年来我们虽然一直处于战争状态(因为大家知道,符拉迪沃斯托克几个星期以前才拿下[105]),到现在才开始真正系统地进行我们的经济工作,但我们还是使商业开展起来了,而且使纸卢布的稳定期从 3 个月增加到 5 个月,因此我认为,可以大胆地说,我们可以对此感到满意了。要知道,我们是孤立无援的。我们过去和现在都得不到任何借款。那些把自己的资本主义经济组织得如此"出色",以致眼下还不知道走向何处的资本主义强国,哪一个都没有帮助过我们。他们通过凡尔赛和约[20]建立了一种连他们自己也搞不清楚的金融体系。这些资本主义大国的经济管理尚且如此,那我认为,我们这些落后无知的人居然懂得了最重要的一件事,懂得了稳定卢布的条件,也就可以心满意足了。这一点并不是用什么理论分析,而是用实践来证明的。我认为,实践比世界上所有理论争论都更为重要。而实践证明,我们在这里取得了决定性的成就,就是说我们开始朝着稳定卢布的方向推动经济,这对于商业,对于自由的商品流转,对于农民和广大小生产者有极其重大的意义。

现在我来谈谈我们的社会目标。最主要的当然是农民。1921年,无疑有很大一部分农民心怀不满。当时还发生了饥荒。这对农民说来,是一次最严重的考验。当时外国都大叫大嚷地说:"看呀,这就是社会主义经济的结果!"这是很自然的事情。实际上饥荒是国内战争的恶果,他们当然对这一点默不做声,这也是很自然的。1918 年开始向我们进攻的地主和资本家,都把事情说成这样,仿佛饥荒是社会主义经济的结果。当时的饥荒确实是一场严重的大灾难,这场灾难有葬送我们整个组织工作和革命工作的危险。

这样,现在我要问一下:在这场空前的意外灾难之后,在我们实行新经济政策之后,在给农民以贸易自由之后,现在情况怎样呢?答复是很清楚的,是有目共睹的,就是:一年来农民不仅战胜了饥荒,而且交纳了大量的粮食税,现在我们已经得到几亿普特的粮食,而且几乎没有使用任何强制手段。在 1921 年以前,农民暴动可以说是俄国的普遍现象,而今天差不多完全没有了。农民对他们目前的境况是满意的。我们可以放心地下这个论断。我们认为,这些证据比任何统计数字的证据都重要。农民在我国是决定性的因素,这是谁也不会怀疑的。农民今天的状况,已经使我们不必担心他们会有什么反对我们的活动了。我们这样说是心中完全有数的,一点也不过甚其词。这一点已经做到了。农民可能对我们政权这一那一方面的工作不满意,他们可能对此有怨言。这当然是可能的,也是难免的,因为我们的机关和我们国家的经济情况还很糟糕,还不能防止这种现象,但无论如何,全体农民对我们已经完全没有什么严重的不满了。这是在一年中取得的成就。我认为这已经很不少了。

下面谈谈轻工业。在工业方面我们应当把重工业和轻工业区分开,因为两者的情况不同。至于轻工业,我可以有把握地说:在这方面出现了普遍的高涨。我不想来谈一些细节。我的任务不是列举统计数字。但这个总的印象是有事实根据的,我可以担保,这个印象的基础丝毫没有什么不可靠的或不确切的东西。轻工业有了普遍的高涨,因而彼得格勒和莫斯科的工人的生活状况都有了一定的改善。这一点在其他地区要差一些,因为那些地区主要是重工业,因此不能一概而论。我还是要再说一遍,轻工业无疑正处于高涨状态,所以彼得格勒和莫斯科工人生活状况的改善也是毫无疑问的。1921年春天,这两个城市的工人有过不满。现在已经完全没有了。我们天天都在注意工人的生活状况和情绪,在这个问题上我们是不会看错的。

第三个问题是重工业问题。我应当说,这方面的整个情况还是严重的。在1921—1922年,这方面情况有了某种转变。因此我们可以期望,不久的将来情况会有好转。我们已经多多少少筹集了为此所需的资金。在资本主义国家,要改善重工业的状况,就需要有若干亿的借款,否则是不可能的。资本主义国家的经济史证明,落后国家要有几亿美元或金卢布的长期借款,才有可能发展重工业。我们过去没有这样的借款,我们直到现在也没有得到什么借款。现在关于租让等等所写的一切,不过是一纸空文而已。我们近来关于这个问题,特别是关于厄克特的租让合同问题写得很多[106]。我们的租让政策,我觉得是很好的。不过,尽管如此,我们还没有一个有利可获的租让项目,这一点请大家不要忘记。可见,对我们这个落后的国家来说,重工业的状况实在是一个很严重的问题,因为我们不能指望富有国家的贷款。虽然如此,我们还是有了明显的改善,并且我们看到,我国的商业活动已经使我们得到了一些资本。诚然,目前还是很少的,才2 000万金卢布多一点。但总算有了一个开端,我们的商业使我们得到了资金,我们可以用来发展重工业。不管怎么说,目前我国的重工业仍然处于很困难的状态。但是我认为,有决定意义的是我们已经能够积蓄一点资金了。我们今后还要这样做。这些资金往往是取之于民的,我们现在还是应当节约。现在我们正在研究怎样削减我们的国家预算,精简我们的国家机关。我在下面还要谈谈我们的国家机关。无论如何,我们必须精简我们国家机关,我们必须尽可能节约。我们在各方面都实行节约,甚至在办学上也实行节约。必须这样做,因为我们知道,不挽救重工业,不恢复重工业,我们就不能建成任何工业,而没有工业,我们就会灭亡,而不能成为独立国家。这一点我们是很清楚的。

要挽救俄国,单靠农业丰收还不够,而且单靠供给农民消费品的轻工业情况良好也还不够,我们还必须有**重**工业。而要使重工业情况变好,就需要好多年的工作。

重工业是需要国家资助的。如果我们找不到这种资金,那我们就会灭亡,就不能成为文明国家,更不用说成为社会主义国家了。所以我们在这方面采取了坚决的步骤。我们已开始积累为重工业的自立所必需的资金。固然,我们至今搞到的数目才 2 000 万金卢布多一点,但总算是有了,而且是专门用来发展我们的重工业的。

我想,我已经照我所答应的,概括地向你们叙述了我国国民经济最主要的部门;我想,根据这一切可以得出结论说,新经济政策现在已经收到了成效。我们现在已经有证据说明,我们这个国家能够经营商业,能够保持农业和工业的巩固阵地并向前走。实际工作证明了这一点。我想,这对我们来说暂时是足够了。我们还有很多东西要学习,我们也懂得我们还必须学习。我们已经执政五年了,而这五年我们一直处于战争状态。可见我们是有成绩的。

这是容易理解的,因为农民拥护我们。很难有比农民更拥护我们的人了。农民知道,他们在世界上最痛恨的地主是拥护白卫分子的。所以农民十分热诚地拥护我们。使农民保卫我们、反对白卫分子,这是不难办到的。过去痛恨战争的农民,尽一切可能支援了抗击白卫分子的战争,抗击地主的国内战争。但这还是不够的,因为实质上这里所涉及的只是政权留在地主手里还是留在农民手里的问题。对我们来说,这是不够的。农民明白,我们是为工人夺取政权的,我们的目标是通过这个政权建立社会主义制度。所以对我们最重要的是为社会主义经济作好经济准备。我们不能用直接的方法来进行这种准备工作。我们不得不用迂回的方法来做到这一点。我们在我国实行的国家资本主义,是一种特殊的国家资本主义。它与国家资本主义的通常概念不同。我们掌握了一切经济命脉,我们掌握了土地,它已归国家所有。这一点是很重要的,不过我们的敌人却把它说得毫无意义。这是不对的。土地属于国家这一点是非常重要的,在经济上也有很大的实际意义。这一点我们已经做到了,我还要说,我们今后的一切活动都应当只在这些范围内展开。我们已经使我国农民满意了,使工业和商业都活跃起来了。我已经说过,我们的国家资本主义同从字面上理解的国家资本主义的区别就在于我们无产阶级国家不仅掌握了土地,而且掌握了一切最重要的工业部门。首先,我们租出去的只是一部分中小工业,其余的都掌握在我们手里。至于商业,我还想着重指出,我们在设法建立合营公司。我们已经在建立这种公司,这种公司的资本,一部分属于私人资本家,而且是外国资本家,另一部分属于我们。第一,我们通过这种方式可以学习做生意,这对我们是必要的。第二,如果我们认为必要,我们随时都可以取消这种公司,所以可以说,我们一点也不担风险。我们向私人资本家学习,仔细研究我们怎样才能提高,我们犯了哪些错误。我觉得,我能够谈的就是这一些。

另外,我还想谈几个不很重要的问题。毫无疑问,我们过去干了而且将来还会干出许多蠢事来。这一点,谁都不能比我判断得更好,看得更清楚。(笑声)为什么我们会干出蠢事来呢?这是不难理解的,因为第一,我们是个落后的国家。第二,我国的教育程度极低。第三,我们得不到外援。没有一个文明国家帮助我们,相反地,它们都在反对我们。第四,由于我们国家机关工作人员的过错。我们接收了旧的国家机关工作人员,这是我们的不幸。国家机关工作人员常常反对我们。事情是这样的,1917 年我们夺取政权之后,国家机关工作人员曾对我们实行怠工。当时我们被吓住了,便请求说:"请回到我们这儿来吧。"于是他们全都回来了,而这就是我们的不幸。现在我们有一大批职员,但是缺乏有相当真才实学的人来切实地管理他们。实际上经常发生这样的事情:在这里,在上面,在我们执掌国家政权的地方,机关工作人员还在勉强履行其职责,可是在下面,他们要怎么干就怎么干,而且常常反对我们的措施。在上面我们有多少自己人,我不知道,可是我想总共不过几千人,最多也不过几万人。但是在下面,却有几十万沙皇和资产阶级社会留下来的旧官吏,他们部分自觉地,部分不自觉地反对我们。在这方面,短时期内是没有办法的,这是毫无疑问的。在这方面我们要作多年的努力,才能改善机关,改变它的面貌并吸收新的力量。这个工作我们做得相当快,也许太快了。我们办了苏维埃学校和工人预科,有几十万青年在学习,也许学得太快了,但是,工作总算是开始了,我想,这个工作一定会收到成效。只要我们做得不是太匆忙,几年之后就可以培养出大批能根本改变我们机关面貌的青年来。

我说过,我们干了许多蠢事,但在这方面我也应当谈谈我们的敌人。如果我们的敌人责难我们说,列宁自己也承认布尔什维克干了许多蠢事,那我要回答说:是的,但是你们知道不知道,我们干的蠢事跟你们干的蠢事毕竟是全然不同的。我们刚刚开始学习,但我们是在进行系统的学习,我们深信,一定会取得良好的成绩。如果我们的敌人,即资本家和第二国际英雄们强调我们干的蠢事,那让我在这里引一位俄国著名作家的话来作个比喻,我把这句话稍微改动一下,改成这样:布尔什维克干蠢事,好比是布尔什维克说"二二得五",而布尔什维克的敌人,即资本家和第二国际英雄们干蠢事,就好比是他们说"二二得蜡烛"。[107]这是不难证明的。就拿美、英、法、日同高尔察克签订的条约来说吧。[108]请问世界上还有更文明更强大的国家吗？而结果怎么样了呢？它们不先盘算一下，不思索一下，也不观察一下，就答应帮助高尔察克。这是一次失败，我认为，即使从人的常识来看，这种失败也是难以理解的。

或者再拿凡尔赛和约这个更近更重要的例子来说吧。请问"了不起的""显耀的"列强究竟在这里干了一些什么呢？它们现在有什么办法来摆脱这种一团糟的混乱状态呢？我再说一遍，我们干的蠢事比起各资本主义国家、资本主义世界和第二国际一起干的蠢事来，简直算不了什么，我看这样说不是过甚其词。所以我认为，世界革命的前途（这是我应当简略论及的一个问题）是美好的，而且在一定的条件下，我认为还会更好一些。现在我就来谈谈这些条件。

在 1921 年第三次代表大会[109]上，我们通过了一个关于各国共产党的组织结构及其工作方法和内容的决议[110]。决议写得很好，但它几乎全是俄国味，也就是说，完全是根据俄国条件写出来的。这是它的好的一面，也是它的坏的一面。它所以坏，是因为我相信几乎没有一个外国人能把它读完。我在讲话之前，又把它读了一遍。第一，这个决议太长，有 50 多节。这种东西外国人通常是读不完的。第二，即使读完，也没有一个外国人能够读懂，因为俄国味太重。这倒不是因为它是用俄文写的——它已被出色地译成各种文字——而是因为它浸透了俄国气味。第三，即使作为例外，有个把外国人能读懂，他也无法执行。这是决议的第三个缺点。我同几个到这里来开会的代表谈过话，我虽然不能亲自参加大会——这对我来说是很可惜的，但是，我希望在代表大会今后的进程中，能够同更多的来自不同国家的代表详细谈谈。我觉得我们写出这样的决议是犯了一个很大的错误，就是我们自己给自己切断了今后走向成功的道路。我已经说过,决议写得很好,对它的 50 多节我都赞成。但是,我们不懂得,应该怎样把我们俄国的经验介绍给外国人。决议中所说的一切都成了一纸空文。如果我们不懂得这一点,我们就不能继续前进。我认为,对我们大家来说,无论是俄国同志还是外国同志,最重要的一点是,在俄国革命五年之后,我们应当学习。我们现在刚刚有了学习的机会。我不知道这个机会能够保持多久。我不知道资本主义列强能让我们安心学习多少时候。但是,我们应当利用不打仗、没有战争的每个时机来学习,而且要从头学起。

全党和俄国各个阶层都有求知的渴望,就可以证明这一点。这种学习的愿望说明我们今天最重要的任务就是学习再学习,外国同志们也应当学习,但不是像我们那样学习——我们必须学习读、写和理解读过的东西,这对我们还是需要的。有人在争论,这属于无产阶级文化,还是属于资产阶级文化?我不来答复这个问题。但是无论如何,我们必须首先学习读、写和理解读过的东西,这是毫无疑问的。外国人不需要这样做。他们需要更高深一点的东西,在这方面首先是他们也要理解我们关于共产党的组织结构所写的、他们没有读过也不理解就签了字的东西。这应当是他们的首要任务。必须执行这个决议。这不是一朝一夕所能办到的,那是绝对不可能的。决议的俄国味太浓了,它反映的是俄国经验,所以外国人完全不理解,他们也决不会满足于把这个决议像圣像那样挂在墙角,向它祷告。这样做是什么也得不到的。他们应当吸收一部分俄国经验。至于怎样才能做到这一点,我不知道。也许,例如意大利法西斯分子会帮我们很大的忙,因为他们会向意大利人说明,意大利人还不够文明,他们的国家还不能保证不出现黑帮[111]。也许,这是很有好处的。我们俄国人也应当设法向外国人解释这个决议的原理。不然的话,他们是绝对不能执行这个决议的。我坚信我们在这方面不但要向俄国同志说,而且也要向外国同志说:目前这个时期,最重要的是学习。我们的学习是一般的学习。他们的学习则应当是特殊的学习,是要真正理解革命工作的组织、结构、方法和内容。如果这一点做到了,我深信,世界革命的前途不但是美好的,而且是非常美好的。(热烈鼓掌,经久不息。高呼:"我们的列宁同志万岁!"再次热烈欢呼。)

载于 1922 年 11 月 15 日《真理报》第 258 号

选自《列宁选集》第 3 版修订版第 4 卷第 716—729 页

# 在莫斯科苏维埃全会上的讲话[112]

### （1922 年 11 月 20 日）

（热烈鼓掌，唱《国际歌》）同志们！我很遗憾，也很抱歉，没有能够更早地出席你们的会议。据我所知，几个星期以前你们就准备给我安排一次访问莫斯科苏维埃的机会。我没有来成，因为我自从去年 12 月生病以后[113]，用专业的语言来说，在相当长的时期内失去了工作能力，由于工作能力减退，我不得不把这次讲话一星期一星期地往后推。我还不得不把很大一部分工作——你们都还记得，这部分工作起初加在瞿鲁巴同志身上，后来加在李可夫同志身上——再加在加米涅夫同志身上。用一个我曾用过的比喻，应当说，是突然要加米涅夫同志拉两辆车。尽管——还用这个比喻——应当说，这是一匹非常能干的负重耐劳的马。（鼓掌）但是毕竟不该拉两辆车，所以我现在急切地等待瞿鲁巴同志和李可夫同志回来，我们好把工作分配[114]得稍微合理一点。由于工作能力减退，我了解工作情况用的时间要比我打算用的时间多得多。

1921 年 12 月我不得不完全停止工作，那已经是年底了。那时我们正实行向新经济政策的转变，当时就发现，这一转变虽然从 1921 年初就已开始，但是是相当困难的，我甚至可以说，是非常困难的。我们实行这一转变已经不止一年半了，好像应该到时候了，大多数人应该按照新的情况,特别是新经济政策的情况转到新的岗位并各就其位了。

在对外政策方面,我们的变动最少。在这方面我们继续执行从前采取的方针,我认为我可以问心无愧地向你们说,我们始终不渝地执行这个方针,而且取得了很大的成绩。不过关于这一点用不着向你们作详细报告,因为攻克符拉迪沃斯托克,接着举行的游行示威,以及几天前大家在报上看到的国家联邦宣言[115],都再清楚不过地证明我们在这方面用不着作任何改变。我们站在一条非常明确地划定的道路上,从而在世界各国面前保证自己取得了成功,尽管其中有几个国家直到现在还想声明不愿同我们坐在一张桌子旁。但是,经济关系和随之而来的外交关系正在建立起来,应该建立起来,而且一定会建立起来。凡是反对这样做的国家,都有落在别国后面的危险,也许在某些相当重要的问题上会有陷于不利地位的危险。这一点我们大家现在都看到了,而且不只是从报刊上看到。我想,同志们根据国外旅行得来的印象,也会相信发生的变化是多么大。用一个旧的比喻来说,在这方面我们可以说并没有换过车,既没有换过火车,也没有换过马车。

至于我们的国内政策,我们在 1921 年春换过一次车。这次换车是我们为压力极大的能说服人的情势所迫使的,因此我们之间对这次换车没有发生任何争执和意见分歧。但是这次换车还在继续给我们带来某些困难,要我说,是带来很大的困难。并不是因为我们怀疑转变是否必要,在这方面没有任何怀疑;也不是因为我们怀疑试行新经济政策是否能产生预期的效果。我可以十分肯定地说,不论在我们党内或在广大的非党工农群众中间,对这一点都没有任何怀疑。

就这一方面来说,并没有什么困难。困难在于我们面临的任务需要经常吸收新人,需要实行非常措施和非常办法才能完成。我们这里还有人怀疑某种做法是否正确,在某一方面也还会有改变,所以必须指出,这两种情况还要存在一个相当长的时期。"新经济政策"! 一个奇怪的名称。这个政策之所以叫新经济政策,是因为它在向后转。我们现在退却,好像是在向后退,但是我们这样做是为了先后退几步,然后再起跑,更有力地向前跳。只是在这一条件下,我们才在实行新经济政策时向后退。我们现在应该在什么地方和怎样重整队伍、适应情况、重新组织,以便在退却之后开始极顽强地向前进攻,这一点我们还不知道。为了恰当地进行所有这些行动,在作出决定之前就应当像俗语所说的,不是量十次而是量百次。需要这样做,是为了克服我们在解决一切任务和问题中所遇到的难以置信的困难。你们都很清楚,我们作出了多大的牺牲才取得了今天的成就;你们都知道,国内战争拖了多么久,消耗了多少力量。现在符拉迪沃斯托克的攻克向我们大家表明(要知道符拉迪沃斯托克虽远,毕竟是咱们的城市)(鼓掌多时),我们是众望所归,大家希望我们占领。这里和那里都是俄罗斯联邦。这种众望使我们得以粉碎国内敌人,击退向我们进攻的国外敌人。这里我说的是日本。

我们已经争取到一个十分确定的外交局面,这就是为全世界所承认的外交局面。这一点你们大家都看到了。你们都看到了成果,但是,为此费了多少时间啊! 现在,我们不论在经济政策或贸易政策上都使敌人承认了我们的权利。贸易协定的签订就证明了这一点。

一年半以前我们就走上了所谓新经济政策的道路,现在我们可以看出,为什么在这条道路上这样步履维艰。我们是生活在这样的情况下:国家遭到战争的严重破坏,完全脱离了常轨,经受了深重的灾难,我们现在不得不从极小极小的百分比,即战前的百分比来开始计算。我们用这个尺度来衡量我们的现实情况,这样有时就非常焦急烦躁,总以为这里的困难太大了。如果拿我们在这种情况下给自己提出的任务跟普通资产阶级国家的情况相比,那任务就显得更大了。我们提出这个任务,是因为我们知道,我们根本不指望得到富国的援助,虽然在这种情况下通常是可以得到这种援助的①。国内战争之后,我们差不多处在被抵制的状态,有人对我们说:我们不同你们保持我们习惯保持的、在资本主义世界里是正常的经济联系。

从我们走上新经济政策道路算起已过去一年半还多了,从我们签订第一个国际条约算起时间就更长了,但是整个资产阶级和各国政府对我们的抵制直到今天还在继续表现出来。当我们进入新的经济环境时,我们不能有什么别的指望,然而我们并不怀疑,我们必须转变,必须靠单独干来取得成就。资本主义强国所能给我们的和将要给我们的任何援助,不但不能使这种情况消失,而且大概在大多数情况下还会加深这种情况的严重程度——这一点是愈来愈清楚了。"单独干吧"——我们对自己这样说。"单独干吧"——几乎每一个同我们做过某种交易、订立过某种合同或者

---

① 在速记记录中接着是:"如果我们注意到通常叫做受援国的在这种情况下所承担的非常之高的所谓利息,那就更其如此了。这实际上同援助相去甚远。应当直截了当地说,这应该起一个远不如援助这样好听的名称才是。但是,连这种普通的条件对我们来说也是沉重的负担。"——俄文版编者注

开始某种谈判的资本主义国家,都对我们这样说。特殊的困难也就在这里。我们要认识到这种困难。我们用三年多异常艰苦、异常英勇的工作,建立了自己的国家制度。在我们迄今所处的情况下,我们没有工夫考虑我们是不是破坏得过多了,也没有工夫考虑牺牲会不会太大,因为牺牲已经够大了,因为那时开始的斗争(你们都很清楚,这一点用不着多讲了)是一场反对旧的社会制度的殊死斗争,我们反对这种旧制度,为的是争取生存与和平发展的权利。这种权利我们已经争得了。这不是我们自己说的,也不是有可能被指责为偏护我们的证人的证词。这是我们的敌人营垒中的证人的证词;他们当然有所偏护,只不过不是偏护我方,而是完全偏护另一方。这些证人在邓尼金营垒中待过,当过占领区的首领。我们知道,他们的偏护使我们付出了很大的代价,遭到了很多破坏。由于他们,我们遭到了各种各样的损失,我们失去了各种各样宝贵的东西,而最宝贵的是无数人的生命。现在,我们要十分用心地认清我们的任务,要了解当前的主要任务就是不放弃既得的成就。任何一个既得的成就我们都不放弃。(鼓掌)同时我们面临着崭新的任务,旧东西会成为直接的障碍。这个任务是最难弄明白的。但是必须弄明白,以便在需要千方百计达到目的时学会如何工作。同志们,我想,这些话和这些口号是可以理解的,因为在我病休的将近一年中,你们在处理自己手中的工作时实际上已从不同的角度,在千百种场合谈论过和思考过这个问题,我相信对这个问题的深入思考只能使你们得出一个结论:现在我们需要有比以前在国内战争中表现出来的更大的灵活性。

旧东西我们不应该拒绝。我们迁就资本主义强国而作的许多让步,使它们有充分的可能同我们来往,保证它们的利润,有时可能是比应得的更大的利润。同时,我们只从几乎全部掌握在国家手中的生产资料中让出不大的一部分。最近报上讨论了英国人厄克特提出的租让问题[106],他在国内战争中差不多一直是反对我们的。他曾说过:"我们要在对付俄国,对付那个竟敢如此这般剥夺我们的俄国的国内战争中达到我们的目的。"这一切过去之后,我们还得同他交往。我们并没有拒绝他们,我们非常愉快地接待了他们,但是我们告诉他们:"对不起,我们已经争得的东西决不会交回。我们俄国是这样辽阔,经济潜力又是这样雄厚,因此我们认为可以不拒绝你们盛情的建议,但是我们要像实业家那样冷静地讨论你们的建议。"诚然,我们的第一次谈话没有什么结果,由于政治上的原因我们不可能同意他的建议。我们不得不拒绝他。只要英国人不承认我们可以参与讨论达达尼尔海峡问题[116],我们就不得不拒绝,但是我们在拒绝后必须立即认真研究这个问题。我们讨论了这对我们是否有利,签订这种租让合同对我们是否有利,如果有利,那是在什么情况下。我们应当讲一讲价钱。同志们,这就清楚地向你们表明,我们处理问题现在应该和过去不同。从前一个共产党人说:"我要献出生命",他觉得这很简单,虽然往往并不那么简单。现在摆在我们共产党人面前的是截然不同的任务。我们现在对一切都要算计,每一个人都应当学会算计。处在资本主义环境里,我们应当算计怎样保证我们的生存,怎样才能从我们的敌人那里获得利益。敌人当然是要讨价还价的,他们永远不会忘记讨价还价,而讨价还价是为了占我们的便宜。这一点我们也不会忘记,我们决不会幻想某某地方的生意人会变成羔羊,而且会白白给我们各种好处。这种事是不会有的,我们也不盼望有这种事,我们指望的是,我们这些习惯于回击的人,在这里既然摆脱了困境,就要有本领做生意,有本领赚钱,有本领摆脱困难的经济状况。这是个很困难的任务。我们正在致力于这个任务。我希望我们能够清楚地认识到新旧任务之间的距离是多么大。不管这个距离多么大,但我们在战争中已经学会了巧妙周旋,而且应当明白我们现在面临的和正进行的周旋是最困难的一次,不过看来,这也是最后的一次了。我们要在这里考验一下自己的力量,要证明我们不是只会死背昨天学到的东西和重复过去的老一套。对不起,我们已经开始重新学习,要学到能够取得毫无疑义的、有目共睹的成绩。为了重新学习,我想现在我们应该再一次相互坚决保证:我们虽在新经济政策的名义下向后转了,但我们向后转时决不放弃任何新东西,同时又给资本家一些好处,从而使任何一个国家,不管它曾经怎样敌视我们,也不得不同意和我们做交易,同我们来往。克拉辛同志同厄克特这位整个武装干涉的头头和支柱多次谈过话,他说,厄克特过去作过种种尝试,无论如何要强迫我们在全俄恢复旧制度,现在却同他克拉辛坐下来一起谈判,并且开口就问:"什么价钱? 多少? 订多少年?"(鼓掌)这离签订一系列租让合同,进而建立十分严格的、牢靠的(从资产阶级社会的观点来看)合同关系还很远,但现在我们已经看到,我们正在朝这个方向走,快要走到了,可是还没有走到。同志们,应当肯定这一点,不过也不要骄傲。我们还远没有完全做到使自己成为强者,能独立自主,能很有把握地说,我们不怕任何资本主义的交易,不管这种交易多么难,我们也能做成,也能弄清它的实质并予以解决。因此,我们在这方面已开始的工作,无论政治工作或党的工作,都必须继续做下去,因此,我们必须抛弃旧的方法,改用崭新的方法。

我们这里的机关仍是旧的,我们现在的任务就是把它改造一新。我们不能一下子把它改造过来,但我们必须把我们现有的共产党员正确地分配好。要让这些共产党员掌握他们所在的机关,而不是像我们这里常见的那样,让机关掌握他们。这一点用不着隐瞒,应该坦率地说出来。这就是目前这个时候我们面临的任务和我们面临的困难,目前我们踏上了实干的道路,我们必须走向社会主义,但不是把它当做用庄严的色彩画成的圣像。我们必须采取正确的方针,必须使一切都经过检验,让广大群众,全体居民都来检验我们的道路,并且说:"是的,这比旧制度好。"这就是我们给自己提出的任务。我们的党同全国人口比起来,虽然人数很少,但是它把这个任务担负起来了。这个小小的核心给自己提出了改造一切的任务,它一定会完成这个任务。这不是空想,而是人们最关切的事业,我们已经证明了这一点。这一点我们大家都看到了,这一点已经做到。改造工作要做得让大多数劳动群众——农民和工人都说:"不是你们自夸,而是我们夸你们,我们说你们已经取得了最好的成绩,有了这个成绩,任何一个有理智的人都决不会想回到旧制度去了。"但是这一点还没有做到。**因此新经济政策仍然是当前主要的、迫切的、囊括一切的口号**。昨天学会的任何一个口号我们都不会忘记。我们可以泰然自若地、毫不犹豫地对任何人说这一点,我们走的每一步也都说明了这一点。但是我们还必须适应新经济政策。必须善于克服新经济政策的一切消极面,使之缩小到最低限度,这些消极面不用列举,你们都很清楚。必须善于精明地安排一切。我国的法律使我们完全可以做到这一点。我们会不会办事情呢?这还是一个远没有解决的问题。我们正在研究这个问题,我们的党报上每天都有十来篇文章写道:某个工厂、某个工厂主的租赁条件如何如何,而在我们共产党员同志当厂长的地方条件又如何如何。这是否有利？是否合算？我们已抓住日常问题的核心了，这就是一个巨大的收获。社会主义现在已经不是一个遥远将来，或者什么抽象图景，或者什么圣像的问题了。说到圣像，我们仍持原来那种否定的看法。我们把社会主义拖进了日常生活，我们应当弄清这一点。这就是我们当前的任务，这就是我们当今时代的任务。让我在结束讲话时表示一个信念：不管这个任务是多么困难，不管它和我们从前的任务比起来是多么生疏，不管它会给我们带来多少困难，只要我们大家共同努力，不是在明天，而是在几年之中，无论如何会解决这个任务，这样，新经济政策的俄国将变成社会主义的俄国。（长时间热烈鼓掌）

载于 1922 年 11 月 21 日《真理报》第 263 号

选自《列宁选集》第 3 版修订版第 4 卷第 730—738 页

# 论 合 作 社<sup>117</sup>

（1923 年 1 月 4 日和 6 日）

## 一

我觉得我们对合作社注意得不够。未必每个人都理解，现在，自从十月革命以来，不管新经济政策如何（相反，在这方面应该说，正是由于实行了新经济政策），合作社在我国有了非常重大的意义。旧日合作社工作者的理想中有很多幻想。他们常常由于这种幻想而显得可笑。可是他们的幻想究竟表现在什么地方呢？表现在这些人不懂得工人阶级为推翻剥削者统治而进行的政治斗争的根本意义。现在，我国已经推翻了剥削者的统治，因此，旧日合作社工作者的理想中许多曾经是幻想的，甚至是浪漫主义的或庸俗的东西，正在成为不加任何粉饰的现实。

在我国，既然国家政权操在工人阶级手中，既然全部生产资料又属于这个国家政权，我们要解决的任务的确就只剩下实现居民合作化了。正确坚信必须进行阶级斗争、为夺取政权进行斗争等等的人们曾合理嘲笑、讥讽和蔑视过的那种社会主义，现在在居民最大限度合作化的情况下，自然就能达到目的了。但并不是所有的同志都明了，俄国的合作化现在对我们有多么巨大的、不可估量的意义。在新经济政策中，我们向作为商人的农民作了让步，即向

1924 年 3 月 10 日《东方杂志》第 21 卷第 5 期封面和
该刊所载列宁《论合作社》一文的中译文（当时译《合作事业与新经济政策》）

私人买卖的原则作了让步;正是从这一点(这与人们所想的恰恰相反)产生了合作社的巨大意义。从实质上讲,在实行新经济政策的条件下,使俄国居民充分广泛而深入地合作化,这就是我们所需要的一切,因为现在我们发现了私人利益即私人买卖的利益与国家对这种利益的检查监督相结合的合适程度,发现了私人利益服从共同利益的合适程度,而这是过去许许多多社会主义者碰到的绊脚石。情况确实如此,国家支配着一切大的生产资料,无产阶级掌握着国家政权,这种无产阶级和千百万小农及极小农结成了联盟,这种无产阶级对农民的领导得到了保证,如此等等——难道这不是我们所需要的一切,难道这不是我们通过合作社,而且仅仅通过合作社,通过曾被我们鄙视为做买卖的合作社的——现时在新经济政策下我们从某一方面也有理由加以鄙视的——那种合作社来建成完全的社会主义社会所必需的一切吗?这还不是建成社会主义社会,但这已是建成社会主义社会所必需而且足够的一切。

我们许多做实际工作的人所估计不足的正是这一情况。在我国,人们还轻视合作社,还不了解:第一,在原则方面(生产资料所有权在国家手中),第二,在采用尽可能使**农民感到简便易行和容易接受的**方法过渡到新制度方面,这种合作社具有多么重大的意义。

而这又正是主要之点。幻想出种种工人联合体来建设社会主义,是一回事;学会实际建设这个社会主义,能让**所有**小农都参加这项建设,则是另一回事。我们现在达到的就是这级台阶。毫无疑义,我们虽然达到了这级台阶,却绝少利用它。

我们改行新经济政策时做得过头的地方,并不在于我们过分重视自由工商业的原则;我们改行新经济政策时做得过头的地方,在于我们忘记了合作社,在于我们现在对合作社仍然估计不足,在于我们已经开始忘记合作社在上述两方面的巨大意义。

我现在想跟读者谈一谈,从这个"合作社"原则出发,立即在实践上可以而且应当做到的是些什么事情。立即可以而且应当用哪些手段来着手发挥这个"合作社"原则,使得人人明白这一原则的社会主义意义。

在政策上要这样对待合作社,就是不仅使它能一般地、经常地享受一定的优待,而且要使这种优待成为纯粹资财上的优待(如银行利息的高低等等)。贷给合作社的国家资金,应该比贷给私人企业的多些,即使稍微多一点也好,甚至和给重工业等部门的一样多。

任何一种社会制度,只有在一定阶级的财政支持下才会产生。不待说,"自由"资本主义的诞生曾花了亿万卢布。目前我们应该特别加以支持的一种社会制度就是合作社制度,这一点我们现在必须认识到而且必须付诸行动。但是支持合作社制度就应该是名副其实的支持,就是说,把这种支持仅仅理解为支持任何一种合作社的流转是不够的,而应该理解为支持**确实有真正的居民群众参加**的合作社的流转。奖励参加合作社流转的农民,这种方式无疑是正确的,但同时应当检查农民参加的情况,检查参加的自觉性及其质量——这就是问题的关键所在。合作社工作者来到农村开设合作商店,严格地说,居民还完全没有参加这一工作,但同时出于个人得益的考虑,他们又会急于试试参加。

这个问题还有另外一面。为了使全体居民人人参加合作社的业务,并且不是消极地而是积极地参加,我们还须要完成在一个"文明的"(首先是识字的)欧洲人看来并不很多的工作。说实在的,我们要做的事情"仅有"一件,就是要使我国居民"文明"到能够懂得人人参加合作社的一切好处,并参加进去。"仅有"这一件事情而已。为了过渡到社会主义,目前我们并不需要任何其他特别聪明的办法。可是为要完成这一"仅有"的事情,就需要一场变革,需要有全体人民群众在文化上提高的一整个阶段。因此,我们的准则应该是尽量少卖弄聪明,尽量少要花样。在这一方面,新经济政策是一种进步,因为它适合最普通的农民的水平,它没有向他们提出什么更高的要求。但是,为了通过新经济政策使全体居民人人参加合作社,这就需要整整一个历史时代。在最好的情况下,我们度过这个时代也要一二十年。但这终究是一个特殊的历史时代,如果不经过这一历史时代,不做到人人识字,没有足够的见识,没有充分教会居民读书看报,没有做到这一点的物质基础,没有一定的保障,如防备歉收、饥荒等等的保障——没有以上这些条件,我们就达不到自己的目的。现在全部问题在于,要善于把我们已经充分表现出来而且取得完全成功的革命气势、革命热情,同(这里我几乎要说)做一个有见识的和能写会算的商人的本领(有了这种本领就足以成为一个优秀的合作社工作者)结合起来。所谓做商人的本领,我指的是做文明商人的本领。这一点是俄国人,或者直截了当说是农民应该牢牢记住的,他们以为一个人既然做买卖,那就是说有本领做商人。这种想法是根本不对的。他虽然在做买卖,但这离有本领做个文明商人还远得很。他现在是按亚洲方式做买卖,但是要能成为一个商人,就得按欧洲方式做买卖。他要做到这一点,还需要整整一个时代。

现在结束我的话:在经济、财政、银行方面给合作社以种种优惠,这就是我们社会主义国家对组织居民的新原则应该给予的支持。但这还只是一般地提出任务,因为在实践上这一任务的全部内容还是不清楚的,还没有详细规划出来,也就是说,应该善于找出我们对合作化的"奖励"方式(和奖励条件),找出我们能用来充分帮助合作社的奖励方式,找出我们能用来培养出文明的合作社工作者的奖励方式。而在生产资料公有制的条件下,在无产阶级对资产阶级取得了阶级胜利的条件下,文明的合作社工作者的制度就是社会主义的制度。

1923 年 1 月 4 日

二

每当我写到新经济政策问题时,我总要引我 1918 年那篇论国家资本主义的文章①。这曾不止一次地使某些青年同志产生疑问。但他们的疑问主要是在抽象的政治方面。

他们觉得,生产资料属于工人阶级,国家政权也属于这个工人阶级,这样的制度就不能叫做国家资本主义。但他们没有注意到,我所以用"国家资本主义"这个名称,**第一**,是为了指明我们现在的立场同我在与所谓左派共产主义者[26]论战时的立场之间有历史联系,而且那时我就已证明过,国家资本主义要高于我国当前的经济;我很重视判明普通的国家资本主义同我在帮助读者认识新经济政策时所说的那种特别的,甚至非常特别的国家资本主义之间的继承性的联系。**第二**,我一向很重视实际目的。而我国新经济

---

① 见《列宁选集》第 3 版修订版第 3 卷第 511—540 页。——编者注

政策的实际目的就是实行租让;在我国条件下,租让无疑就是纯粹的国家资本主义类型。我关于国家资本主义的看法就是这样。

不过事情还有另一方面,在谈这一方面时我们可能要涉及国家资本主义,或者说,至少要同国家资本主义作一对比。这就是合作社问题。

毫无疑问,合作社在资本主义国家条件下是集体的资本主义机构。同样毫无疑问,在我国目前的经济现实中,当我们把私人资本主义企业(但必须是建立在公有土地上的,必须是处在工人阶级的国家政权监督下的)同彻底的社会主义类型的企业(无论生产资料或企业占用的土地以及整个企业都属于国家)连接起来的时候,这里也就出现了第三种企业的问题,即合作企业的问题,从原则意义上说,这种企业以前是没有起过独立作用的。在私人资本主义下,合作企业与资本主义企业不同,前者是集体企业,后者是私人企业。在国家资本主义下,合作企业与国家资本主义企业不同,合作企业首先是私人企业,其次是集体企业。在我国现存制度下,合作企业与私人资本主义企业不同,合作企业是集体企业,但与社会主义企业没有区别,如果它占用的土地和使用的生产资料是属于国家即属于工人阶级的。

我们有些人在谈论合作社时,对于这一情况估计不足。他们常常忘记,由于我们国家制度的特点,合作社在我国具有非常重大的意义。如果把租让(顺便说一句,租让在我国并未得到多大的发展)单独划开,那么在我国的条件下合作社往往是同社会主义完全一致的。

现在来说明我的看法。为什么说自罗伯特·欧文以来所有的旧日合作社工作者的计划都是幻想呢?因为他们没有估计到阶级斗争、工人阶级夺取政权、推翻剥削者阶级的统治这样的根本问题,而梦想用社会主义来和平改造现代社会。因此我们有理由把这种"合作"社会主义看做彻头彻尾的幻想,把以为只要实行居民合作化就能使阶级敌人变为阶级朋友、使阶级战争变为阶级和平(所谓国内和平)的梦想,看做浪漫主义的,甚至庸俗的东西。

毫无疑问,从当代的基本任务看来,我们是正确的,因为不进行争取国家政权的阶级斗争,社会主义就不能实现。

但是你们看,现在国家政权既已掌握在工人阶级手里,剥削者的政权既已推翻,全部生产资料(除工人国家暂时有条件地自愿租让给剥削者的一部分生产资料外)既已掌握在工人阶级手里,情况就大不一样了。

现在我们有理由说,对我们来说,合作社的发展也就等于(只有上述一点"小小的"例外)社会主义的发展,与此同时我们不得不承认我们对社会主义的整个看法根本改变了。这种根本的改变表现在:从前我们是把重心放在而且也应该放在政治斗争、革命、夺取政权等等方面,而现在重心改变了,转到和平的"文化"组织工作上去了。如果不是因为国际关系,不是因为必须为我们在国际范围内的阵地进行斗争,我真想说,我们的重心转移到文化主义[118]上去了。如果把国际关系撇开不谈,只就国内经济关系来说,那么我们现在的工作重心的确在于文化主义。

我们面前摆着两个划时代的主要任务。第一个任务就是改造我们原封不动地从旧时代接收过来的简直毫无用处的国家机关;这种机关,我们在五年来的斗争中还来不及也不可能来得及认真加以改造。我们的第二个任务就是在农民中进行文化工作。这种在农民中进行的文化工作,就其经济目的来说,就是合作化。要是完全实现了合作化,我们也就在社会主义基地上站稳了脚跟。但完全合作化这一条件本身就包含有农民(正是人数众多的农民)的文化水平的问题,就是说,没有一场文化革命,要完全合作化是不可能的。

我们的敌人曾不止一次地对我们说,我们在一个文化不够发达的国家里推行社会主义是冒失行为。但是他们错了,我们没有从理论(一切书呆子的理论)所规定的那一端开始,我们的政治和社会变革成了我们目前正面临的文化变革、文化革命的先导。

现在,只要实现了这个文化革命,我们的国家就能成为完全社会主义的国家了。但是这个文化革命,无论在纯粹文化方面(因为我们是文盲)或物质方面(因为要成为有文化的人,就要有相当发达的物质生产资料的生产,要有相当的物质基础),对于我们说来,都是异常困难的。

1923 年 1 月 6 日

载于 1923 年 5 月 26 日和 27 日《真理报》第 115 号和第 116 号

选自《列宁选集》第 3 版修订版第 4 卷第 767—774 页

# 注　　释

**1**　这里选收了列宁有关俄共(布)第十次代表大会的两件文献。

俄共(布)第十次代表大会于1921年3月8—16日在莫斯科举行。参加代表大会的有717名有表决权的代表和418名有发言权的代表,共代表732 521名党员。列入代表大会议程的问题是:中央委员会的政治报告;中央委员会的组织报告;监察委员会的报告;政治教育总委员会和党的宣传鼓动工作;党在民族问题方面的当前任务;党的建设;工会及其在国家经济生活中的作用;关于以实物税代替余粮收集制;社会主义共和国在资本主义包围中;俄共(布)驻共产国际代表的报告;关于党的统一和无政府工团主义倾向;选举党的领导机关。此外,代表大会还听取了党史委员会的报告并在秘密会议上讨论了军事问题。这次代表大会通过了有关国家政治生活和经济生活的根本性问题的一些决定,规定了俄国从资本主义向社会主义过渡的具体途径。

列宁领导了代表大会的工作。他就大会议程上的主要问题——关于俄共(布)中央委员会的政治工作、关于以实物税代替余粮收集制、关于党的统一和无政府工团主义倾向——作了报告,并起草了大会的最重要的决议草案。大会根据列宁的报告通过了关于以实物税代替余粮收集制这一从战时共产主义转向新经济政策的具有历史意义的决议。代表大会特别重视党的统一问题。大会通过了列宁起草的《关于党的统一的决议》(见《列宁选集》第3版修订版第4卷第469—472页),要求立即解散削弱党、破坏党的统一的一切派别集团,并授权中央委员会对进行派别活动的中央委员采取直到开除出党的极端措施。大会还通过了列宁起草的《关于我们党内的工团主义和无政府主义倾向的决议》(同上,第473—476页),指出工人反对派的观点是小资产阶级无政府主义动摇性的表现。在党的建设方面,代表大会通过了扩大党内民主、改善党员素质的决定,并向中央委员会发出进行清党的指示。代表大会还通过了监察委员会条例,规定设立中央监察委员会和各省监察委员会,这对于巩固党和改善国家机关有重要意义。

代表大会总结了工会问题的争论,以绝大多数票通过了《关于工会的作用和任务的决议》。这个决议重申了工会是共产主义的学校的论点,规定了工会的作用和任务,并提出了扩大工会民主的措施。代表大会还通过了《党在民族问题方面的当前任务的决议》,要求彻底消除从前的被压迫民族的事实上的不平等现象,并谴责了大国沙文主义和地方民族主义这两种在民族问题上的错误倾向。代表大会选出了由25名委员和15名候补委员组成的新的中央委员会。——3。

**2** 关于以实物税代替余粮收集制的问题最初是在1921年2月8日俄共(布)中央政治局会议上提出的。这次会议听取了恩·奥新斯基《关于播种运动和农民状况的报告》,研究了改善农民状况的问题,并成立了一个专门委员会来起草关于这个问题的决议。在这次会议上,列宁给专门委员会写了一个题为《农民问题提纲初稿》的文件,其中表述了以实物税代替余粮收集制的基本原则(见《列宁全集》中文第2版第40卷第338页)。2月16日,中央政治局又决定,在《真理报》上就以实物税代替余粮收集制的问题进行公开讨论。第一批讨论文章于2月17日和26日发表。

2月19日,中央政治局讨论了专门委员会拟定的关于以实物税代替余粮收集制的决议草案,决定将草案提交中央全会审议。2月24日,俄共(布)中央全会审议并原则上通过了这一决议草案。会议指派一个新的委员会再次对该草案从细节上进行修订。

在专门委员会起草决议期间,列宁接见了一些农民和农民代表团,认真听取了他们对粮食政策的建议和要求。3月3日,列宁对专门委员会拟定的决议草案第二稿提出了三点修改意见(见《列宁全集》中文第2版第41卷第357—358页)。3月7日,中央全会再次审查了决议草案,并将草案交给由列宁主持的专门委员会最后定稿。3月15日,俄共(布)第十次代表大会一致通过了《关于以实物税代替余粮收集制的决议》(参看《苏联共产党代表大会、代表会议和中央全会决议汇编》1964

年人民出版社版第 2 分册第 105—107 页）。——4。

**3**　指 1918 年 10 月 26 日人民委员会通过,1918 年 10 月 30 日全俄中央执行委员会批准的关于征收实物税的法令(公布于 1918 年 11 月 14 日《全俄中央执行委员会消息报》)。这个法令是根据列宁 1918 年 8 月 2 日写的《关于粮食问题的提纲》(见《列宁全集》中文第 2 版第 35 卷第 27—29 页)起草的。——5。

**4**　社会革命党人是俄国最大的小资产阶级政党社会革命党的成员。该党是 1901 年底—1902 年初由南方社会革命党、社会革命党人联合会、老民意党人小组、社会主义土地同盟等民粹派团体联合而成的。成立时的领导人有马·安·纳坦松、叶·康·布列什柯-布列什柯夫斯卡娅、尼·谢·鲁萨诺夫、维·米·切尔诺夫、米·拉·郭茨、格·安·格尔舒尼等,正式机关报是《革命俄国报》(1901—1904 年)和《俄国革命通报》杂志(1901—1905 年)。社会革命党人的理论观点是民粹主义和修正主义思想的折中混合物。他们否认无产阶级和农民之间的阶级差别,抹杀农民内部的矛盾,否认无产阶级在资产阶级民主革命中的领导作用。在土地问题上,社会革命党人主张消灭土地私有制,按照平均使用原则将土地交村社支配,发展各种合作社。在策略方面,社会革命党人采用了社会民主党人进行群众性鼓动的方法,但主要斗争方法还是搞个人恐怖。为了进行恐怖活动,该党建立了事实上脱离该党中央的秘密战斗组织。

　　在 1905—1907 年俄国第一次革命中,社会革命党曾在农村开展焚烧地主庄园、夺取地主财产的所谓"土地恐怖"运动,并同其他政党一起参加武装起义和游击战,但也曾同资产阶级的解放社签订协议。在国家杜马中,该党动摇于社会民主党和立宪民主党之间。该党内部的不统一造成了 1906 年的分裂,其右翼和极左翼分别组成了人民社会党和最高纲领派社会革命党人联合会。在斯托雷平反动时期,社会革命党经历了思想上、组织上的严重危机。在第一次世界大战期间,社会革命党的大多数领导人采取了社会沙文主义的立场。1917 年二月革命后,社会革命党中央实行妥协主义和阶级调和的政策,党的领导人亚·费·克伦斯基、尼·德·阿夫克森齐耶夫、切尔诺夫等参加了资产阶级临时政府。七月事变时期该党公开转向资产阶级方面。社会革命党中央的妥协政策造成党的分裂,左翼于 1917 年 12 月组成了一个独立政党——左派社会革命党。十月革命后,社会革命党人(右派和中派)公开进行反苏维埃的活动,在国内战争时期进行反对苏维埃政权的武装斗争,对共产党和苏维埃政权的领导人实行个人恐怖。内战结束后,他们在“没有共产党人参加的苏维埃”的口号下组织了一系列叛乱。1922年,社会革命党彻底瓦解。——15、79、98、108、176、200。

5　俄共(布)第九次代表大会于 1920 年 3 月 29 日—4 月 5 日在莫斯科举行。参加代表大会的共有 715 名代表,其中有表决权的代表 553 名,有发言权的代表 162 名,共代表 611 978 名党员。这次代表大会是在红军取得了反对外国武装干涉和国内反革命的决定性胜利、苏维埃俄国获得了暂时的和平喘息时机的条件下召开的。大会主要议程是:中央委员会的工作报告;经济建设的当前任务;工会运动;组织问题;共产国际的任务;对合作社的态度;向民兵制过渡;选举中央委员会。列宁直接领导了代表大会的工作,作了中央委员会的工作报告,并就经济建设、合作社等问题发了言。

这次代表大会的中心议题是经济建设问题,即从军事战线的斗争转向劳动战线的斗争、战胜经济破坏、恢复和发展国民经济的问题。列·达·托洛茨基作了关于经济建设的当前任务的报告。大会就这个问题通过的决议指出,苏维埃俄国经济恢复的基本条件是贯彻执行最近一个历史时期的统一的经济计划。决议规定了完成统一计划的各项根本任务的先后顺序:(1)首先是改善运输部门的工作,调运和储备必要的粮食、燃料和原料;(2)发展为运输业和获取燃料、原料、粮食服务的机器制造业;(3)加紧发展为生产日用品服务的机器制造业;(4)加紧生产日用品。实现国家电气化在统一经济计划中居于重要地位;大会通过了关于制定电气化计划的指示。

代表大会要求各级党组织执行俄共(布)中央关于给运输部门调配5 000 名优秀的经过考验的共产党员的指令,并决定动员这次代表大会的 10% 的代表投入运输战线。代表大会决定把 1920 年的“五一”节(适逢星期六)定为全俄星期六义务劳动日。

代表大会批准了俄共(布)中央关于动员工业无产阶级、实行劳动义务制、经济军事化以及为经济需要动用军队等问题的提纲,责成党组织帮助工会和劳动部门统计全部熟练工人,以便吸收他们参加生产,同时否决了托洛茨基关于把成立劳动军作为保证国民经济劳动力的唯一良策和把军事方法搬用于和平经济建设的意见。代表大会十分重视生产管理的组织问题。大会就这个问题通过的决议指出,必须在一长制的基础上建立熟悉业务、坚强得力的领导。以季·弗·萨普龙诺夫等为代表的民主集中派反对在企业中实行一长制和个人负责制,坚持无限制的集体管理制,同时也反对使用旧专家,反对国家的集中管理,他们得到了阿·伊·李可夫、米·巴·托姆斯基、弗·巴·米柳亭、阿·洛莫夫等的支持。大会谴责和拒绝了民主集中派的建议。

代表大会在关于工会问题的决议中明确规定了工会的作用、工会同国家和党的相互关系、共产党领导工会的形式和方法以及工会参加经济建设的方式,在关于合作社问题的决议中要求巩固党在合作社组织中的领导地位。

代表大会还作出了关于出版《列宁全集》的决定。

4月4日,在大会秘密会议上选出了由19名委员和12名候补委员组成的新的中央委员会。——15。

6　列宁起草的关于合作社的决议草案于1921年3月15日在俄共(布)第十次代表大会的第十四次会议上通过。——15。

7　粮食人民委员部即俄罗斯联邦粮食人民委员部,成立于1917年10月26日(11月8日)。它的基本任务是收购粮食、供应居民一切日用必需品和食品。粮食人民委员部的地方机构是苏维埃执行委员会所属的粮食委员会、农村的贫苦农民委员会。随着苏联的成立,于1923年建立了苏联粮食人民委员部,而俄罗斯联邦粮食人民委员部则隶属于它,享有统一人民委员部的职权。1924年粮食人民委员部被撤销,而它的职能则转交给新成立的俄罗斯联邦国内商业人民委员部。——16。

8　俄共(布)第十次代表大会《关于以实物税代替余粮收集制的决议》的第8条确定了关于地方流转自由的基本原则(参看《苏联共产党代表大会、代表会议和中央全会决议汇编》1964年人民出版社版第2分册第107页)。——16。

**9**　这句话显然是温·丘吉尔说的。1920 年访问苏维埃俄国的英国雕塑家克·谢里登向列宁转述了这句话。——17。

**10**　劳动国防委员会是苏俄人民委员会的机关,负责指导经济系统各人民委员部和国防主管部门的活动,1920 年 4 月在工农国防委员会的基础上成立。根据全俄苏维埃第八次代表大会通过的条例,劳动国防委员会享有俄罗斯联邦人民委员会直属委员会的权利。它在地方上的机关是各级经济会议。劳动国防委员会的成员包括人民委员会主席(兼劳动国防委员会主席),陆军、交通、农业、粮食、劳动、工农检查等人民委员,最高国民经济委员会主席,全俄工会中央理事会主席和中央统计局局长(有发言权)。列宁是第一任劳动国防委员会主席。劳动国防委员会存在到 1937 年 4 月。——21、96、224。

**11**　俄罗斯联邦人民委员会中央统计局是根据 1918 年 7 月 25 日人民委员会的命令成立的。中央统计局受委托对国民经济各个部门进行统计、制作和加工调查材料、出版统计方面的年鉴和其他定期出版物。1921 年 3 月 19 日中央统计局受委托对各人民委员部和主管部门所组建的一切部际委员会进行登记。3 月 3 日,所有苏维埃共和国的统计工作实行统一计划,中央统计局的工作与各加盟共和国和自治共和国的统计机关的工作就结合起来了。俄罗斯联邦中央统计局的地方机构,在 1918—1923 年是各级苏维埃执行委员会所属的省的、县的和市的统计局。1923 年建立了全苏机构即苏联人民委员会中央统计局,该局主持全国的全部统计工作。俄罗斯联邦中央统计局则予以撤销。——22。

**12**　指喀琅施塔得暴动。

　　喀琅施塔得暴动是 1921 年 2—3 月间在俄国波罗的海海军要塞喀琅施塔得发生的反革命叛乱。这一叛乱是社会革命党人、孟什维克、无政府主义者和白卫分子在外国帝国主义者支持下策动的。卷入叛乱的约有 27 000 名水兵和士兵。当时波罗的海舰队中参加过十月革命的水兵大都上了国内战争的前线,新补充的水兵多半来自农民,不少人受到小资产阶级无政府主义的影响。所以这次叛乱反映了农民对战时共产主义政策的不满和他们在政治上的动摇。叛乱分子的首领提出了"没有共产党人参加的苏维埃"的口号,指望由小资产阶级政党掌握政权,这实际上意味着推翻无产阶级专政并为公开的白卫统治和复辟资本主义创造条件。2月28日和3月1日,叛乱分子的首领召开大会,通过决议,要求让所谓"左派社会主义政党"自由活动,取消政治委员,允许自由贸易,改选苏维埃。3月2日,叛乱分子逮捕了舰队指挥人员,占领了喀琅施塔得,给彼得格勒的安全造成了严重威胁。俄共(布)中央和苏维埃政府为平定叛乱采取了紧急措施。3月2日宣布彼得格勒特别戒严。3月5日重组第7集团军,由米·尼·图哈切夫斯基任司令员,负责平息叛乱。正在开会的俄共(布)第十次代表大会派出克·叶·伏罗希洛夫等约300名有军事经验的代表加强第7集团军。经过激烈的战斗,叛乱于3月18日被彻底粉碎。——23、40、86。

**13** 这是列宁在全俄工会中央理事会共产党党团会议上就租让问题所作的三次讲话。

　　鉴于部分工会工作人员对租让政策不够理解,思想上发生一些动摇,而亚·加·施略普尼柯夫和达·波·梁赞诺夫又在进行反对租让的鼓动,全俄工会中央理事会共产党党团于1921年4月11日开会讨论了租让问题和工人在租让企业中的地位问题。列宁在会上的这些讲话批评了施略普尼柯夫和梁赞诺夫,对明确苏维埃国家租让政策的实质和意义起了很大作用。——25。

**14** 关于必须制定租让合同的基本原则的问题,是在人民委员会1921年2月1日通过有关租让巴库和格罗兹尼的油田的决定时提出的。原来委托最高国民经济委员会主席阿·伊·李可夫拟订租让合同的基本原则的草案。由于草案迟迟订不出来,列宁就在深入研究有关材料的基础上,于3月底亲自拟了草案。人民委员会根据列宁的草案于1921年3月29日通过了关于租让合同的基本原则的决定。——27。

**15** 指英国矿工大罢工和德国的三月事件。

　　英国矿工大罢工发生于1921年4—6月。1921年3月24日,英国政府通过一项法令,停止国家在战时实行的对煤矿的管制。3月31日,矿主以同盟歇业相威胁,向工人发出最后通牒,要求将工资降低30%,有些地区降低50%。4月1日,矿工们开始罢工,参加人数达百万以上。

政府在罢工的第一天就宣布全国处于紧急状态,并派军队进驻煤矿区。

一些主要工业部门的工人和运输业的工人决定于4月15日举行声援罢工。但是,改良主义的首领们在这一天取消了罢工。英国工人把工会领袖们破坏罢工的这一天称为"黑色的星期五"。矿工们又继续进行了9个星期的斗争,于6月底被迫复工。

德国的三月事件是指1921年3月德国中部工人的革命斗争。德国共产党在德国中部地区影响很大。德国政府当局为了镇压这里的革命运动,于3月18日派遣公安警察和国防军开进这个地区,占领了一些重要企业。德共梅泽堡专区党组织于3月21日号召以总罢工回答这个挑衅。罢工在几天之内扩展到整个德国中部,并在许多地区变成工人反对反动派的武装斗争。德国中部地区工人的这次斗争坚持到4月1日,终因敌我力量悬殊而被镇压下去。一百多名工人惨遭屠杀,几千名工人被投入牢狱。列宁对德国三月事件的评论还见他在共产国际第三次代表大会上作的《捍卫共产国际策略的讲话》和他的《给德国共产党员的一封信》(见《列宁全集》中文第2版第42卷)。——32。

**16**　看来是指米·巴·托姆斯基和阿·季·哥尔茨曼。——42。

**17**　工人反对派是俄共(布)党内的一个无政府工团主义集团,主要代表人物是亚·加·施略普尼柯夫、谢·巴·梅德维捷夫、亚·米·柯伦泰等。工人反对派作为派别组织是在1920—1921年的工会问题争论中形成的,但是这一名称在1920年9月俄共(布)第九次全国代表会议上即已出现。工人反对派的纲领则早在1919年就已开始形成。在1920年3—4月举行的俄共(布)第九次代表大会上,施略普尼柯夫提出了一个关于俄共(布)、苏维埃和工会之间关系的提纲,主张由党和苏维埃管政治,工会管经济。在1920年12月30日全俄苏维埃第八次代表大会俄共(布)党员代表、全俄工会中央理事会党员委员及莫斯科工会理事会党员委员联席会议上,施略普尼柯夫要求将国民经济的管理交给工会。将工人反对派的观点表达得最充分的是柯伦泰在俄共(布)第十次代表大会前出版的小册子《工人反对派》。它要求把整个国民经济的管理交给加入各产业工会的全俄生产者代表大会,由他们选举出中央机关来管理共和国的整个国民经济;各个国民经济管理机关也分别由相应的工会选举产生,而且党政机关不得否决工会提出的候选人。工人反对派曾一度得到部分工人的支持。1920 年 11 月,在俄共(布)莫斯科省代表会议上,它的纲领获得了 21%的票数。1921 年初,在全俄矿工第二次代表大会共产党党团会议上则获得 30%的票数。由于党进行了解释工作,工人反对派的人数到俄共(布)第十次代表大会时已大大减少,它的纲领在这次代表大会上得票不足 6%。第十次代表大会批评了工人反对派的观点,并决定立即解散一切派别组织。但施略普尼柯夫、梅德维捷夫等在这次代表大会后仍继续保留非法组织,并且在 1922 年 2 月向共产国际执行委员会递送了一份题为《二十二人声明》的文件。1922 年俄共(布)第十一次代表大会从组织上粉碎了工人反对派。 ——43、198。

**18**　布列斯特和约是 1918 年 3 月 3 日苏维埃俄国在布列斯特——里托夫斯克同德国、奥匈帝国、保加利亚和土耳其签订的条约,3 月 15 日经全俄苏维埃第四次(非常)代表大会批准。和约共 14 条,另有一些附件。根据和约,苏维埃共和国同四国同盟之间停止战争状态。波兰、立陶宛全部、白俄罗斯和拉脱维亚部分地区脱离俄国。苏维埃俄国应从拉脱维亚和爱沙尼亚撤军,由德军进驻。德国保有里加湾和蒙海峡群岛。苏维埃军队撤离乌克兰、芬兰和奥兰群岛,并把阿尔达汉、卡尔斯和巴统各地区让与土耳其。苏维埃俄国总共丧失 100 万平方公里土地(含乌克兰)。此外,苏维埃俄国必须复员全部军队,承认乌克兰中央拉达同德国及其盟国缔结的和约,并须同中央拉达签订和约和确定俄国同乌克兰的边界。布列斯特和约恢复了对苏维埃俄国极其不利而对德国有利的 1904 年的关税税率。1918 年 8 月 27 日在柏林签订了俄德财政协定,规定俄国必须以各种形式向德国交付 60 亿马克的赔款。布列斯特和约是当时刚建立的苏维埃政权为了摆脱帝国主义战争,集中力量巩固十月革命取得的胜利而实行的一种革命的妥协。这个和约的签订,虽然使苏维埃俄国受到割地赔款的巨大损失,但是没有触动十月革命的根本成果,并为年轻的苏维埃共和国赢得了和平喘息时机去巩固无产阶级专政,整顿国家经济和建立正规红军,为后来击溃白卫军和帝国主义的武装干涉创造了条件。1918 年德国十一月革命推翻了威廉二世的政权。1918 年 11 月 13 日,全俄中央执行委员会宣布废除布列斯特和约。——43、55、103、109、133、157。

**19** 指格鲁吉亚革命委员会和格鲁吉亚孟什维克政府的代表在库塔伊西签订的条约。1921 年 2 月 25 日,红军第 11 集团军和格鲁吉亚起义军攻入梯弗利斯,格鲁吉亚孟什维克政府退到了巴统。格鲁吉亚革命委员会和孟什维克政府于 1921 年 3 月 17—18 日举行谈判,签订了这个条约。但格鲁吉亚孟什维克政府领导人于 3 月 18 日即逃往国外。——45。

**20** 凡尔赛条约即第一次世界大战后英、法、意、日等国对德和约,于 1919 年 6 月 28 日在巴黎郊区凡尔赛宫签订。和约的主要内容是,德国将阿尔萨斯—洛林归还法国,萨尔煤矿归法国;德国的殖民地由英、法、日等国瓜分;德国向美、英、法等国交付巨额赔款;德国承认奥地利独立;限制德国军备,把莱茵河以东 50 公里的地区划为非军事区。中国虽是战胜国,但和约却把战前德国在山东的特权交给了日本。这种做法遭到了中国人民的强烈反对,中国代表因而没有在和约上签字。列宁认为凡尔赛和约"是一个闻所未闻的、掠夺性的和约,它把亿万人,其中包括最文明的一部分人,置于奴隶地位"(见《列宁全集》中文第 2 版第 39 卷第 352 页)。——46、103、159、241。

**21** 指阿姆斯特丹工会国际的活动家。阿姆斯特丹工会国际是改良主义工会的国际联合组织,于 1919 年 7 月在阿姆斯特丹(荷兰)国际工会代表会议上成立,1945 年底正式宣布解散。——47。

**22** 《前进报》(《Вперед》)是俄国孟什维克报纸(日报),1917 年 3 月起在莫斯科出版。该报最初是孟什维克莫斯科组织的机关报,后来是俄国社会民主工党(孟什维克)莫斯科组织委员会和中部区域委员会的机关报。从 1918 年 4 月 2 日起,是孟什维克中央委员会的机关报,尔·马尔托夫、费·伊·唐恩和亚·萨·马尔丁诺夫都参加了该报编辑部。1918 年 5 月 10 日,根据全俄肃反委员会的决定,该报被查封,领导人被送交法庭审判。5 月 14 日,该报改称《永远前进报》,出了一号。1919 年 1 月 22 日—2 月 25 日继续出版。1919 年 2 月,根据全俄中央执行委员会的决定被最终查封(决定草案是列宁写的,见《列宁全集》中文第 2 版第 35 卷第 475—476 页)。——47、62。

**23**　第二半国际是在革命群众压力下退出了伯尔尼国际的各国中派社会党的国际组织。这一组织是在 1921 年 2 月 22—27 日举行的维也纳代表会议上成立的,通称维也纳国际,正式名称是社会党国际联合会。参加这一组织的有英国独立工党、德国独立社会民主党等十多个中派社会党以及俄国的孟什维克和社会革命党。奥地利社会民主党的弗·阿德勒任总书记。成立第二半国际的真正目的是阻碍广大群众转向共产国际。第二半国际的领袖们(阿德勒、奥·鲍威尔、罗·格里姆、阿·克里斯平、让·龙格、尔·马尔托夫、维·米·切尔诺夫等)口头上批评第二国际,实际上在无产阶级运动的一切主要问题上都执行机会主义的中派路线。1923 年 5 月,在革命浪潮开始低落的形势下,第二半国际同伯尔尼国际合并为社会主义工人国际。——47、84、101、154、173、182。

**24**　国际工会理事会是根据共产国际执行委员会和全俄工会中央理事会的倡议于 1920 年 7 月在莫斯科成立的革命工会联合组织,1921 年 7 月在国际工会第一次代表大会上改名为红色工会国际。——50。

**25**　《论粮食税(新政策的意义及其条件)》这本小册子是在俄共(布)第十次代表大会闭幕后不久于 1921 年 3 月底开始写的,4 月 21 日完稿。小册子于 5 月初由国家出版社刊印,接着又发表于 6 月出版的《红色处女地》杂志第 1 期。苏俄各地出版社随后相继翻印,中央和地方的报刊也都全文或摘要转载。同年,小册子被译成德文、法文和英文,刊载于《共产国际》杂志第 17 期。

　　俄共(布)中央曾专门作出决定,要求各级党委按照列宁《论粮食税》的基本精神向劳动人民解释新经济政策的实质和意义。——55。

**26**　"左派共产主义者"是俄共(布)党内的一个左倾机会主义集团,产生于1918 年 1 月。核心人物是尼·伊·布哈林、安·谢·布勃诺夫、阿·洛莫夫、瓦·瓦·奥博连斯基、叶·阿·普列奥布拉任斯基、卡·伯·拉狄克、格·列·皮达可夫等。"左派共产主义者"极力反对列宁在 1918年初提出的尽快同德国媾和的建议,认为同帝国主义国家媾和在原则上是不允许的,力主当时还没有军队的年轻的苏维埃共和国继续同德国作战。他们把德国革命将会爆发设想为在最近某个短时期内就要爆发,认为德国政府很快会被德国革命所推翻。列宁在批评"左派共产主义者"的冒险主张时多次指出,相信德国革命成熟和宣布德国革命已经成熟,这是完全不同的两回事。

　　1918 年 4 月,以布哈林为首的"左派共产主义者"发表《目前形势的提纲》来对抗列宁的《关于苏维埃政权的当前任务的提纲》。他们否认过渡时期的必要性,主张用"对资本实行骑兵突击"、颁布相应的法令和"生活公社化"的办法立即"实行"社会主义,反对利用国家资本主义,反对使用资产阶级专家,建议完全摧毁银行信贷机构,加速废除货币,等等。列宁在《论"左派"幼稚性和小资产阶级性》一文中批评了他们的错误观点(见《列宁选集》第 3 版修订版第 3 卷)。1918 年夏末,"左派共产主义者"公开承认了自己的错误。——55、186、264。

**27**　左派社会革命党人是俄国小资产阶级政党社会革命党的左翼,于 1917 年 12 月 2 日(15 日)组成了独立的政党,其领袖人物是玛·亚·斯皮里多诺娃、波·达·卡姆柯夫和马·安·纳坦松。

　　左派社会革命党人这一派别在第一次世界大战中形成,1917 年七月事变后迅速发展,在十月革命中加入了军事革命委员会,参加了武装起义。在全俄苏维埃第二次代表大会上,左派社会革命党人在社会革命党党团中是多数派。当右派社会革命党人遵照社会革命党中央的指示退出代表大会时,他们仍然留在代表大会中,并且在议程的最重要的问题上和布尔什维克一起投票。但是在参加政府的问题上,他们拒绝了布尔什维克的建议,而同孟什维克国际主义派一起要求建立有社会革命党、孟什维克和布尔什维克参加的所谓"清一色的社会党人政府"。左派社会革命党人在长期犹豫之后,为了保持他们在农民中的影响,决定参加苏维埃政府。经过布尔什维克和左派社会革命党人的谈判,1917 年底有 7 名左派社会革命党人加入了人民委员会,而左派社会革命党人也保证在自己的活动中实行人民委员会的总政策。

　　左派社会革命党人虽然走上和布尔什维克合作的道路,但是反对无产阶级专政,在建设社会主义的一些根本问题上同布尔什维克有分歧。1918 年初,左派社会革命党人反对签订布列斯特和约,在同年 3 月苏维埃第四次(非常)代表大会批准布列斯特和约后退出了人民委员会,但仍留在中央执行委员会和其他苏维埃机关中。左派社会革命党人也反对苏维埃政权关于在企业和铁路部门中建立一长制和加强劳动纪律的措施。1918 年夏天,随着社会主义革命在农村中的展开和贫苦农民委员会的建立,左派社会革命党人中的反苏维埃情绪开始增长。1918 年 6 月 24 日,左派社会革命党中央通过决议,提出用一切可行的手段来"纠正苏维埃政策的路线"。接着,左派社会革命党人于 1918 年 7 月 6 日在莫斯科发动了武装叛乱。这次叛乱被粉碎之后,全俄苏维埃第五次代表大会通过决议,把那些赞同其上层领导路线的左派社会革命党人从苏维埃开除出去。左派社会革命党的很大一部分普通党员甚至领导人并不支持其领导机构的冒险主义行动。1918 年 9 月,一部分采取同布尔什维克合作立场的左派社会革命党人组成了民粹派共产党和革命共产党。这两个党的大部分党员后来参加了俄共(布)。20 年代初,左派社会革命党不复存在。——58。

28　《新生活报》(《Новая Жизнь》)是由一批孟什维克国际主义者和聚集在《年鉴》杂志周围的作家创办的俄国报纸(日报),1917 年 4 月 18 日(5 月 1 日)起在彼得格勒出版,1918 年 6 月 1 日起增出莫斯科版。出版人是阿·谢列布罗夫(阿·尼·吉洪诺夫),编辑部成员有马·高尔基、谢列布罗夫、瓦·阿·杰斯尼茨基、尼·苏汉诺夫,撰稿人有弗·亚·巴扎罗夫、波·瓦·阿维洛夫、亚·亚·波格丹诺夫等。在 1917 年 9 月 2—8 日(15—21 日)被克伦斯基政府查封期间,曾用《自由生活报》的名称出版。十月革命以前,该报的政治立场是动摇的,时而反对临时政府,时而反对布尔什维克。该报对十月革命和建立苏维埃政权抱敌对态度。1918 年 7 月被查封。——62。

29　套中人是俄国作家安·巴·契诃夫的同名小说的主人公别利科夫的绰号。此人对一切变动担惊害怕,忧心忡忡,一天到晚总想用一个套子把自己严严实实地包起来。后被喻为因循守旧、害怕变革的典型。——66。

30　立宪会议是议会式机关。召开立宪会议的要求是十二月党人最早提出的,以后在反对沙皇专制制度的斗争中得到了广泛的传播。俄国社会民主工党 1903 年纲领也列入了这项要求。

　　1917 年二月革命后,一方面,小资产阶级和资产阶级政党用召开立宪会议的诺言诱使群众放弃革命斗争,断言立宪会议能通过立法方法解决一切经济和政治问题,而另一方面,资产阶级临时政府害怕比社会革命党左的农民将在立宪会议中占多数,又阻挠立宪会议的召开。布尔什维克党在不否定召开立宪会议的主张的同时,号召群众进行革命斗争,指出在资产阶级民主革命向社会主义革命发展的条件下,现实生活和革命本身将把立宪会议推到后台。

　　十月革命后,布尔什维克党采取让小资产阶级群众通过自身经验来消除资产阶级立宪幻想的方针。1917 年 10 月 27 日(11 月 9 日),人民委员会认可了上述立宪会议选举日期。选举于 11—12 月举行,在某些边远地区于 1918 年 1 月举行。社会革命党在选举中得到了多数席位,但这并不反映当时真正的政治力量对比。反革命势力提出了"全部政权归立宪会议!"的口号来反对苏维埃政权。虽然如此,布尔什维克党仍决定召开立宪会议。1918 年 1 月 5 日(18 日),立宪会议在彼得格勒塔夫利达宫开幕。以维·米·切尔诺夫为首的社会革命党中派在会上占优势。立宪会议的反革命多数派拒绝讨论全俄中央执行委员会提出的《被剥削劳动人民权利宣言》,不承认全俄工兵代表苏维埃第二次代表大会通过的苏维埃政权的法令。布尔什维克党团当即退出了会议。随后,左派社会革命党人和一部分穆斯林代表也退出了会议。全俄中央执行委员会于 1918 年 1 月 6 日(19 日)通过法令,解散了立宪会议。——67、114、138。

**31** 粮食税法令即《关于以实物税代替余粮、原料收集制的决定》,是 1921 年 3 月 21 日全俄中央执行委员会根据俄共(布)第十次代表大会的决议通过的,公布于 3 月 23 日。为执行这一决定,人民委员会于 3 月 28 日批准、29 日颁布了《关于 1921—1922 年实物税税额的决定》和《关于在已完成收集余粮任务的各省实行粮食、饲料、马铃薯和干草自由交换的法令》。自 4 月 21 日起,人民委员会又陆续通过了确定粮食、马铃薯、油料和其他农产品的实物税税额的决定。——74。

**32** 引自俄国诗人亚·谢·普希金的抒情诗《英雄》。这首诗采取"诗人"和"友人"对话的形式,诗中的"诗人"认为:拿破仑冒着生命危险去传染病院同患黑死病的士兵握手表示慰问一事,虽经历史学家考证并非事实,但一句"令人鼓舞的谎言",要比千万个"卑微的真理"更加可贵。此处列宁是反普希金诗原意引用的。——76。

**33** 奥勃洛摩夫精神意为因循守旧、懒散懈怠。奥勃洛摩夫是俄国作家伊·亚·冈察洛夫的长篇小说《奥勃洛摩夫》的主人公,他是一个怠惰成性、害怕变动、终日耽于幻想、对生活抱消极态度的地主。——77、177、202。

**34** 指俄罗斯电气化计划。该计划是根据列宁提出的任务并在他的指导下由俄罗斯国家电气化委员会制定的,是一部 600 多页的巨著。计划规定,除恢复和改建现有的电站外,在 10 — 15 年内建设 30 座区域电站,包括 20 座火电站和 10 座水电站,总装机容量为 175 万千瓦;总的年发电量达到 88 亿度,而 1913 年俄国的年发电量为 19 亿度。根据计划,工业品产量将比 1913 年的产量增加 80% — 100%,比 1920 年增加许多倍。——77。

**35** 俄共(布)第八次代表大会于 1919 年 3 月 18 — 23 日在莫斯科举行。参加代表大会的有 301 名有表决权的代表和 102 名有发言权的代表,共代表 313 766 名党员。列入大会议程的问题是:中央委员会的总结报告;俄共(布)纲领;共产国际的建立;军事状况和军事政策;农村工作;组织工作;选举中央委员会。

　　列宁主持了大会,作了俄共(布)中央委员会的工作报告、关于党纲和农村工作的报告,并就军事问题发了言。

　　代表大会的中心问题是讨论并通过新党纲。第七次代表大会选出的纲领委员会已经通过了列宁的党纲草案,但是鉴于委员会内存在分歧,在第八次代表大会上就党纲问题作报告的除代表多数派的列宁外,还有代表少数派的尼·伊·布哈林。布哈林提议把关于资本主义和小商品生产的条文从纲领中删去,而只限于论述纯粹的帝国主义。他认为帝国主义是特殊的社会经济形态。布哈林和格·列·皮达可夫还提议把民族自决权的条文从党纲中删去。列宁反对他们的这些观点。代表大会先基本通过党纲草案,然后在纲领委员会对草案作了最后审定后于 3 月 22 日予以批准。《列宁全集》中文第 2 版第 36 卷《附录》中载有第八次代表大会通过的俄共(布)纲领全文。

　　代表大会解决的另一个重要问题是对中农的态度问题。列宁论证了党对中农的新政策,即在依靠贫苦农民、对富农斗争并保持无产阶级的领导作用的条件下从中立中农的政策转到工人阶级与中农建立牢固的联盟的政策。早在 1918 年 11 月底列宁就提出了这个口号。代表大会通过了列宁起草的《关于对中农的态度的决议》。

　　在代表大会的工作中,关于军事状况问题、关于党的军事政策问题、关于红军的建设问题占了相当重要的地位。在大会上,"军事反对派"维护游击主义残余,否认吸收旧的军事专家的必要性,反对在军队中建立铁的纪律。代表大会批驳了"军事反对派"的观点,批准了根据列宁的论点制定的军事问题决议。代表大会在关于组织问题的决议中反击了萨普龙诺夫—奥新斯基集团,这个集团否认党在苏维埃中的领导作用,主张把人民委员会和全俄中央执行委员会主席团合并起来。代表大会否决了联邦制建党原则,认为必须建立一个集中统一的共产党和领导党的全部工作的统一的中央委员会。代表大会规定了中央委员会的内部组织机构,包括第一次设立的政治局,以及组织局和书记处。代表大会选出了由 19 名委员和 8 名候补委员组成的中央委员会。——78。

**36**　全俄苏维埃第八次代表大会于 1920 年 12 月 22—29 日在莫斯科举行。出席大会的代表有 2 537 名,其中有表决权的代表 1 728 名,有发言权的代表 809 名。按党派区分,代表中有共产党员 2 284 名,党的同情者 67 名,无党派人士 98 名,孟什维克 8 名,崩得分子 8 名,左派社会革命党人 2 名,另外还有一些其他党派的成员。

　　这次代表大会是在国内战争胜利结束、经济战线成为主要战线的时候召开的。大会议程是:全俄中央执行委员会和人民委员会关于对外对内政策的报告;俄罗斯电气化;恢复工业和运输业;发展农业生产和帮助农民经济;改善苏维埃机关工作和同官僚主义作斗争;选举全俄中央执行委员会。议程上的主要问题预先在俄共(布)党团会议上进行讨论。

　　大会的工作是在列宁的直接领导下进行的。代表大会根据列宁所作的全俄中央执行委员会和人民委员会关于对外对内政策的报告,以压倒多数票通过了完全赞同政府工作的决议。大会通过了在列宁倡议下制定的国家电气化计划和列宁起草的关于电气化报告的决议(见《列宁全集》中文第 2 版第 40 卷第 192—193 页)。大会审议了人民委员会 1920 年 12 月 14 日通过的关于加强和发展农民农业经济的措施的法案,并一致通过了这一法案。大会通过了一个关于苏维埃建设的详尽决定。这个决定对中央和地方政权机关和经济管理机关的相互关系作了调整。大会还批准了劳动国防委员会的新条例,选举了由 300 名委员和 100 名候补委员组成的新的全俄中央执行委员会。——79。

**37** 关于俄国共产党第十次代表大会,见注 1。——79。

**38** 省经济会议是劳动国防委员会的地方机关,根据全俄苏维埃第八次代表大会(1920 年 12 月)《关于地方经济管理机构的决议》成立,隶属于省苏维埃执行委员会。成立省经济会议是为了协调经济系统各人民委员部(最高国民经济委员会、农业人民委员部、粮食人民委员部、劳动人民委员部和财政人民委员部)所属地方机关的工作。省经济会议由省国民经济委员会主席、粮食委员、劳动局长、财政局长、土地局长和省工会理事会主席组成,省执行委员会主席兼任省经济会议主席。——81、124。

**39** 科尔尼洛夫叛乱是发生在 1917 年 8 月的一次俄国资产阶级和地主的反革命叛乱。叛乱的头子是俄军最高总司令、沙俄将军拉·格·科尔尼洛夫。叛乱的目的是要消灭革命力量,解散苏维埃,在国内建立反动的军事独裁,为恢复君主制作准备。立宪民主党在这一反革命阴谋中起了主要作用。临时政府首脑亚·费·克伦斯基是叛乱的同谋者,但是在叛乱发动后,他既害怕科尔尼洛夫在镇压布尔什维克党的同时也镇压小资产阶级政党,又担心人民群众在扫除科尔尼洛夫的同时也把他扫除掉,因此就同科尔尼洛夫断绝了关系,宣布其为反对临时政府的叛乱分子。

叛乱于 8 月 25 日(9 月 7 日)开始。科尔尼洛夫调动第 3 骑兵军扑向彼得格勒,彼得格勒市内的反革命组织也准备起事。布尔什维克党是反对科尔尼洛夫叛乱的斗争的领导者和组织者。按照列宁的要求,布尔什维克党在反对科尔尼洛夫的同时,并不停止对临时政府及其社会革命党、孟什维克仆从的揭露。彼得格勒工人、革命士兵和水兵响应布尔什维克党中央的号召,奋起同叛乱分子斗争,三天内有 15 000 名工人参加赤卫队。叛军推进处处受阻,内部开始瓦解。8 月 31 日(9 月 13 日),叛乱正式宣告平息。在群众压力下,临时政府被迫下令逮捕科尔尼洛夫及其同伙,交付法庭审判。——83。

**40** 共和国革命军事委员会(1918 年 8 月 28 日起改称苏联革命军事委员会)1918—1934 年是全国最高军事当局的集体管理制机关。根据 1918 年 9 月 2 日全俄中央执行委员会的决定成立。共和国革命军事委员会的主席是陆海军人民委员,由全俄中央执行委员会批准任命。共和国革命军事委员会的委员是由人民委员会批准任命的。共和国革命军事委员会统一指导所有军事主管部门和军事机关的工作,领导苏联武装力量的建设,制定苏维埃国家国防方面的基本的战略性作战任务。军事主管部门的所有机关和负责人员均隶属于它。共和国革命军事委员会根据俄共(布)中央的指示进行工作,并受俄共(布)中央的直接监督。——85。

**41** 立宪民主党人是俄国自由主义君主派资产阶级的主要政党立宪民主党的成员。立宪民主党(正式名称为人民自由党)于 1905 年 10 月成立。中央委员中多数是资产阶级知识分子、地方自治人士和自由派地主。主要活动家有帕·尼·米留可夫、谢·安·穆罗姆采夫、瓦·阿·马克拉柯夫、安·伊·盛加略夫、彼·伯·司徒卢威、约·弗·盖森等。立宪民主党提出一条与革命道路相对抗的和平的宪政发展道路,主张俄国实行立宪君主制和资产阶级的自由。在土地问题上,它主张将国家、皇室、皇族和寺院的土地分给无地和少地的农民;私有土地部分地转让,并且按"公平"价格给予补偿;解决土地问题的土地委员会由同等数量的地主和农民组成,并由官员充当他们之间的调解人。1906 年春,它曾同政府进行参加内阁的秘密谈判,后来在国家杜马中自命为"负责任的反对派"。第一次世界大战期间,它支持沙皇政府的掠夺政策,曾同十月党等反动政党组成"进步同盟",要求成立责任内阁,即为资产阶级和地主所信任的政府,力图阻止革命并把战争进行到最后胜利。二月革命后,立宪民主党在资产阶级临时政府中居于领导地位,竭力阻挠土地问题、民族问题等基本问题的解决,并奉行继续帝国主义战争的政策。七月事变后,它支持科尔尼洛夫叛乱,阴谋建立军事独裁。十月革命胜利后,苏维埃政府于 1917 年 11 月 28 日(12 月 11 日)宣布立宪民主党为"人民公敌的党"。该党随之转入地下,继续进行反革命活动,并参与白卫将军的武装叛乱。国内战争结束后,该党上层分子大多数逃亡国外。1921 年 5 月,该党在巴黎召开代表大会时分裂,作为统一的党不复存在。——87、99、203。

**42**　指《社会主义通报》杂志。

　　《社会主义通报》杂志(《Социалистический Вестник》)是侨居国外的孟什维克的刊物,1921 年 2 月由尔·马尔托夫创办。1933 年 3 月以前在柏林出版,1933 年 5 月 — 1940 年 6 月在巴黎出版,以后在纽约出版。——87。

**43**　纳尔苏修斯是古希腊神话中的一个孤芳自赏的美少年。——88、100。

**44**　这是列宁为俄共(布)第十次全国代表会议写的一个决议草案。

　　俄共(布)第十次全国代表会议是一次非常代表会议,于 1921 年 5 月 26 — 28 日在莫斯科举行。出席会议的有 239 名代表。代表会议议程包括下列问题:经济政策(粮食税、合作社、财政改革、小型工业);社会革命党人和孟什维克在当前的作用;共产国际第三次代表大会;关于工会第四次代表大会的情况报告;组织问题。会议主要讨论了新经济政策的贯彻执行问题。

　　代表会议是在列宁直接领导下进行的。列宁在会议上论证了新经济政策的实质,对诽谤和歪曲新经济政策的言论进行了坚决的回击,指出新经济政策要"认真地和长期地"实行。代表会议通过了列宁起草的《关于经济政策的决议》(参看《苏联共产党代表大会、代表会议和中央全会决议汇编》1964 年人民出版社版第 2 分册第 120—122 页),这一决议进一步肯定了新经济政策的基本原则并且对新经济政策的实施作了一系列具体指示。

　　代表会议听取了关于工会第四次代表大会工作情况的报告。列宁对这个问题作了补充报告。他尖锐地批评了工会领导人首先是全俄工会中央理事会主席米·巴·托姆斯基的派别活动。代表会议还听取了维·米·莫洛托夫关于党的组织工作的当前任务的报告,通过了《俄共(布)中央委员会的工作计划》。——95。

**45**　奥吉亚斯的牛圈出典于希腊神话。据说古希腊西部厄利斯的国王奥吉亚斯养牛 3 000 头,30 年来牛圈从未打扫,粪便堆积如山。奥吉亚斯的牛圈常被用来比喻藏垢纳污的地方。——99。

**46** 指在国内导致确立资本主义和建立资产阶级制度的 17 世纪英国资产
阶级革命。这次革命按其意义说乃是欧洲范围的第一次革命,它开辟
了(在这一方面它具有全世界历史意义)欧洲封建制度崩溃的纪元,为
资本主义生产方式代替封建主义生产方式奠定了基础。——99。

**47** 哈姆雷特是英国作家威·莎士比亚的同名悲剧中的主人公,是内心矛
盾、犹豫不决、耽于幻想而不能坚决行动的人的典型。——100。

**48** 巴塞尔宣言即 1912 年 11 月 24—25 日在巴塞尔举行的国际社会党非常
代表大会一致通过的《国际局势和社会民主党反对战争危险的统一行
动》决议,德文本称《国际关于目前形势的宣言》。宣言谴责了各国资产
阶级政府的备战活动,揭露了即将到来的战争的帝国主义性质,号召各
国人民起来反对帝国主义战争。宣言斥责了帝国主义的扩张政策,号
召社会党人为反对一切压迫小民族的行为和沙文主义的表现而斗争。
宣言写进了 1907 年斯图加特代表大会决议中列宁提出的基本论点:帝
国主义战争一旦爆发,社会党人就应该利用战争所造成的经济危机和
政治危机,来加速资本主义的崩溃,进行社会主义革命。——104、218。

**49** 这是列宁在全俄政治教育委员会第二次代表大会 1921 年 10 月 17 日下
午的会议上作的报告。

全俄政治教育委员会第二次代表大会于 1921 年 10 月 17—22 日在
莫斯科举行。出席大会的有 307 名代表,其中有表决权的代表 193 名,
有发言权的代表 114 名。列宁当选为代表大会的名誉主席。代表大会
的主要任务是批准 1922 年的工作计划,制定在新经济政策条件下开展
群众鼓动工作的方式和方法。

政治教育委员会是根据人民委员会 1920 年 11 月 12 日的法令成立
的,直接隶属于地方各级(乡、县、省)国民教育部门。各地政治教育委
员会的工作受政治教育总委员会的指导。——107。

**50** 看来是指全俄中央执行委员会 1918 年 4 月 29 日的决议。这个决议表
示完全赞同列宁关于苏维埃政权的当前任务的报告中的基本论点,决
定委托全俄中央执行委员会主席团同报告人一起用这些论点编成一个

简要的提纲,作为苏维埃政权的基本任务予以公布。——109。

**51**　指捷克斯洛伐克军武装叛乱。

　　捷克斯洛伐克军武装叛乱是协约国帝国主义者策划的。在俄国的捷克斯洛伐克军有两个师和一个预备旅,约5万人,是第一次世界大战期间由奥匈帝国军队的战俘和侨居俄国的捷克斯洛伐克人组成的。十月革命胜利以后,协约国帝国主义者决定利用该军反对苏维埃共和国,主动给它提供军费。捷克斯洛伐克民族委员会主席托·马萨里克征得法国同意后宣布该军是法军的部队,协约国代表随后要求苏俄政府遣送该军回法国。1918年3月26日,苏俄政府已经决定同意捷克斯洛伐克军通过符拉迪沃斯托克撤走,条件是要把主要武器交给当地苏维埃政府。但该军指挥人员却同协约国代表和右派社会革命党人于5月14日在车里雅宾斯克举行会议,决定举行叛乱。这些人煽惑士兵,妄说苏维埃政府要解除他们的武装,把他们关进战俘营等等,同时鼓动他们用武力开路,冲到符拉迪沃斯托克去。5月25日和26日,叛乱在马林斯克和车里雅宾斯克开始。接着,叛军同社会革命党白卫部队一起占领了乌拉尔、伏尔加河流域、西伯利亚的大部地区。在占领区,捷克斯洛伐克军大批逮捕和杀害当地党政工作人员和革命工农,消灭苏维埃政权的机关,协助建立反革命政府(萨马拉的立宪会议委员会,叶卡捷琳堡的乌拉尔政府,鄂木斯克的西伯利亚临时政府)。苏俄红军于1918年9月转入进攻,解放了伏尔加河流域。由于军事上的失利和共产党人的地下工作,捷克斯洛伐克军开始瓦解,拒绝站在白卫军一边作战。1919年下半年,该军随着高尔察克军队的败退而东撤。1920年2月7日,红军同该军签订了停战协定。1920年春,捷克斯洛伐克军集中于符拉迪沃斯托克,然后陆续撤出俄国。——109。

**52**　看来是指俄共(布)第十次代表大会(1921年3月)《关于以实物税代替余粮收集制的决议》(参看《苏联共产党代表大会、代表会议和中央全会决议汇编》1964年人民出版社版第2分册第105—107页)和其他有关决定。——111。

**53**　见注2。——112、144。

**54**　指全俄扫除文盲特设委员会。

全俄扫除文盲特设委员会是根据人民委员会 1920 年 7 月 19 日的法令成立的,隶属于教育人民委员部。委员会的任务是实施人民委员会 1919 年 12 月 26 日关于在 8—50 年内扫除文盲的法令。委员会由 5 人组成,其成员由教育人民委员部提名,人民委员会批准。在扫盲委员会之下还设立一个有俄共(布)中央农村工作部、妇女工作部、共青团中央、全俄工会中央理事会、革命军事委员会总政治部和普遍军训部等单位的代表参加的常设会议。全俄扫除文盲特设委员会和各省、县的特设委员会在筹建扫盲学校、培训师资、出版识字课本和教学计划等方面做了大量工作。到 1921 年 10 月止,受到识字教育的人数达 480 万,红军中的文盲人数已降至 5%(沙皇军队中的文盲达 65%),海军则完全扫除了文盲。全俄扫除文盲特设委员会存在到 1930 年 9 月。——114、122。

**55**　指俄共(布)第一次清党。这次清党是在实行新经济政策后资本主义分子及其在党内的代理人有所活跃的情况下,根据俄共(布)第十次代表大会《关于党的建设的决议》进行的,目的是从党内清除非共产主义分子,纯洁党的队伍。因为是在全党进行,所以也称总清党。清党工作经过长期的和细致认真的准备。1921 年 6 月 25 日,中央委员会和中央监察委员会通过了《关于党员审查、甄别和清党问题的决议》(载于 1921 年 6 月 30 日《真理报》第 140 号),把征求党内外劳动群众对被审查党员的意见作为清党的一项必要条件,同时规定了成立地方审查委员会的程序。7 月 7 日,中央政治局批准了中央清党领导机构——中央审查委员会(见注 96)成员名单。7 月 27 日,中央委员会在《真理报》上发表了致各级党组织的信,阐明了清党的任务和方法,提出以下清党方针:对于工人,在呈交证件、鉴定方面应放宽一些;对于农民,应严格区分富农和诚实的劳动农民;对于"摆委员架子的"和担任享有某种特权的职务的人应从严;对于旧官吏、资产阶级知识分子出身的人,应特别注意审查;对原属其他政党尤其是孟什维克和社会革命党人的人,应进行最细致的审查和清洗。这次清党从 1921 年 8 月 15 日开始,到俄共(布)第十一次代表大会(1922 年 3 月)召开前夕结束。清党期间,一般停止接收新党员。俄共(布)第十一次全国代表会议和俄共(布)第十一次代表大会先后对清党工作进行了初步总结和最终总结。清党结果,共有159 255人被除名(占党员总数24.1%,不包括布良斯克、阿斯特拉罕两省和土耳其斯坦的材料)。在开除出党和退党的人中,工人占20.4%,农民占44.8%,职员和自由职业者占23.8%,其他人员占11%。——124。

56　工农检查院是苏维埃俄国的国家监察机关,1920年2月由国家监察人民委员部改组而成。它的主要任务是:监督各国家机关和经济管理机关的活动,监督各社会团体,同官僚主义和拖拉作风作斗争,检查苏维埃政府法令和决议的执行情况等。工农检查院在工作中依靠广大的工人、农民和专家中的积极分子。根据列宁的意见,1923年俄共(布)第十二次代表大会决定成立中央监察委员会—工农检查院这一党和苏维埃的联合监察机构。1934年工农检查院撤销,其职权移交给同年成立的苏联人民委员会苏维埃监察委员会。——125。

57　政治教育总委员会是根据人民委员会《关于共和国政治教育总委员会的法令》、在教育人民委员部社会教育司的基础上成立的。这一法令是根据列宁的指示(见《列宁全集》中文第2版第39卷第397—398页)制定的,1920年11月12日由列宁签署,公布于1920年11月23日《全俄中央执行委员会消息报》第263号。政治教育总委员会是教育人民委员部的总局级机构,在行政上和组织上归它领导,但在涉及工作的思想内容的问题上则直接归俄共(布)中央领导。政治教育总委员会统一和指导全国的政治教育和宣传鼓动工作,领导群众性的成人共产主义教育(扫除文盲、学校、俱乐部、图书馆、农村阅览室)以及党的教育(共产主义大学、党校)。政治教育总委员会的主席一职一直由娜·康·克鲁普斯卡娅担任。1930年6月,政治教育总委员会改组为教育人民委员部群众工作处。——125。

58　这里选收了列宁在莫斯科省第七次党代表会议上就新经济政策问题作的报告。

莫斯科省第七次党代表会议于1921年10月29—31日在莫斯科举行。出席会议的有637名代表。会议议程包括下列问题:国内外形势;省经济会议的报告;俄共(布)莫斯科委员会的工作总结报告;检查委员会的报告;监察委员会的报告。代表会议还听取了关于莫斯科市和莫斯科省清党工作的报告。

列宁在大会的第一次全体会议上作了关于新经济政策的报告,并在总结发言中回答了弗·戈·索凌、英·尼·斯图科夫、尤·拉林、谢·莫·谢姆科夫、С.Л.哥尼克曼等人的意见(索凌、斯图科夫和拉林的发言见 1921 年 11 月 4 日《真理报》第 249 号的报道)。会议通过的决议表示完全拥护新经济政策。——129。

**59**　看来是指全俄中央执行委员会作为决议通过的《关于苏维埃政权的当前任务的提纲》。该提纲的第 4 条指出:"苏维埃政权在一定情况下不得不后退一步,或者说同资产阶级倾向实行妥协。例如,对许多资产阶级专家付给高额薪金,就是这种后退和对巴黎公社原则的背离。"(见《列宁全集》中文第 2 版第 34 卷第 258 页)——134。

**60**　《广告小报》(«Листок Объявлений»)是苏俄的一份私人办的出版物,1921 年 10 月—1922 年 2 月在莫斯科出版。——135。

**61**　《关于工会在新经济政策条件下的作用和任务的提纲草案》这一文件是从俄共(布)第十次代表大会到第十一次代表大会期间在改组工会方面积累起来的经验的总结。文件写于 1921 年 12 月 30 日—1922 年 1 月 4 日。列宁原打算在 1921 年 12 月 31 日提交政治局批准,由于文件没有写完而改变了计划。列宁在 12 月 30 日给扬·埃·鲁祖塔克、安·安·安德列耶夫和维·米·莫洛托夫的电话稿里谈到了这件事(见《列宁全集》中文第 2 版第 52 卷第 168 页)。

《提纲草案》先交委员会成员(安德列耶夫和鲁祖塔克)和政治局委员讨论,在讨论过程中作了修改和补充。1922 年 1 月 12 日,俄共(布)中央政治局审议了《提纲草案》,作为基础予以通过,并决定将它连同所有的修正意见一起交给由列宁、格·叶·季诺维也夫、安德列耶夫和尼·伊·布哈林组成的审定委员会最后核准,然后以中央名义发表。提纲最后文本于 1 月 17 日作为俄共(布)中央的决定(提交党的第十一次代表大会的中央关于工会问题的提纲草案)在《真理报》上公布。俄共(布)第十一次代表大会委托专门委员会对提纲草案作了一些修改,然后予以通过(参看《苏联共产党代表大会、代表会议和中央全会决议汇编》1964 年人民出版社版第 2 分册第 154—164 页）。——163。

**62**　莫斯科自来水厂总工程师弗·瓦·奥登博格尔于 1921 年 11 月 30 日夜
自杀。12 月 7 日,莫斯科苏维埃主席团同俄共(布)莫斯科委员会协商
后任命亚·亚·索尔茨、尼·尼·奥弗相尼科夫、米·斯·奥里明斯基
组成委员会以调查奥登博格尔工程师的死因。1922 年 1 月 3 日《真理
报》"新闻栏"刊登的报道说,调查委员会确认"死者不仅是一个精通业
务的工作人员,而且是一个高度忠于职守的人。奥登博格尔自杀是由
于处境恶劣使他无法进行日常工作。自来水厂三人特别小组个别成员
不是协助改善莫斯科自来水厂的状况,反而极力阻碍该厂的日常工作,
使之复杂化。工农检查人民委员部高级视察员谢苗诺夫工程师,作为
这个三人小组的成员,对奥登博格尔采取了粗暴、挑剔和官僚主义的态
度。这个人民委员部的另一名高级视察员、前自来水厂办事员马卡罗
夫-泽姆良斯基不断迫害奥登博格尔,而阿列克谢耶夫给水站的工人叶
拉金和梅尔库洛夫竟毫无根据地把自来水厂技术上的混乱和职员同党
支部关系不好归罪于奥登博格尔。所有这些不能不影响死者的精神状
态。委员会认为马卡罗夫-泽姆良斯基不仅不能担任工农检查院的职
务,而且也根本不能担任苏维埃的公职,因为他是一个混入苏维埃政权
的坏分子,一个阴谋家和在自来水厂职工中声名狼藉的骗子。委员会
认为,也不能允许工农检查院高级视察员谢苗诺夫继续担任工农检查
院的工作,不能允许他与莫斯科自来水厂再有任何关系。委员会还认
为,必须把叶拉金和梅尔库洛夫调离莫斯科自来水厂,转到其他企
业"。——172。

**63**　指即将召开的俄共(布)第十一次代表大会。

俄共(布)第十一次代表大会于 1922 年 3 月 27 日—4 月 2 日在莫
斯科举行。这是列宁参加的最后一次党代表大会。

代表大会是在俄国国内战争结束和苏维埃国家转入和平建设一年
之后召开的。大会的任务是对实行新经济政策的第一年进行总结并制
定继续进行社会主义建设的计划。俄共(布)中央在列宁领导下为代表
大会做了大量的准备工作,大会的主要文件是由列宁或在他的参与下
拟定的。

出席代表大会的有 522 名有表决权的代表和 165 名有发言权的代

表,代表 532 000 多名党员。大会议程如下:中央委员会的政治报告;中央委员会的组织工作报告;检查委员会的工作报告;中央监察委员会的工作报告;俄共(布)驻共产国际代表团的工作报告;工会;关于红军;财政政策;清党的总结和巩固党的队伍(包括关于青年工作、关于报刊和宣传的副报告);选举中央委员会、中央监察委员会和检查委员会。大会还成立一个委员会,为大会土地问题小组讨论党的农村工作和制定相应的决议作准备。

列宁致开幕词并作了中央委员会的政治报告和报告的总结发言。代表大会在通过的决议中表示赞同中央的政治路线和组织路线,认为向私人资本主义让步的退却已经完成,党的基本任务是重新部署党的力量以保证贯彻党的政策。代表大会指出,必须更明确地划分党和苏维埃机关的职责,以便党在实现对苏维埃国家的政治领导的同时,保证提高苏维埃在经济建设中的作用。代表大会赞同俄共(布)驻共产国际代表团的活动以及共产国际执行委员会的政治路线和它采取的统一战线策略。大会批准了中央委员会以列宁拟的《工会在新经济政策条件下的作用和任务》提纲草案为基础的决定。决定指出,工会应是国家政权在其全部政治经济活动中的最亲密的合作者。代表大会制定了整顿预算、扩大国家收入的措施,并强调指出必须鼓励农民从消费经济向商品经济过渡,认为这是提高农业的唯一保证。代表大会在《关于农村工作的决议》里指出必须仔细收集和研究地方经验,谴责以行政命令手段对待农业合作社的做法。代表大会在《关于巩固党和党的新任务的决议》里规定了巩固党和群众的联系、加强党的领导作用以及改善党的机关的工作和提高党的纪律的任务和具体措施。为防止异己分子侵入党内,决议规定了新的入党条件。代表大会批准了党的第十一次全国代表会议《关于根据审查党员的经验巩固党的问题的决议》,通过了《关于党的建设的组织问题的实际建议——对关于在清党以后巩固党的决议的补充》。此外,代表大会还通过了《关于监察委员会的任务和目的》、《关于俄国共产主义青年团的问题》、《关于报刊和宣传》、《关于对女工和农妇工作的问题》、《关于加强红军问题的决定》和《关于前"工人反对派"的几个成员》等项决议以及《监察委员会条例》和《中央检查委员会条例》。大会选出由 27 名委员和 19 名候补委员组成的中央委员会和由 5 名委员和 2 名候补委员组成的中央监察委员会。——174。

**64**　促使列宁提出成立专门委员会来审查和更换工会领导干部的建议的原因是:工会领导干部中夹杂许多出身孟什维克和社会革命党人的分子,以及按照俄共(布)第十一次全国代表会议关于清党问题的决议必须提高工会领导干部的党龄(参看《苏联共产党代表大会、代表会议和中央全会决议汇编》1964 年人民出版社版第 2 分册第 145—146 页)。俄共(布)中央政治局通过了列宁的建议。专门委员会于 1922 年 1 月 20 日成立,其成员是:米·巴·托姆斯基、安·安·安德列耶夫和谢·伊·瑟尔佐夫。俄共(布)第十一次代表大会听取了专门委员会的工作报告,通过了关于审查和更换工会的领导组织的决议(同上书,第 164—165 页)。——174。

**65**　《列宁全集》俄文第 2、3、4 版只收载了这封信的一部分,标题是《给德·伊·库尔斯基的便条》。该书俄文第 5 版发表的是全文。——175。

**66**　热那亚会议(国际经济和财政会议)是根据协约国最高会议 1922 年 1 月 6 日戛纳会议的决定召开的。会议名义上是为了寻求"中欧和东欧经济复兴"的办法,实质上主要是讨论帝国主义武装干涉失败后苏维埃俄国同资本主义世界之间的关系问题。苏俄政府也建议召开讨论欧洲和平与经济合作的国际会议(见《列宁全集》中文第 42 卷第 211—213 页)。它在 1 月 8 日接受了参加会议的邀请。

　　1 月 27 日,全俄中央执行委员会非常会议选出了参加热那亚会议的苏俄代表团:列宁为代表团团长,格·瓦·契切林为副团长,代表团成员有列·波·克拉辛、马·马·李维诺夫、纳·纳·纳里曼诺夫、瓦·瓦·沃罗夫斯基、扬·埃·鲁祖塔克、阿·阿·越飞、克·格·拉柯夫斯基、波·古·姆季瓦尼、亚·阿·别克扎江、亚·加·施略普尼柯夫。列宁领导了代表团的全部工作,拟定了党中央给苏俄代表团的指示和其他有关重要文件(见《列宁全集》中文第 2 版第 42 卷第 405、409—411、412—413、421—422、436—438、439—440 页)。但是由于列宁健康状况不佳和国务繁忙,同时出于安全考虑,根据俄共(布)中央后来作出的专门决定,列宁没有出席会议,而由契切林行使代表团团长的一切职权。

　　热那亚会议于 1922 年 4 月 10 日—5 月 19 日举行。参加会议的有英、法、意、日、比、德、苏俄等 29 个国家和英国的 5 个自治领,美国派观察员列席。会上,资本主义国家的代表企图借助外交压力迫使苏俄承认沙皇政府和临时政府的一切债务,将苏维埃政权收归国有的企业归还外国资本家或给以补偿,取消对外贸易垄断,等等。苏俄代表团拒绝了这些要求,同时提出了帝国主义国家应赔偿由于武装干涉和封锁给苏俄造成的损失的反要求(俄国战前和战时债务为 185 亿金卢布,外国武装干涉和封锁给俄国造成损失为 390 亿金卢布)。苏俄代表团还声明,为了达成协议,它准备在资本主义各国承认苏维埃俄国、向它提供财政援助和废除战时债务的条件下,承认战前债务和给予原产权人以租让和租借原属他们的产业的优先权。苏俄代表团还提出了普遍裁军的建议。会议没有解决任何问题,只是决定将部分问题移交海牙会议审议。在热那亚会议期间,苏俄代表团利用德国同各资本主义国家的矛盾,于 4 月 16 日与德国缔结了拉帕洛条约,击破了帝国主义的反苏统一战线。——178、181。

**67** 这是列宁在俄共(布)第十一次代表大会上作的报告。

　　关于俄共(布)第十一次代表大会,见注 63。——181。

**68** 指俄共(布)第十次代表大会。见注 1。——185。

**69** 中央监察委员会是俄共(布)的最高监察机关。1920 年 9 月 22—25 日召开的俄共(布)第九次全国代表会议通过了成立中央监察委员会的决定。1921 年 3 月 8—16 日召开的俄共(布)第十次代表大会选出了首届中央监察委员会。——191。

**70** 指伊·谢·屠格涅夫的散文诗《俄罗斯语言》。——191。

**71** 40 座金字塔这一典故是由拿破仑第一的一句话演变来的。1798 年 7 月 20 日,拿破仑第一率部远征埃及到达金字塔附近,和埃及精锐的骑兵主力相遇。在投入战斗前,拿破仑第一为鼓舞士气对全军士兵说:"40 个世纪从这些金字塔的顶端看着你们。"意思是以金字塔为象征的 4 000 年的历史注视着你们,期待着你们建立新的战功。由这句话变来的 40 座金字塔这一典故则是"举世瞩目"的意思。——193。

**72** 尼·伊·布哈林因在国外治病以及参加在柏林召开的三个国际的代表

会议而没有出席俄共(布)第十一次代表大会。列宁想就国家资本主义问题同布哈林"稍微争论一下",是因为从 1918 年春天起布哈林是列宁在这个问题上的观点的主要反对者。——195。

**73**　贫苦农民委员会(贫委会)是根据全俄中央执行委员会 1918 年 6 月 11 日《关于组织贫苦农民和对贫苦农民的供应的法令》建立的,由一个乡或村的贫苦农民以及中农选举产生。根据上述法令,贫苦农民委员会的任务是:分配粮食、生活必需品和农具;协助当地粮食机构没收富农的余粮。到 1918 年 11 月,在欧俄 33 省和白俄罗斯,共建立了 122 000 个贫苦农民委员会。在许多地方,贫苦农民委员会改选了受富农影响的苏维埃,或把权力掌握在自己手里。贫苦农民委员会的活动超出了 6 月 11 日法令规定的范围,它们为红军动员和征集志愿兵员,从事文教工作,参加农民土地(包括份地)的分配,夺取富农的超过当地平均份额的土地(从富农 8 000 万俄亩土地中割去了 5 000 万俄亩),重新分配地主土地和农具,积极参加组织农村集体经济。贫苦农民委员会实际上是无产阶级专政在农村中的支柱。到 1918 年底,贫苦农民委员会已完成了自己的任务。根据 1918 年 11 月全俄苏维埃第六次(非常)代表大会的决定,由贫苦农民委员会主持改选乡、村苏维埃,改选后贫苦农民委员会停止活动。——196。

**74**　指全俄五金工会第五次代表大会。

全俄五金工会第五次代表大会于 1922 年 3 月 3—7 日在莫斯科举行。出席大会的有 318 名代表(其中有 282 名共产党员),代表五金工会的 534 626 名会员。代表大会的任务首先是按照新经济政策改组五金工会的工作。大会讨论了下列问题:全俄五金工会中央委员会和中央监察委员会的工作报告,各经济机关(金属工业总管理局、军事工业委员会、电机工业总管理局)的工作报告,五金工会在新经济政策条件下的任务,工会的组织建设,关于国际组织宣传委员会的活动,关于全俄五金工会第四次代表大会选出的出席五金工人卢塞恩代表大会的代表团。——197。

**75**　这句话源出俄国作家亚·谢·格里鲍耶陀夫的喜剧《智慧的痛苦》第 1 幕第 4 场,原话是"本来要进这间屋子,结果却跑进了那间屋子",意思是主观上要做某一件事,结果却做了另外一件事。——198。

**76**　看来是指出席共产国际执行委员会第一次扩大全会的法国共产党代表团的部分代表——丹尼尔·勒努、路易·塞利埃等人。他们不理解新经济政策的实质和意义,认为新经济政策将导致资本主义在俄国复辟,削弱国际革命运动。

　　共产国际执行委员会第一次扩大全会于 1922 年 2 月 21 日—3 月 4 日在莫斯科召开。出席全会的有来自 36 个国家的 105 名代表。全会的议程包括下列问题:关于德国、法国、捷克斯洛伐克、英国、意大利、美国、波兰和各巴尔干国家共产党的报告;共产国际执行委员会的工作报告;关于统一战线策略;关于工会运动;关于新战争的危险;关于新经济政策等等。全会的中心议题是统一战线策略问题。全会通过的《苏维埃俄国的新经济政策》提纲肯定了新经济政策的正确性并强调了它的国际意义。——198。

**77**　《共产国际》杂志(«Коммунистический Интернационал»)是共产国际执行委员会的机关刊物,1919 年 5 月 1 日创刊,曾用俄、德、法、英、中、西班牙等各种文字出版,编辑部由参加共产国际的各国共产党代表组成。该杂志刊登理论文章和共产国际文件,曾发表列宁的许多篇文章。随着 1943 年 5 月 15 日共产国际解散,该杂志于 1943 年 6 月停刊。——200。

**78**　指拉科西·马蒂亚斯的文章《苏维埃俄国的新经济政策》。此文分析了奥·鲍威尔的小册子《苏维埃俄国的“新方针”》(1921 年维也纳版)。文章发表在 1922 年 3 月出版的《共产国际》杂志第 20 期上。——200。

**79**　指侨居国外期间布尔什维克和孟什维克之间的斗争。——200。

**80**　指劳动国防委员会直属合营公司事务委员会。该委员会是根据劳动国防委员会 1922 年 2 月 15 日的决定成立的,由格·雅·索柯里尼柯夫任主席。根据 1922 年 3 月 8 日劳动国防委员会批准的条例,该委员会的任务包括“审查关于成立国家参与的工商业公司和信贷机构(合营公司)以及各种类型的股份公司的建议”。

　　1922 年 4 月 4 日,劳动国防委员会决定设立劳动国防委员会直属租让和股份公司事务总委员会,撤销合营公司事务委员会。——201。

**81**　白海北部地区森林工业特别管理局是该地区的森林工业管理机关,根据 1921 年 8 月 17 日劳动国防委员会的决定而建立,属于林业总委员会系统。——201。

**82**　劝说司令是俄国士兵给临时政府陆海军部长亚·费·克伦斯基起的绰号。克伦斯基执行英法帝国主义和俄国资产阶级的意旨,在 1917 年夏巡视前线时喋喋不休地劝说士兵们向敌军发动进攻。——202。

**83**　路标转换派是 1921 年在流亡国外的白俄知识分子中间出现的一种社会政治流派。路标转换派还得到一些没有离开苏俄的旧资产阶级知识分子的支持。路标转换派因 1921 年在布拉格出版的《路标转换》文集而得名,文集的中心思想是:承认反苏维埃武装斗争彻底失败,苏维埃政权是唯一可能的俄罗斯国家政权;认为知识分子应该在对苏维埃政权的态度上转换路标,为复兴俄国工作。路标转换派的主要代表人物是流亡国外的立宪民主党人 IO.B.克柳奇尼科夫、尼·瓦·乌斯特里亚洛夫、C.C.卢基亚诺夫、亚·弗·博勃里舍夫-普希金、C.C.查霍金、尤·尼·波捷欣等人。他们的刊物是《路标转换》杂志,该杂志于 1921 年 10 月—1922 年 3 月在巴黎出版。

国内战争的结束和新经济政策的实行,是路标转换派形成的决定性因素。路标转换派的社会基础是资本主义因素由于实行新经济政策而在苏维埃共和国有了某种程度的复活。路标转换派把向新经济政策过渡看做是苏维埃政权向恢复资本主义方向演变,指望苏维埃国家蜕化为资产阶级国家。他们号召资产阶级知识分子同苏维埃政权合作,并曾协助一些资产阶级知识分子代表人物返回祖国。路标转换派中也有不少人愿意真心诚意地和苏维埃政权一起工作,后来成为科学文化界的积极活动家,如历史学家叶·维·塔尔列、作家阿·尼·托尔斯泰等。俄共(布)第十二次全国代表会议(1922 年 8 月 4—7 日)在《关于反苏维埃的党派的决议》中指出:"所谓路标转换派迄今起了而且还有可能起客观的进步作用。这一派别过去和现在都团结着那些同苏维埃政权'和解'并准备同它一起复兴祖国的侨民和俄国知识分子集团。就这一点来说,路标转换派过去和现在都是值得欢迎的。但同时一分钟也不能忘记,在路标转换派中资产阶级复辟的倾向也是很强烈的,路标转换派分子同孟什维克和社会革命党人同样希望在经济上让步之后在政治上也会有向资产阶级民主方面的让步等等。"(参看《苏联共产党代表大会、代表会议和中央全会决议汇编》1964 年人民出版社版第 2 分册第 237—238 页)——203。

**84**　列宁指的是尼·瓦·乌斯特里亚洛夫的文章《演变和策略》,该文载于1922 年 1 月 21 日《路标转换》杂志第 13 期。——204。

**85**　关于《路标转换》杂志(《Смена Вех》),参看注 83。——204。

**86**　指亚·伊·托多尔斯基的小册子《持枪扶犁的一年》,1918 年韦谢贡斯克县执行委员会出版。托多尔斯基当时任特维尔省韦谢贡斯克县县报编辑。他写的这本书既是在十月革命一周年之际就县苏维埃政权一年来的工作向党的特维尔省委员会的汇报,也是韦谢贡斯克苏维埃向全县劳动人民的汇报。该书共印 1000 册,分发到全县各个乡、村,还以交换出版物和交流经验的形式寄给了中央和邻省各报纸编辑部。列宁读了此书后,当即记上:"一本出色的书!亚历山大·托多尔斯基《持枪扶犁的一年》……(题为《锯木厂和制革厂》的那一节或章特别可资借鉴,第 61、62 页)",并立即给值班秘书写了个便条:"请把托多尔斯基书中小标题为《锯木厂和制革厂》的一节(第 61—62 页,书上有准确标志)打两份,一份给我,另一份在我这里存档,以便查找。""……附言:打字、读校和复查后将此书还给我。"(见 1958 年《历史文献》杂志第 4 期第 4 页)

　　列宁特别注意书中第 62 页的下面一段话:"痛打剥削者的手,使他们不能再祸害,或者说'制服'他们,这还只是任务的一半。只有当我们强迫他们工作并利用他们的工作成果来帮助改善新生活和帮助巩固苏维埃政权的时候,才算把工作做到家了。"列宁在这段话下面划了着重线,又在旁边划了三道线,写上"注意"字样,后来在 1918 年底或 1919年初写的文章《一幅说明大问题的小图画》(见《列宁选集》第 3 版修订版第 3 卷)中加以引用。——207。

**87**　指向苏维埃俄国提供食品的谈判。这次谈判是莫斯科消费合作社和对外贸易人民委员部同法国商人茹·魏勒进行的。——210。

**88**　协约国(三国协约)是指与德、奥、意三国同盟相对立的英、法、俄三国帝国主义联盟。这个联盟的建立,始于 1891—1893 年缔结法俄同盟,中经 1904 年签订英法协定,而由 1907 年签订英俄协定最终完成。在第一次世界大战期间先后有美、日、意等 20 多个国家加入。十月革命后,协约国联盟的主要成员——英、法、美、日等国发动和组织了对苏维埃俄国的武装干涉。——210。

**89**　指 1921 年 7 月进行的对负责工作人员的调查统计。这次调查统计的目的是确切了解各省会和县城党的领导层的数量构成和质量构成,他们的地区分布和对他们的使用是否合理。——211。

**90**　指 1921 年 12 月 9—13 日召开的乌克兰共产党(布)第六次代表会议。——216。

**91**　党史委员会是一个收集和研究十月社会主义革命史和俄国共产党历史的委员会,根据 1920 年 9 月 21 日人民委员会的决定而建立,隶属于教育人民委员部。——216。

**92**　这里说的是顿巴斯中央煤炭工业管理局的问题。该管理局在整顿顿巴斯大矿场的煤炭开采方面做了大量工作,但对恢复小矿场及其他工业部门的意义估计不足,压制地方党和工会组织在经济建设方面的主动性。管理局领导人格·列·皮达可夫用行政命令方式和军事办法领导工业,结果影响了吸引工人群众参加恢复顿巴斯国民经济的工作。由于这些原因,在经济领导干部之间以及在管理局和地方干部之间都产生了意见分歧。在 1921 年 12 月 9—13 日召开的乌克兰共产党(布)第六次代表会议上,皮达可夫的工作方法受到一些代表的批评。会后皮达可夫被调离顿巴斯。——216。

**93**　指 1922 年 3 月 22 日《真理报》第 65 号刊登的一条题为《法国。反对军国主义》的华沙来电。电讯说:"共产党议员雷诺·让在讨论服兵役期限法时发言反对军国主义和帝国主义,法国报界对他的有力发言给予极大注意。雷诺·让在右翼议席的大声喧嚷中声明,无产阶级认为与其被投入新的战争,毋宁起义。如果资产者对股息孜孜以求,那么对无产阶级来说,1793 年的法国社会革命更加珍贵,他们要把这场革命进行到底,直到胜利……"——218。

**94** 共产国际即第三国际,是在 1919 年 3 月 2—6 日于莫斯科举行的共产国际第一次代表大会上成立的。参加这次大会的有来自 21 个国家的 35 个政党和团体的代表 52 名。列宁主持了大会。他在 3 月 4 日的会议上宣读了关于资产阶级民主和无产阶级专政的提纲,并在自己的报告中论证了提纲的最后两点。代表大会一致赞同列宁的提纲,决定交执行局向世界各国广为传播。代表大会通过了《共产国际的行动纲领》,指出无产阶级的社会主义革命的时代已经开始,无产阶级要团结所有力量同机会主义决裂,为建立无产阶级专政的苏维埃而斗争。代表大会在《关于对各"社会主义"派别和伯尔尼代表会议的态度的决议》中谴责了恢复第二国际的企图。代表大会还通过了题为《告全世界无产者》的宣言,宣称共产国际是《共产党宣言》宣布的事业的继承者和实践者,号召全世界无产者在工人苏维埃的旗帜下、在夺取政权和实行无产阶级专政的革命斗争的旗帜下、在共产国际的旗帜下联合起来。——220。

**95** 1921 年底苏维埃俄国财政危机的加剧是由一系列原因造成的,其中包括:工业遭到战争的破坏,不仅不能提供利润,并且本身也靠国家维持;粮食储备太少,饥荒引起价格的大幅度上涨;战时共产主义时期不征收货币税和实行公用事业(包括市内交通的运输业、邮政、住宅等等)免费制。1921 年底全俄苏维埃第九次代表大会通过的国家预算中,支出超过收入几乎达 10 亿战前卢布。这些赤字要靠不断增发纸币来弥补。由于缺乏工业品和粮食,纸币的购买力下降到微不足道的程度。

俄共(布)第十一次代表大会《关于财政政策的决议》提出了一系列具体措施,以健全国家财政,恢复以黄金作基础的货币流通(参看《苏联共产党代表大会、代表会议和中央全会决议汇编》1964 年人民出版社版第 2 分册第 165—170 页)。——222。

**96** 中央审查委员会是根据俄共(布)中央委员会和中央监察委员会 1921 年 6 月 25 日的决定设立的,由 5 人组成,在清党期间领导各地审查委员

会的工作(见 1921 年 6 月 30 日《真理报》第 140 号)。中央审查委员
会曾在党的第十一次代表会议和第十一次代表大会上作过清党总结的报
告。——222。

**97** 这里指的是亚·德·瞿鲁巴和阿·伊·李可夫于 1922 年初在德国动
手术一事。当时瞿鲁巴患胆囊化脓性炎症,李可夫患化脓性阑尾炎。
——223。

**98** 工农国防委员会红军和红海军供给特派员一职是根据全俄中央执行委
员会 1919 年 7 月 8 日《关于改变组织红军供给事宜的法令》设立的。
红军和红海军供给特派员办事处是采办各种食品(粮食人民委员部提
供的食粮除外)并供应红军和红海军的最高机关。它的地方机关是隶
属于各方面军指挥部的特派员的全权代表办事处。红军和红海军供给
特派员参加工农国防委员会和共和国革命军事委员会,享有委员权利。
直属特派员的还有军事工业委员会等机构。根据全俄中央执行委员会
1921 年 8 月 16 日的决定,红军和红海军供给特派员撤销,所属机构的
人员和财产移交最高国民经济委员会的有关机关。1919 — 1921 年,
阿·伊·李可夫任红军和红海军供给特派员。——224。

**99** 区域经济会议(区域经济委员会)是根据全俄苏维埃第八次代表大会
(1920 年 12 月)《关于地方经济管理机关》这一决定成立的劳动国防委
员会的地方机构。根据劳动国防委员会批准、列宁签署的《区域经济机
关暂行条例》(见 1921 年 3 月 30 日《全俄中央执行委员会消息报》第 68
号),设立区域经济会议是为了协调和加强各地方经济机关和省经济会
议的活动。区域经济会议的主要任务是督促及时准确地执行上级机关
关于经济问题的决定,审查和协调各区的经济计划,监督其实施,监督
正确利用物资,发挥地方的主动性。参加区域经济会议的有下列各单
位的地方代表:最高国民经济委员会,交通、粮食、农业、劳动、财政等人
民委员部,工农检查院(有发言权)和全俄工会中央理事会。区域经济
会议主席由劳动国防委员会任命。——224。

**100** 这是列宁对英国报纸《曼彻斯特卫报》记者阿瑟·兰塞姆所提问题的书
面答复。两种回答中交给兰塞姆的是第一种即完整的一种。

　　兰塞姆于 1922 年 10 月专程赴苏俄访问列宁。10 月 26 日,兰塞姆得到通知,要他把问题拟好写出。次日,他把拟定的 7 个问题寄给了列宁。11 月 3 日晚列宁接见了兰塞姆。谈话涉及英国议会选举、意大利法西斯政变等问题,但主要还是围绕兰塞姆事先拟定的问题进行。列宁说,他还没有把所有问题的答复写出来,但他答应在兰塞姆动身以前写完。星期日,11 月 5 日,列宁把 7 个问题的答复全部写就。星期一,"正当我收拾行装准备离开莫斯科的时候,——兰塞姆在给《曼彻斯特卫报》的通讯中写道,——我接到电话,说答复已写就。我急忙赶往克里姆林宫去取答复,给得很及时,使我得以随身带走。"

　　《曼彻斯特卫报》(《Manchester Guardian》)是英国一家资产阶级报纸,1821 年在曼彻斯特创刊。19 世纪中叶起为自由党的机关报。起初是周报,从 1857 年起改为日报。——226。

**101**　1902 年 4 月—1903 年 4 月,列宁和娜·康·克鲁普斯卡娅侨居伦敦。列宁提到的这位朋友是康·米·塔赫塔廖夫,他是社会民主党人、彼得堡工人阶级解放斗争协会活动家、经济派首领之一、《工人思想报》编辑。——226。

**102**　经济派是 19 世纪末—20 世纪初俄国社会民主党内的机会主义派别,是国际机会主义的俄国变种。其代表人物是康·米·塔赫塔廖夫、谢·尼·普罗柯波维奇、叶·德·库斯柯娃、波·尼·克里切夫斯基、亚·萨·皮凯尔(亚·马尔丁诺夫)、弗·彼·马赫诺韦茨(阿基莫夫)等,经济派的主要报刊是《工人思想报》(1897—1902 年)和《工人事业》杂志(1899—1902 年)。

　　经济派主张工人阶级只进行争取提高工资、改善劳动条件等等的经济斗争,认为政治斗争是自由派资产阶级的事情。他们否认工人阶级政党的领导作用,崇拜工人运动的自发性,否定向工人运动灌输社会主义意识的必要性,维护分散的和手工业的小组活动方式,反对建立集中的工人阶级政党。经济主义有诱使工人阶级离开革命道路而沦为资产阶级政治附庸的危险。

　　列宁对经济派进行了始终不渝的斗争。他在《俄国社会民主党人抗议书》(见《列宁选集》第 3 版修订版第 1 卷)中尖锐地批判了经济派的纲领。列宁的《火星报》在同经济主义的斗争中发挥了重大作用。列宁的《怎么办?》一书(见《列宁选集》第3版修订版第1卷),从思想上彻底地粉碎了经济主义。——226。

**103** 1922年10月24日人民委员会通过了关于发行1923年版纸币的决定。按照列宁签署的这一决定,1个1923年版卢布等于100万停止流通的卢布,或等于100个1922年版卢布。发行1923年版卢布是苏联1922—1924年币制改革第一阶段中的措施之一。苏联这次币制改革导致了卢布的稳定并在很大程度上促进了新经济政策成就的取得。——228、241。

**104** 这是列宁在共产国际第四次代表大会11月3日上午会议上作的报告。报告是用俄语作的,当天从德文速记记录译成英文。

共产国际第四次代表大会于1922年11月5日—12月5日举行(开幕式在彼得格勒举行,以后的会议从11月9日起在莫斯科举行)。58个共产党、3个其他政党(意大利社会党、冰岛工人党、蒙古人民党)以及5个工人组织(青年共产国际、红色工会国际、国际妇女书记处、美国黑人组织、国际工人援助会)的408名代表出席了大会。

第四次代表大会讨论了共产国际执行委员会的工作报告和下列问题:俄国革命的五年和世界革命的前途、关于资本的进攻、关于共产国际纲领、关于共产党员在工会中的任务、东方问题和土地问题等等。

列宁在1922年10月7日俄共(布)中央全会上被选入俄共(布)代表团领导小组,他领导了俄共(布)代表团的全部工作,并积极参加了大会重要决议的起草。他还时常会见参加大会的各国共产党和其他政党的代表,帮助他们制定革命行动的政策和策略。

共产国际第四次代表大会通过了关于俄国问题的决议,给新经济政策以高度评价。大会指出,只有全世界无产阶级共同努力才能保障俄国的无产阶级革命免遭帝国主义国家侵犯和资本主义制度复辟的危险。大会号召全世界劳动者大力支援苏维埃俄国。

大会详细分析了国际革命运动的现状和任务,认为共产国际执行的统一战线策略是正确的。关于共产国际策略的提纲规定了共产党反击资本的进攻和根据统一战线的策略加紧同法西斯主义作斗争的任务。大会从统一战线策略出发提出了工人政府的口号,认为工人政府是过渡到无产阶级专政的可能形式。

大会讨论了凡尔赛体系建立后的国际形势,指出这个体系使帝国主义国家之间的矛盾尖锐化,加剧了军国主义化和增加了新的世界大战危险。因此,大会号召各国共产党,首先是法国和德国的共产党人,加强无产阶级的国际主义团结。

大会采取了建立工人阶级统一战线的新步骤,向海牙国际和平大会、第二国际和第二半国际以及各国工会发出公开信,号召它们采取共同行动来反对资本的进攻和战争危险。大会确定了共产党人在工会运动中的任务,提出了争取工会运动统一的口号。

在讨论共产国际纲领问题的时候,大会考虑了列宁的建议,没有把这个纲领作为定稿加以通过,准备对它作更细致的推敲。11 月 21 日,大会通过了以俄共(布)代表团的草案为基础的关于共产国际纲领的决议,决定把所有的纲领草案转给共产国际执行委员会,以进行研究加工,同时责成各国党起草本国的纲领。

大会分析了被压迫的附属国的民族解放运动,对殖民地半殖民地国家提出了反帝统一战线的口号。为了更确切地阐述共产党在土地问题上的政策,大会通过了共产国际在土地问题上的行动纲领草案。

大会还在一些专门委员会和全体会议上讨论了法国、西班牙、意大利、捷克斯洛伐克、波兰、美国、南斯拉夫、丹麦等国共产党的活动。——236。

**105** 符拉迪沃斯托克是远东共和国人民革命军的部队于 1922 年 10 月 25 日解放的。日本不得不从远东撤军。——241。

**106** 1922 年 10 月底至 11 月初《真理报》上曾就同莱·厄克特签订合同的问题发表了一些争论文章。争论是按照列宁的建议组织的。关于这个问题,可参看 1922 年 10 月 30 日列宁给格·列·皮达可夫和莫·伊·弗鲁姆金的信(见《列宁全集》中文第 2 版第 52 卷第 517 页)。——244、256。

**107** 这里是借用俄国作家伊·谢·屠格涅夫的长篇小说《罗亭》中一个地主毕加索夫的话。毕加索夫极端蔑视妇女,认为妇女愚昧无知,缺乏逻辑思维。他说:"一个男人,打个比方说,也许会说二二不得四,而得五或者三个半;可是一个女人却会说二二得蜡烛。"——247。

**108**　1919 年 5 月 26 日,协约国最高会议给亚·瓦·高尔察克发出一份由伍·威尔逊、戴·苏合-乔治、若·本·克列孟梭、维·埃·奥兰多和西园寺公望共同签署的照会,声明愿意承认高尔察克,并提供军事装备、粮食和弹药的援助,以巩固他的"全俄执政者"的地位,但高尔察克必须履行下述条件:占领莫斯科后召开立宪会议;承认波兰和芬兰独立;如不能妥善解决俄国同爱沙尼亚、拉脱维亚、立陶宛以及高加索和外里海地区的相互关系问题,则将这个问题移交国际联盟,在此以前,承认这些领土为自治领土,等等。高尔察克在复信中表示愿意接受协约国提出的一系列条件。7 月 12 日,英、法、美、意四国对高尔察克的答复表示满意,并重申愿意援助高尔察克。——247。

**109**　指共产国际第三次代表大会。

　　共产国际第三次代表大会于 1921 年 6 月 22 日—7 月 12 日在莫斯科举行。出席大会的有来自 52 个国家的 605 名代表,他们分别代表 48 个共产党、8 个社会党、28 个青年团、4 个工团组织、2 个反对派共产党(德国共产主义工人党和西班牙工人共产党)以及 13 个其他组织。参加代表大会的俄共(布)代表共 72 人,列宁是代表团团长。代表大会议程共 22 项,其中包括:世界经济危机与共产国际的新任务;共产国际执行委员会的工作报告;德国共产主义工人党问题;意大利问题;共产国际的策略;红色工会国际同共产国际的关系;俄共(布)的策略;共产国际和共产主义青年运动;妇女运动;关于共产党的组织和共产国际的组织等。

　　列宁领导了大会的全部筹备工作和大会的进行,并被选为大会名誉主席。他参与了大会主要决议的制定,在大会上作了关于俄共(布)策略的报告、关于共产国际策略问题和关于意大利问题的讲话,并在一些代表团的会议上多次发言。

　　这次代表大会对年轻共产党的形成和发展起了巨大的作用。代表大会的中心议题是适应国际共产主义运动发展的新条件制定共产国际的策略并研究共产国际的组织问题。在大会上,列宁除了关注同中派危险作斗争外,还非常关心同"左的"教条主义和宗派主义作斗争。代表大会奠定了共产党策略的基础,提出了争取群众到无产阶级方面来、建立工人阶级的统一和实现统一战线策略的任务。——248。

**110** 指共产国际第三次代表大会通过的《关于各国共产党的组织建设、工作方法和工作内容的提纲》。——248。

**111** 黑帮是指1905—1907年沙皇俄国警察当局和一些君主派团体为镇压革命运动、杀害进步人士和制造反犹太人暴行而建立的武装暴徒组织。黑帮队伍的主要来源是小资产阶级的反动阶层、店铺老板、无业游民以及刑事犯罪分子等等。为了同黑帮作斗争，革命工人在布尔什维克党的领导下组织了战斗队、自卫队等。

　　在1905—1917年间，黑帮一词也泛指沙皇俄国反动的君主派团体如俄罗斯人民同盟、米迦勒天使长同盟以及极右的党派和组织。在1917年二月资产阶级民主革命进程中，黑帮组织正式被取缔。黑帮这一名称变成了对极其反动的流派和组织评价的普通名词。——250。

**112** 列宁在莫斯科苏维埃全会上的讲话是他最后一次对公众的讲话。莫斯科苏维埃全会是同莫斯科各区苏维埃的全会一道在大剧院开的。会议听取了莫斯科苏维埃主席团和执行委员会在市、区两级苏维埃改选前的工作报告。在会议议程进行完毕以后，列宁来到了会场，受到了极热烈的欢迎。据与会者回忆，尽管列宁身体不适，但他还是发表了热情洋溢的讲话。——251。

**113** 1921年12月3日俄共（布）中央政治局决定让列宁休假。12月6日他去哥尔克（莫斯科省波多利斯克县）治疗和休息。在1922年1月13日以前，列宁在休假期间，继续进行日常工作，去莫斯科参加一些政治局会议和党的中央全会，写了一系列重要文献，领导了全俄苏维埃第九次代表大会和俄共（布）第十一次全国代表会议的工作，答复了来信和来电，给予党的和苏维埃的机关以指示。——251。

**114** 关于改革人民委员会和劳动国防委员会的工作和这两个委员会副主席的分工问题，是列宁于1922年1—2月同亚·德·瞿鲁巴的通信中第一次提出的（见《列宁全集》中文第2版第42卷第387—395页）。后来列宁制定了《关于副主席（人民委员会和劳动国防委员会副主席）工作的决定》草案（见《列宁全集》中文第2版第43卷第147—155页）。人民委员会和劳动国防委员会副主席瞿鲁巴和阿·伊·李可夫参加了这一决定草案的制定。

　　1922 年 12 月列宁又谈到了这个问题(见《列宁全集》中文第 2 版第 43 卷第 315、320—322、326—327 页)。——251。

**115**　指远东共和国国民议会 1922 年 11 月 14 日通过的关于远东共和国同俄罗斯联邦重新合并的决定,合并的消息发表在 1922 年 11 月 15 日的各报上。决定的全文于 1922 年 11 月 21 日见报,是在列宁讲话之后。

　　远东共和国是 1920 年 4 月在东西伯利亚和远东地区成立的民主共和国,首都在上乌金斯克(现称乌兰乌德),后迁到赤塔。政府领导人是布尔什维克亚·米·克拉斯诺晓科夫、彼·米·尼基福罗夫等。苏维埃俄国政府于 1920 年 5 月 14 日正式承认远东共和国,并提供财政、外交、经济和军事援助。远东共和国是适应当时极为复杂的政治形势而成立的,目的是防止苏维埃俄国同日本发生军事冲突,并为在远东地区消除外国武装干涉和白卫叛乱创造条件。为了领导远东地区党的工作,成立了俄共(布)远东局(后改为俄共(布)中央远东局)。这个特别党组织的任务之一就是保证俄共(布)中央和俄罗斯联邦人民委员会对远东共和国的对内对外政策起决定性作用。在远东大部分地区肃清了武装干涉者和白卫军后,远东共和国国民议会于 1922 年 11 月 14 日作出加入俄罗斯联邦的决定。1922 年 11 月 15 日,全俄中央执行委员会宣布远东共和国为俄罗斯联邦的一部分。——252。

**116**　指英、法、意等国因英国和希腊对土耳其的干涉遭到失败而筹备召开的近东问题会议。帝国主义列强本想根本不让苏维埃俄国参加这次会议,但后来考虑到苏维埃俄国的国际作用日益增长,不得不在 1922 年 10 月 7 日的照会中表示允许苏俄在会议讨论黑海海峡问题时参加。苏俄政府在 1922 年 10 月 20 日的照会中就此提出抗议,接着又在 1922 年 11 月 2 日向"邀请国"发出新的照会,坚持俄罗斯社会主义联邦苏维埃共和国、乌克兰苏维埃社会主义共和国和格鲁吉亚苏维埃社会主义共和国必须自始至终参加近东问题会议。1922 年 11 月 2 日,俄共(布)中央政治局开会讨论了照会草稿。照会吸收了列宁在政治局会议上和在 1922 年 10 月 31 日给格·瓦·契切林和政治局全体委员的信(见《列宁全集》中文第 2 版第 43 卷第 249 页)中提出的建议。政治局决定使这一照会带揭发性。

　　近东问题会议于 1922 年 11 月 20 日在洛桑召开,一直开到 1923 年 7 月 24 日。参加会议的有英国、法国、意大利、日本、希腊、罗马尼亚、南斯拉夫、土耳其。在讨论黑海海峡管理问题时,有俄罗斯社会主义联邦苏维埃共和国、乌克兰苏维埃社会主义共和国和格鲁吉亚苏维埃社会主义共和国代表组成的联合代表团和保加利亚参加。在讨论某些问题时曾吸收阿尔巴尼亚、比利时、荷兰、西班牙、葡萄牙、挪威、瑞典参加。

　　会议最后签订了以英国、法国、意大利、日本、希腊、罗马尼亚和南斯拉夫为一方,以土耳其为另一方的和约,塞夫勒条约被废除。在洛桑会议议程上占重要地位的是黑海海峡问题。苏维埃代表团提出了列宁在《答〈观察家报〉和〈曼彻斯特卫报〉记者 M.法尔布曼问》(见《列宁全集》中文第 2 版第 43 卷第 237—242 页)中所表述的建议。但是建议遭到了否决。洛桑会议通过的海峡管理公约规定,任何国家的商船和军舰在任何时候都可以自由通过海峡。苏联认为该公约侵犯了黑海各国的合法权利,也不能保障它们的安全,因此未予批准。——256。

**117**　《论合作社》一文是 1923 年 1 月 4—6 日口授的。列宁原打算在全俄苏维埃第十次代表大会的报告中谈合作社问题(见《列宁全集》中文第 2 版第 43 卷第 325 页)。1922 年 9 月,他曾向中央消费合作总社理事会主席列·米·欣丘克索取关于合作社活动的资料(见《列宁全集》中文第 2 版第 52 卷第 479—480 页)。1923 年 1 月,娜·康·克鲁普斯卡娅曾为列宁索取有关合作社的著作。给列宁送去了下列书籍:尼·美舍利亚科夫《合作社和社会主义》(文集)1920 年莫斯科版;弗·施陶丁格尔《马克思主义和消费合作社》1919 年莫斯科版;И.扎先《资本主义时代合作制理论的发展》1919 年莫斯科版(这三本书藏于克里姆林宫列宁图书馆);弗·施陶丁格尔《从舒尔采-德里奇到克罗伊茨纳赫》1919 年莫斯科版;亚·恰扬诺夫《农民合作社的基本思想和组织形式》1919 年莫斯科版;米·伊·杜冈-巴拉诺夫斯基《合作社的社会基础》1916 年莫斯科版;谢·尼·普罗柯波维奇《俄国的合作社运动,其理论和实践》1913 年莫斯科版。

　　《论合作社》一文由克鲁普斯卡娅在 1923 年 5 月转交中央委员会。5 月 24 日政治局通过下述决定:“认为必须以最快速度刊载娜捷施达·康斯坦丁诺夫娜转交的弗拉基米尔·伊里奇的文章,并在文后注明日期。"——260。

**118** 文化主义是革命前俄国资产阶级知识分子中的一种力图用单纯教育活动来代替为人民利益进行实际斗争的思潮。列宁在这里借用这个词以强调俄国无产阶级夺取政权后文化教育工作的重要性。——266。

# 人 名 索 引

## A

阿德勒, 弗里德里希 ( Adler, Friedrich 1879 — 1960 )——奥地利社会民主党右翼领袖之一,"奥地利马克思主义"理论家,第二半国际和社会主义工人国际的组织者和领袖之一;维·阿德勒的儿子。1907—1911 年任苏黎世大学理论物理学讲师。1910 — 1911 年任瑞士社会民主党机关报《民权报》编辑,1911 年起任奥地利社会民主党书记。在哲学上是经验批判主义的信徒,主张以马赫主义哲学"补充"马克思主义。第一次世界大战期间主张社会民主党对帝国主义战争保持"中立"和促使战争早日结束。1914 年 8 月辞去书记职务。1916 年 10 月 21 日因枪杀奥匈帝国首相卡·施图尔克伯爵被捕。1918 年 11 月获释后重新担任党的书记,走上改良主义道路。1919 年当选为全国工人代表苏维埃执行委员会主席。1923 — 1939 年任社会主义工人国际书记。——88。

阿列克辛斯基, 格里戈里·阿列克谢耶维奇 ( Алексинский, Григорий Алексеевич 1879 — 1967 )——俄国社会民主党人,后蜕化为反革命分子。1905 — 1907 年革命期间是布尔什维克。第二届国家杜马彼得堡工人代表,社会民主党党团成员,参加了杜马的失业工人救济委员会、粮食委员会和土地委员会,并就斯托雷平在杜马中宣读的政府宣言,就预算、土地等问题发了言。作为社会民主党杜马党团代表参加了俄国社会民主工党第五次(伦敦)代表大会的工作。斯托雷平反动时期是召回派分子、派别性的卡普里党校(意大利)的讲课人和前进集团的组织者之一。第一次世界大战期间是社会沙文主义者,曾为多个资产阶级报纸撰稿。1917 年加入孟什维克统一派,持反革命立场;七月事变期间伙同特务机关伪造文件诬陷列宁和布尔什维克。1918 年逃往国外,投入反动营垒。——47。

安德列耶夫,安德列·安德列耶维奇(Андреев, Андрей Андреевич 1895 —
　　1971)——1914 年加入俄国布尔什维克党。1915 — 1917 年任党的彼得堡
　　委员会委员,彼得格勒五金工会组织者之一。十月革命期间在工人中做了
　　大量工作。苏维埃政权建立初期,在乌拉尔和乌克兰担任工会和党政领导
　　工作。在党的第九次和第十一至第二十次代表大会上当选为中央委员。
　　1920 — 1922 年任全俄工会中央理事会书记,1922 — 1927 年任铁路工会中
　　央委员会主席,1924 — 1925 年兼任党中央书记。1926 — 1930 年为党中央
　　政治局候补委员,1932 — 1952 年为中央政治局委员。1927 — 1930 年任联
　　共(布)北高加索边疆区委书记。1930 — 1931 年任联共(布)中央监察委员
　　会主席、苏联工农检查人民委员和人民委员会副主席,1931 — 1935 年任交
　　通人民委员。1935 — 1946 年任联共(布)中央书记,1939 — 1952 年任联共
　　(布)中央党的监察委员会主席。1943 — 1946 年任农业人民委员,1946 —
　　1953 年任苏联部长会议副主席。1953 — 1962 年任苏联最高苏维埃主席团
　　委员。1957 年起任苏中友好协会主席。—— 163。

奥登博格尔,弗拉基米尔·瓦西里耶维奇(Ольденборгер, Владимир Василь-
　　евич 1863—1921)——1893 年起是俄国莫斯科自来水厂的机械师,1917 年
　　起是该厂总工程师。—— 172。

奥尔忠尼启则,格里戈里·康斯坦丁诺维奇(Орджоникидзе, Григорий
　　Константинович 1886—1937)——1903 年加入俄国社会民主工党,布尔什
　　维克。曾在西格鲁吉亚、阿布哈兹、巴库从事革命工作,多次被捕和流放。
　　1912 年在党的第六次(布拉格)全国代表会议上当选为中央委员和中央委
　　员会俄国局成员。1917 年二月革命后在雅库特从事建立革命政权的工作。
　　1917 年 6 月任党的彼得堡委员会委员和彼得格勒苏维埃执行委员会委员。
　　在彼得格勒参加十月武装起义。十月革命后任乌克兰地区临时特派员和
　　南俄临时特派员。国内战争时期任第 16、第 14 集团军和高加索方面军革
　　命军事委员会委员。1920 年起是俄共(布)中央委员会高加索局成员,是
　　为建立阿塞拜疆、亚美尼亚和格鲁吉亚苏维埃政权而斗争的组织者之一。
　　1921 年在党的第十次代表大会上当选为中央委员。1922 — 1926 年任党的
　　外高加索边疆区委第一书记和北高加索边疆区委第一书记。1924 — 1927
　　年任苏联革命军事委员会委员。1926 年起为中央政治局候补委员,1930
　　年起为中央政治局委员。1926 — 1930 年任联共(布)中央监察委员会主席

和苏联工农检查人民委员、苏联人民委员会和劳动国防委员会副主席。1930 年起任苏联最高国民经济委员会主席,1932 年起任重工业人民委员。——216。

# B

巴师夏,弗雷德里克(Bastiat,Frédéric 1801 — 1850)——法国庸俗经济学家。他把资产阶级社会的阶级关系视为互惠关系,认为资本主义的关系是人和人之间的"自然"关系,鼓吹劳资利益调和论。——227。

鲍加耶夫斯基,米特罗范·彼得罗维奇(Богаевский, Митрофан Петрович 1881 — 1918)——俄国顿河哥萨克反革命骨干分子。1917 年 6 月 18 日 — 1918 年 1 月 29 日是顿河哥萨克军阿塔曼卡列金将军的副手,1918 年 1 月初起又参加了反革命的顿河政府。因进行反革命活动被捕判刑,并于 1918 年 4 月 1 日被枪决。——67。

鲍威尔,奥托(Bauer,Otto 1882 — 1938)——奥地利社会民主党和第二国际领袖之一,"奥地利马克思主义"理论家。同卡·伦纳一起提出资产阶级民族主义的民族文化自治论。1907 年起任社会民主党议会党团秘书,同年参与创办党的理论刊物《斗争》杂志。1912 年起任党中央机关报《工人报》编辑。第一次世界大战期间应征入伍,在俄国前线被俘。1917 年二月革命后在彼得格勒,同年 9 月回国。敌视俄国十月革命。1918 年 11 月 — 1919 年 7 月任奥地利共和国外交部长,赞成德奥合并。1920 年在维也纳出版反布尔什维主义的《布尔什维主义还是社会民主主义?》一书。1920 年起为国民议会议员。第二半国际和社会主义工人国际的组织者和领袖之一。曾参与制定和推行奥地利社会民主党的机会主义路线,使奥地利工人阶级的革命斗争遭受严重损失。晚年修正了自己的某些改良主义观点。——200、217。

倍倍尔,奥古斯特(Bebel,August 1840 — 1913)——德国工人运动和国际工人运动活动家,德国社会民主党和第二国际的创建人和领袖之一,马克思和恩格斯的朋友和战友;旋工出身。19 世纪 60 年代前半期开始参加政治活动,1867 年当选为德国工人协会联合会主席,1868 年该联合会加入第一国际。1869 年与威·李卜克内西共同创建了德国社会民主工党(爱森纳赫派），该党于 1875 年与拉萨尔派合并为德国社会主义工人党，后又改名为德国社会民主党。多次当选国会议员，利用国会讲坛揭露帝国政府反动的内外政策。1870—1871 年普法战争期间持国际主义立场，在国会中投票反对军事拨款，支持巴黎公社，为此曾被捕和被控叛国，断断续续在狱中度过近六年时间。在反社会党人非常法施行时期，领导了党的地下活动和议会活动。19 世纪 90 年代和 20 世纪初同党内的改良主义和修正主义进行斗争，反对伯恩施坦及其拥护者对马克思主义理论的歪曲和庸俗化。是出色的政论家和演说家，对德国和欧洲工人运动的发展有很大影响。马克思和恩格斯高度评价了他的活动。——50、155。

波波夫，帕维尔·伊里奇（Попов，Павел Ильич 1872—1950）——苏联统计学家，1924 年加入俄共（布）。1918 年起任中央统计局局长、苏联国家计划委员会主席团委员。1926—1949 年任俄罗斯联邦国家计划委员会主席团委员和全苏列宁农业科学院主席团委员、俄罗斯联邦国家计划委员会农业局领导人。后任苏联中央统计局科学方法论委员会委员。写有统计学方面的著作。——22。

布哈林，尼古拉·伊万诺维奇（Бухарин，Николай Иванович 1888—1938）——1906 年加入俄国社会民主工党。1907 年进入莫斯科大学法律系经济学专业学习。1908 年起任党的莫斯科委员会委员。1909—1910 年几度被捕，1911 年从流放地逃往欧洲。在国外开始著述活动，参加欧洲工人运动。1917 年二月革命后回国，当选为莫斯科苏维埃执行委员会委员、党的莫斯科委员会委员，任《社会民主党人报》和《斯巴达克》杂志编辑。在党的第六至第十六次代表大会上当选为中央委员。1917 年 10 月起任莫斯科军事革命委员会委员，参与领导莫斯科的武装起义。同年 12 月起任《真理报》主编。1918 年初反对签订布列斯特和约，是"左派共产主义者"集团的领袖。1919 年 3 月当选为党中央政治局候补委员。1919 年共产国际成立后任共产国际执行委员会委员和主席团委员。1920—1921 年工会问题争论期间领导"缓冲"派。1924 年 6 月当选为中央政治局委员。1926—1929 年主持共产国际的工作。1929 年被作为"右倾派别集团"的领袖受到批判，同年被撤销《真理报》主编、中央政治局委员、共产国际执行委员会委员和主席团委员职务。1931 年起任苏联最高国民经济委员会主席团委员。1934—1937 年任《消息报》主编。1934 年当选为候补中央委员。1937 年 3

月被开除出党。1938 年 3 月 13 日被苏联最高法院军事审判庭以"参与托洛茨基的恐怖、间谍和破坏活动"的罪名判处枪决。1988 年平反并恢复党籍。——63、65、195。

## D

邓尼金,安东·伊万诺维奇(Деникин, Антон Иванович 1872—1947)——沙俄将军。第一次世界大战期间曾任旅长和师长。1917 年 4—5 月任俄军最高总司令的参谋长,后任西方面军司令和西南方面军司令。积极参加科尔尼洛夫叛乱。十月革命后参与组建白卫志愿军,1918 年 4 月起任志愿军司令。在协约国扶植下,1919 年 1 月起任"南俄武装力量"总司令。1919 年夏秋进犯莫斯科,被击溃后率残部退到克里木。1920 年 4 月将指挥权交给弗兰格尔,自己逃亡国外。——23、92、110、111、114、115、137、161、255。

## E

厄克特,约翰·莱斯利(Urquhart, John Leslie 1874—1933)——英国金融家和工业家,矿业工程师。1896—1906 年在俄国巴库油田当工程师,后成为在俄国开办的一些英国公司的董事、俄亚联合公司董事长、一些大采矿企业的企业主。俄国十月革命后是武装干涉和经济封锁苏维埃俄国的策划者之一,任俄国债权人协会主席。1922 年任英国出席热那亚会议和海牙会议代表团顾问。1921—1929 年同苏联政府就其原有产业的租让权问题进行多次谈判,但没有成功。——231、244、256、257。

恩格斯,弗里德里希(Engels, Friedrich 1820—1895)——科学共产主义创始人之一,世界无产阶级的领袖和导师,马克思的亲密战友。——155、157。

## F

法尔布曼,M.C.(Фарбман, M.C. 1880—1933)——1920 年起先后任《芝加哥每日新闻报》、《曼彻斯特卫报》和《观察家报》驻莫斯科记者。——231。

弗兰格尔,彼得·尼古拉耶维奇(Врангель, Петр Николаевич 1878—1928)——沙俄将军,君主派分子,男爵。第一次世界大战期间任骑兵军军长。十月革命后到克里木,1918 年 8 月参加白卫志愿军,先后任骑兵师师长、骑兵军军长、高加索集团军司令、志愿军司令。1920 年 4 月接替邓尼金

任"南俄武装力量"总司令,11 月起任克里木"俄军"总司令;在克里木和南
乌克兰建立了军事专政。1920 年 11 月中旬被红军击溃后逃亡国外。——
91、110、114、115、137、161。

## G

高尔察克,亚历山大·瓦西里耶维奇(Колчак, Александр Васильевич 1873 —
1920)——沙俄海军上将(1916),君主派分子。第一次世界大战期间任波
罗的海舰队作战部部长、水雷总队长,1916 — 1917 年任黑海舰队司令。
1918 年 10 月抵鄂木斯克,11 月起任白卫军"西伯利亚政府"陆海军部长。
11 月 18 日在外国武装干涉者支持下发动政变,在西伯利亚、乌拉尔和远东
建立军事专政,自封为"俄国最高执政"和陆海军最高统帅。叛乱被平定
后,1919 年 11 月率残部逃往伊尔库茨克,后被俘。1920 年 2 月 7 日根据伊
尔库茨克军事革命委员会的决定被枪决。—— 23、92、110、111、114、
115、137、139、161、203、204、247、248。

哥尔布诺夫,尼古拉·彼得罗维奇(Горбунов, Николай Петрович 1892 —
1937)——1917 年加入俄国社会民主工党(布)。十月革命后任人民委员
会秘书和列宁的秘书。1918 年 8 月起任最高国民经济委员会科学技术局
局长。1919 — 1920 年在红军中做政治工作,任第 13 和第 14 集团军革命军
事委员会委员。1920 年起任俄罗斯联邦人民委员会和劳动国防委员会办
公厅主任、苏联国家计划委员会委员。1923 — 1929 年任莫斯科鲍曼高等技
术学校校长,1928 — 1932 年任化学化委员会科学组负责人,1931 — 1933 年
任卡尔波夫化学研究所副所长,1932 — 1935 年领导塔吉克—帕米尔考察
队。1935 年起为苏联科学院院士兼常务秘书。——212。

哥尼克曼,С.Л.(Гоникман, С.Л. 生于 1897 年)—— 1917 — 1918 年为孟什维
克,后加入俄共(布)。1921 — 1926 年在莫斯科共产主义大学任教,后从事
党的工作和经济工作。1935 年被开除出党。—— 148。

格耶,亚历山大(Ге, Александр 1879 — 1919)——俄国无政府主义者,生于德
国。十月革命后拥护苏维埃政权。曾任第三届和第四届全俄中央执行委
员会委员。1918 年参加北高加索苏维埃政府。——61。

# H

哈定,沃伦(Harding, Warren 1865—1923)——美国政治活动家,共和党人。早年从事报纸出版业。曾任俄亥俄州议会议员和副州长,参议院议员。1921—1923 年任美国总统。——46。

# J

加米涅夫(**罗森费尔德**),列夫·波里索维奇(Каменев(Розенфельд),Лев Борисович 1883—1936)——1901 年加入俄国社会民主工党,党的第二次代表大会后是布尔什维克。是高加索联合会出席党的第三次代表大会的代表。1905—1907 年在彼得堡从事宣传鼓动工作,为党的报刊撰稿。1908 年底出国,任布尔什维克的《无产者报》编委。斯托雷平反动时期对取消派、召回派和托洛茨基分子采取调和主义态度。1914 年初回国,在《真理报》编辑部工作,曾领导第四届国家杜马布尔什维克党团。1915 年被捕后,在沙皇法庭上宣布放弃使沙皇政府在帝国主义战争中失败的布尔什维克口号。1917 年二月革命后反对列宁的《四月提纲》。从党的第七次全国代表会议(1917 年 4 月)起多次当选为中央委员。1917 年 10 月 10 日被选入中央政治局。十月革命前夕反对举行武装起义的决定。在全俄苏维埃第二次代表大会上当选为全俄中央执行委员会第一任主席。1917 年 11 月主张成立有孟什维克和社会革命党人参加的联合政府,遭到否决后声明退出党中央。1918 年起任莫斯科苏维埃主席。1922 年起任人民委员会副主席,1924—1926 年任劳动国防委员会主席。1923 年起为列宁研究院第一任院长。1919—1925 年为党中央政治局委员。1925 年参与组织"新反对派",1926 年 1 月当选为中央政治局候补委员,同年参与组织"托季联盟",10 月被撤销政治局候补委员职务。1927 年 12 月被开除出党,后来两次恢复党籍,两次被开除出党。1936 年 8 月 25 日被苏联最高法院军事审判庭以"参与暗杀基洛夫、阴谋刺杀斯大林及其他苏联领导人"的罪名判处枪决。1988 年 6 月苏联最高法院为其平反。——49、50、211—214、223、251。

# K

卡芬雅克,路易·欧仁(Cavaignac, Louis-Eugène 1802—1857)——法国将军,资产阶级共和党人。1831—1848 年参与侵占阿尔及利亚的战争,以野蛮的作战方式著称。1848 年二月革命后任阿尔及利亚总督;5 月任法国陆军部长,镇压巴黎工人的六月起义。1848 年 6—12 月任法兰西第二共和国政府首脑。卡芬雅克的名字已成为军事独裁者、屠杀工人的刽子手的通称。——59、89。

卡列林,弗拉基米尔·亚历山德罗维奇(Карелин,Владимир Александрович 1891—1938)——俄国左派社会革命党组织者之一,该党中央委员。1917 年 11 月在全俄苏维埃第二次代表大会上代表左派社会革命党被选进全俄中央执行委员会主席团。同年 12 月进入人民委员会,任国家产业人民委员,兼任司法人民委员部部务委员。1918 年是苏俄布列斯特和谈代表团的成员,因反对签订布列斯特和约退出人民委员会。1918 年 7 月参与领导莫斯科左派社会革命党人的叛乱。1919 年 2 月被捕,获释后逃往国外,继续进行反苏维埃活动。——61。

考茨基,卡尔(Kautsky,Karl 1854—1938)——德国社会民主党和第二国际的领袖和主要理论家之一。1875 年加入奥地利社会民主党,1877 年加入德国社会民主党。1881 年与马克思和恩格斯相识后,在他们的影响下逐渐转向马克思主义。从 19 世纪 80 年代到 20 世纪初写过一些宣传和解释马克思主义的著作:《卡尔·马克思的经济学说》(1887)、《土地问题》(1899)等。但在这个时期已表现出向机会主义方面摇摆,在批判伯恩施坦时作了很多让步。1883—1917 年任德国社会民主党理论刊物《新时代》杂志主编。曾参与起草 1891 年德国社会民主党纲领(爱尔福特纲领)。1910 年以后逐渐转到机会主义立场,成为中派领袖。第一次世界大战前夕提出超帝国主义论,大战期间打着中派旗号支持帝国主义战争。1917 年参与建立德国独立社会民主党,1922 年拥护该党右翼与德国社会民主党合并。1918 年后发表《无产阶级专政》等书,攻击俄国十月革命,反对无产阶级专政。——69、87、88、101、200。

科兹洛夫斯基,A.(Козловский,А.)——沙俄将军,喀琅施塔得叛乱最积极的参加者之一。叛乱被平定后逃往国外。——86。

克拉辛,列昂尼德·波里索维奇(Красин,Леонид Борисович 1870—1926)——1890 年参加俄国社会民主主义运动,是布鲁斯涅夫小组成员。1895 年被捕,流放伊尔库茨克三年。流放期满后进入哈尔科夫工艺学院学习,1900年毕业。1900—1904年在巴库当工程师,与弗·扎·克茨霍韦利一起建立《火星报》秘密印刷所。俄国社会民主工党第二次代表大会后加入布尔什维克党,被增补进中央委员会;在中央委员会里一度对孟什维克采取调和主义态度,帮助把三名孟什维克代表增补进中央委员会,但不久即同孟什维克决裂。俄国社会民主工党第三次代表大会的参加者,在会上当选为中央委员。1905年是布尔什维克第一份合法报纸《新生活报》的创办人之一。1905—1907年革命期间参加彼得堡工人代表苏维埃,领导党中央战斗技术组。在党的第四次(统一)代表大会上代表布尔什维克作了关于武装起义问题的报告,并再次当选为中央委员,在第五次(伦敦)代表大会上当选为候补中央委员。1908年侨居国外。一度参加反布尔什维克的前进集团,后脱离政治活动,在国内外当工程师。十月革命后是红军供给工作的组织者之一,任红军供给非常委员会主席、最高国民经济委员会主席团委员、工商业人民委员、交通人民委员。1919年起从事外交工作。1920年起任对外贸易人民委员,1920—1923年兼任驻英国全权代表和商务代表,参加了热那亚国际会议和海牙国际会议。1924年任驻法国全权代表,1925年起任驻英国全权代表。在党的第十三次和第十四次代表大会上当选为中央委员。——28、44、211—214、257。

克伦斯基,亚历山大·费多罗维奇(Керенский, Александр Федорович 1881—1970)——俄国政治活动家,资产阶级临时政府首脑。1917年3月起为社会革命党人。第四届国家杜马代表,劳动派党团领袖。第一次世界大战期间是护国派分子。1917年二月革命后任彼得格勒工兵代表苏维埃副主席、国家杜马临时委员会委员。在临时政府中任司法部长(3—5月)、陆海军部长(5—9月)、总理(7月21日起)兼最高总司令(9月12日起)。执政期间继续进行帝国主义战争,七月事变时镇压工人和士兵,迫害布尔什维克。1917年11月7日彼得格勒爆发武装起义时,从首都逃往前线,纠集部队向彼得格勒进犯,失败后逃亡巴黎。在国外参加白俄流亡分子的反革命活动,1922—1932年编辑《白日》周刊。1940年移居美国。——63、66、83。

库尔斯基,德米特里·伊万诺维奇(Курский, Дмитрий Иванович 1874—1932)——1904年加入俄国社会民主工党。1900年毕业于莫斯科大学法律系。1905年积极参加莫斯科十二月武装起义。1906年起是布尔什维克组织莫斯科区域局成员。1914 年被征入伍,在士兵中进行革命宣传活动。1917 年 5—8 月任罗马尼亚方面军第 4 集团军士兵代表苏维埃主席;是全俄苏维埃第一次代表大会代表。1917 年 10 月任敖德萨军事革命委员会委员。1918—1928 年任俄罗斯联邦司法人民委员、苏联第一任总检察长,在他的领导下制定了民法典和刑法典。1919—1920 年兼任工农红军总参谋部政委和野战司令部政委、共和国革命军事委员会委员。1921 年起任全俄中央执行委员会主席团委员,1923 年起任苏联中央执行委员会主席团委员。1924—1927 年任党中央检查委员会主席,1927—1930 年任党中央监察委员会委员。1928—1932 年任驻意大利全权代表。——175。

## L

拉科西·马蒂亚斯(Rákosi Mátyás 1892—1971)——匈牙利政治活动家。1910 年加入社会民主党。第一次世界大战期间被俄军俘虏,在战俘营同俄国革命者保持联系。1918 年回国,同年加入匈牙利共产党。1919 年匈牙利苏维埃共和国时期是革命政府成员。匈牙利反革命势力得胜后逃往莫斯科。1921—1924 年是共产国际执委会书记之一。1924 年 12 月回国,参加重建匈牙利共产党组织的工作。1925 年被捕,监禁八年后,1934 年又被判处终身监禁。1940 年获释,流亡苏联,为匈共国外委员会领导人之一。1945 年 1 月回国。1945—1948 年任匈牙利共产党总书记,1948—1953 年任匈牙利劳动人民党总书记,1952—1953 年兼任部长会议主席。1953—1956 年任劳动人民党第一书记。1956 年 7 月被免去第一书记职务,1962 年 8 月被开除出党。——200。

拉林,尤·(卢里叶,米哈伊尔·亚历山德罗维奇)(Ларин, Ю.(Лурье, Михаил Александрович)1882—1932)——1900 年参加俄国社会民主主义运动,在敖德萨和辛菲罗波尔工作。1904 年起为孟什维克。1905 年是俄国社会民主工党彼得堡孟什维克委员会委员。1906 年进入党的彼得堡统一委员会;是党的第四次(统一)代表大会有表决权的代表。维护孟什维克的土地地方公有化纲领,支持召开"工人代表大会"的取消主义思想。党的第五次(伦敦)代表大会波尔塔瓦组织的代表。斯托雷平反动时期和新的革命高涨年代是取消派领袖之一,参加了"八月联盟"。第一次世界大战期间是中派分子。1917 年二月革命后领导出版《国际》杂志的孟什维克国际主义派。1917年8月加入布尔什维克党。在彼得格勒参加十月武装起义。十月革命后主张成立有孟什维克和社会革命党人参加的联合政府。在苏维埃和经济部门工作,曾任最高国民经济委员会主席团委员、国家计划委员会主席团委员等职。1920—1921年工会问题争论期间先后支持布哈林和托洛茨基的纲领。——147。

兰塞姆,阿瑟(Ransome, Arthur 生于1884年)——英国作家,一些报刊的撰稿人。多次访问俄国。1916—1919年和1919—1924年先后任《每日新闻报》和《曼彻斯特卫报》驻苏维埃俄国的记者。——226。

李可夫,阿列克谢·伊万诺维奇(Рыков, Алексей Иванович 1881—1938)——1899年加入俄国社会民主工党。曾在萨拉托夫、莫斯科、彼得堡等地做党的工作。1905年党的第三次代表大会起多次当选为中央委员。斯托雷平反动时期对取消派、召回派和托洛茨基分子采取调和态度。曾多次被捕流放并逃亡国外。1917年二月革命后被选进莫斯科苏维埃主席团,同年10月在彼得格勒参与领导武装起义。十月革命后参加第一届人民委员会,任内务人民委员。1917年11月主张成立有孟什维克和社会革命党人参加的联合政府,遭到否决后声明退出党中央和人民委员会。1918年2月起任最高国民经济委员会主席,1921年夏起任人民委员会和劳动国防委员会副主席。1923年当选为党中央政治局委员。1924—1930年任苏联人民委员会主席。1929年被作为"右倾派别集团"领袖之一受到批判。1930年12月被撤销政治局委员职务。1931—1936年任苏联交通人民委员。1934年当选为候补中央委员。1937年被开除出党。1938年3月13日被苏联最高法院军事审判庭以"参与托洛茨基的恐怖、间谍和破坏活动"的罪名判处枪决。1988年平反昭雪并恢复党籍。——175、223、224、251。

梁赞诺夫(戈尔登达赫),达维德·波里索维奇(Рязанов(Гольдендах), Давид Борисович 1870—1938)——1889年参加俄国革命运动。曾在敖德萨和基什尼奥夫开展工作。1900年出国,是著作家团体"斗争社"的组织者之一;该社反对《火星报》制定的党纲和列宁的建党组织原则。俄国社会民主工党第二次代表大会反对斗争社参加大会的工作,并否决了邀请梁赞诺夫作为该社代表出席大会的建议。1903年俄国社会民主工党第二次代表大会后是孟什维克。1905—1907年在国家杜马社会民主党党团和工会工作。

后再次出国,为《新时代》杂志撰稿。1909 年在前进集团的卡普里党校(意大利)担任讲课人,1911 年在隆瑞莫党校(法国)讲授工会运动课。曾受德国社会民主党委托从事出版《马克思恩格斯全集》和第一国际史的工作。第一次世界大战期间是中派分子,为孟什维克的《呼声报》和《我们的言论报》撰稿。1917 年二月革命后参加区联派,在俄国社会民主工党(布)第六次代表大会上随区联派集体加入布尔什维克党。十月革命后从事工会工作。1918 年初因反对签订布列斯特和约一度退党。1920 — 1921 年工会问题争论期间持错误立场,被解除工会职务。1921 年参与创建马克思恩格斯研究院,担任院长直到 1931 年。1931 年 2 月因同孟什维克国外总部有联系被开除出党。——41、43、44、46、48。

列宁,弗拉基米尔·伊里奇(**乌里扬诺夫,弗拉基米尔·伊里奇**)(Ленин,Владимир Ильич(Ульянов,Владимир Ильич)1870 — 1924)—— 63、163、174、180、231、236、247、250。

列扎瓦,安德列·马特维耶维奇(Лежава,Андрей Матвеевич 1870— 1937)——1904 年加入俄国社会民主工党。19 世纪 80 年代末参加民粹主义运动。1893 年因参与筹建地下印刷所被捕,监禁两年后,流放雅库特卡五年。流放期满后在梯弗利斯、沃罗涅日、下诺夫哥罗德、萨拉托夫、莫斯科等地做党的工作。十月革命后担任经济部门和苏维埃的领导工作。1919 — 1920 年任中央消费合作总社主席,1920 — 1922 年任副对外贸易人民委员,1922 — 1924 年任国内商业人民委员,1924 — 1930 年任俄罗斯联邦人民委员会副主席兼俄罗斯联邦国家计划委员会主席,1930 — 1937 年任苏联亚热带作物总管理局局长。1927 — 1930 年为党中央监察委员会委员。多次当选为全俄中央执行委员会和苏联中央执行委员会委员。—— 19。

龙格,让(Longuet,Jean 1876—1938)——法国社会党和第二国际领袖之一,政论家;沙尔·龙格和燕妮·马克思的儿子。19 世纪末至 20 世纪初积极为法国和国际的社会主义报刊撰稿。1914 年和 1924 年当选为众议员。第一次世界大战期间持中派和平主义立场。是法国中派分子的报纸《人民报》的创办人(1916)和编辑之一。谴责外国武装干涉苏维埃俄国。反对法国社会党加入共产国际,反对建立法国共产党。1920 年起是法国社会党中派领袖之一。1921 年起是第二半国际执行委员会委员。1923 年起是社会主义工人国际领导人之一。30 年代主张社会党人和共产党人联合起来反对法西斯主义,参加了反法西斯和反战的国际组织。——101。

卢托维诺夫,尤里·赫里桑福维奇(Лутовинов,Юрий Хрисанфович 1887 — 1924)——1904 年加入俄国社会民主工党。曾在俄国一些城市做党的工作,屡遭沙皇政府迫害。十月革命后在顿河流域和乌克兰积极参加国内战争,1918 年是处于地下状态的乌克兰共产党(布)中央委员会委员。后从事工会及苏维埃工作。1920 年起任五金工会中央委员会委员和全俄中央执行委员会主席团委员;是全俄工会中央理事会主席团委员。1920 — 1921 年工会问题争论期间是工人反对派的骨干分子。1921 年被撤销工会负责职务,被任命为俄罗斯联邦驻德国副商务代表。——163。

鲁登道夫,埃里希(Ludendorff,Erich 1865 — 1937)——德国军事家和政治活动家。1918 年参与策划对苏维埃俄国的武装干涉。1920 年积极参加卡普叛乱。鲁登道夫是法西斯总体战理论的炮制者。——49。

鲁祖塔克,扬·埃内斯托维奇(Рудзутак,Ян Эрнестович 1887 — 1938)——1905 年加入俄国社会民主工党,布尔什维克。1906 年任党的里加委员会委员。1907 年被捕并被判处十年苦役。1917 年二月革命时获释。十月革命后担任工会领导工作,后任最高国民经济委员会主席团委员、中央纺织工业委员会主席。从 1920 年党的第九次代表大会起当选为中央委员。1920 年起任运输工会中央委员会主席、全俄工会中央理事会总书记、全俄中央执行委员会和俄罗斯联邦人民委员会土耳其斯坦委员会主席、俄共(布)中央委员会土耳其斯坦局主席。1922 — 1924 年任俄共(布)中央委员会中亚局主席。1923 — 1924 年任党中央委员会书记。1924 — 1930 年任交通人民委员。1926 年起任苏联人民委员会和劳动国防委员会副主席,1931 年起同时任党中央监察委员会主席和苏联工农检查人民委员。1923 — 1926 年为党中央政治局候补委员,1926 — 1932 年为政治局委员,1934 年起为政治局候补委员。曾任全俄中央执行委员会和苏联中央执行委员会主席团委员。——163、174。

罗日柯夫,尼古拉·亚历山德罗维奇(Рожков,Николай Александрович 1868 — 1927)——俄国历史学家和政治活动家。19 世纪 90 年代接近合法马克思主义者。1905 年加入俄国社会民主工党,布尔什维克。1907 年当选为中央委员,进入中央委员会俄国局。1905—1907 年革命失败后成为取消派的思想领袖之一,为《我们的曙光》杂志撰稿,编辑孟什维克取消派的《新西伯利亚报》。1917 年二月革命后在临时政府担任了几个月的邮电部副部长。同年 8 月加入孟什维克党,当选为该党中央委员。敌视十月革命,在外国武装干涉和国内战争时期反对苏维埃政权。20 年代初因与孟什维克的反苏维埃活动有关而两次被捕。1922 年同孟什维克决裂。后来在一些高等院校和科研机关工作。写有俄国史方面的著作。——87。

洛佐夫斯基(**德里佐**),索洛蒙·阿布拉莫维奇(Лозовский(Дридзо),Соломон Абрамович 1878—1952)——1901 年加入俄国社会民主工党。曾在彼得堡、喀山、哈尔科夫做党的工作。积极参加了俄国第一次革命。1906 年被捕,1908 年在押解途中逃往国外。1909—1917 年流亡日内瓦和巴黎,1912 年参加布尔什维克调和派。第一次世界大战期间参与组织法国社会党和工会中的国际主义派。1917 年 6 月回国,在全俄工会第三次代表会议(1917 年 7 月)上被选为全俄工会中央理事会书记。1917 年 12 月因反对党的政策被开除出党。1918—1919 年领导社会民主党人国际主义派,1919 年 12 月以该派成员身份重新加入俄共(布)。1920 年任莫斯科省工会理事会主席。曾参加共产国际第二次代表大会的工作。1921—1937 年任红色工会国际总书记。1937—1939 年任国家文学出版社社长,1939—1946 年先后任苏联副外交人民委员和副外交部长。1927 年党的第十五次代表大会起为候补中央委员,1939 年在党的第十八次代表大会上当选为中央委员。——50、51。

## M

马尔舍夫,М. Л.(Маршев,М. Л. 1881—1958)——1918 年加入俄共(布)。1897 年参加革命运动。1917 年 11 月起任莫斯科省工会理事会主席团委员。1920 年起任建筑工会主席团主席。1926—1931 年任莫斯科州第一副检察长。1932—1934 年任州肉类奶品工业工会书记。1937 年起任莫斯科环城铁路检察长。1947 年退休。——47、51。

马尔托夫,尔·(**策杰尔包姆,尤利·奥西波维奇**)(Мартов,Л.(Цедербаум,Юлий Осипович)1873—1923)——俄国孟什维克领袖之一。1895 年参与

组织彼得堡工人阶级解放斗争协会。1896年被捕并流放图鲁汉斯克三年。1900年参与创办《火星报》,为该报编辑部成员。在俄国社会民主工党第二次代表大会上是《火星报》组织的代表,领导机会主义少数派,反对列宁的建党原则;从那时起成为孟什维克中央机关的领导成员和孟什维克报刊的编辑。曾参加党的第五次(伦敦)代表大会的工作。斯托雷平反动时期和新的革命高涨年代是取消派分子,编辑《社会民主党人呼声报》,参与组织"八月联盟"。第一次世界大战期间是中派分子,参加齐美尔瓦尔德代表会议和昆塔尔代表会议。曾参加孟什维克组织委员会国外书记处,为书记处编辑机关刊物。1917年二月革命后领导孟什维克国际主义派。十月革命后反对镇压反革命和解散立宪会议。1919年当选为全俄中央执行委员会委员,1919—1920年为莫斯科苏维埃代表。1920年9月侨居德国。参与组织第二半国际,在柏林创办和编辑孟什维克杂志《社会主义通报》。——40、83、87—91、94、101。

马克思,卡尔(Marx,Karl 1818—1883)——科学共产主义的创始人,世界无产阶级的领袖和导师。——63、64、161、195、216、226、234。

马伊斯基,伊万·米哈伊洛维奇(Майский,Иван Михайлович 1884— 1975)——1903年加入俄国社会民主工党,1918年以前是孟什维克。1905—1907年革命期间参加萨拉托夫工人代表苏维埃的活动。1908—1917年侨居国外。第一次世界大战期间持中派立场。1918年参加反革命的萨马拉立宪会议委员会,主管劳动部门。1919年与孟什维克决裂,l921年2月加入俄共(布);任西伯利亚革命委员会经济部部长。1922年起从事外交工作。1929—1932年任驻芬兰全权代表,1932—1943年任驻英国大使,1943—1946年任副外交人民委员。写有一些历史著作和回忆录。1946年起为苏联科学院院士。——88。

麦克唐纳,詹姆斯·拉姆赛(MacDonald,James Ramsay 1866—1937)——英国政治活动家,英国工党创建人和领袖之一。1885年加入社会民主联盟。1886年加入费边社。1894年加入独立工党,1906—1909年任该党主席。1900年当选为劳工代表委员会书记,该委员会于1906年改建为工党。1906年起为议员,1911—1914年和1922—1931年任工党议会党团主席。推行机会主义政策,鼓吹阶级合作和资本主义逐渐长入社会主义的理论。

第一次世界大战初期采取和平主义立场,后来公开支持劳合-乔治政府进行帝国主义战争。1918—1920年竭力破坏英国工人反对武装干涉苏维埃俄国的斗争。1924年和1929—1931年先后任第一届和第二届工党政府首相。1931—1935年领导由保守党决策的国民联合政府。——87、101。

米留可夫,帕维尔·尼古拉耶维奇(Милюков, Павел Николаевич 1859—1943)——俄国立宪民主党领袖,俄国自由派资产阶级思想家,历史学家和政论家。1886年起任莫斯科大学讲师。90年代前半期开始政治活动,1902年起为资产阶级自由派的《解放》杂志撰稿。1905年10月参与创建立宪民主党,后任该党中央委员会主席和中央机关报《言语报》编辑。第三届和第四届国家杜马代表。第一次世界大战期间为沙皇政府的掠夺政策辩护。1917年二月革命后任第一届临时政府外交部长,推行把战争进行到"最后胜利"的帝国主义政策;同年8月积极参与策划科尔尼洛夫叛乱。十月革命后同白卫分子和武装干涉者合作。1920年起为白俄流亡分子,在巴黎出版《最新消息报》。著有《俄国文化史概要》、《第二次俄国革命史》及《回忆录》等。——87—89、91、92、94。

米罗什尼科夫,伊万·伊万诺维奇(Мирошников, Иван Иванович 1894—1939)——1917年加入俄国社会民主工党(布)。外国武装干涉和国内战争时期参加红军作战。1921—1937年先后任人民委员会和劳动国防委员会办公厅主任助理和主任,1937年起任苏联副财政人民委员。——212。

莫洛托夫(**斯克里亚宾**),维亚切斯拉夫·米哈伊洛维奇(Молотов(Скря-бин), Вячеслав Михайлович 1890—1986)——1906年加入俄国社会民主工党,布尔什维克。曾在喀山、沃洛格达、彼得堡做党的工作,屡遭沙皇政府迫害。1912年在布尔什维克合法报纸《明星报》工作,后任《真理报》编辑部成员兼编辑部秘书。1917年二月革命期间是党中央委员会俄国局成员,十月革命期间是彼得格勒军事革命委员会委员。1918—1921年历任北部地区国民经济委员会主席、下诺夫哥罗德省执行委员会主席、俄共(布)顿涅茨克省委书记、乌克兰共产党(布)中央委员会书记。在俄共(布)第九次代表大会上当选为候补中央委员,第十次代表大会上当选为中央委员。党的十大后任中央委员会书记和政治局候补委员,1926年起为政治局委员,1952年起为苏共中央主席团委员。1930—1941年任苏联人民委员会主席,1941—1957 年任苏联人民委员会第一副主席,1939 年起兼任苏联外交人民委员。1941—1945 年卫国战争时期兼任国防委员会副主席,参加了德黑兰(1943)、雅尔塔(1945)和波茨坦(1945)会议。1957 年 6 月根据苏共中央全会决议,被开除出苏共中央主席团和中央委员会。1957 年出任苏联驻蒙古人民共和国大使,1960—1962 年任苏联驻维也纳国际原子能机构代表。苏共第二十二次代表大会后被开除出党,1984 年恢复党籍。——174、175。

## N

拿破仑第三(**波拿巴,路易;路易-拿破仑**)(Napoléon III(Bonaparte,Louis,Louis-Napoléon)1808—1873)——法国皇帝(1852—1870),拿破仑第一的侄子。法国 1848 年革命失败后被选为法兰西共和国总统。1851 年 12 月 2 日发动政变,1852 年 12 月称帝。在位期间,对外屡次发动侵略战争,包括同英国一起发动侵略中国的第二次鸦片战争。对内实行警察恐怖统治,强化官僚制度,同时以虚假的承诺、小恩小惠和微小的改革愚弄工人。1870 年 9 月 2 日在普法战争色当战役中被俘,9 月 4 日巴黎革命时被废黜。——59、89。

乃木希典(1849—1912)——日本将军,伯爵(1907)。1894—1895 年中日战争时期任步兵旅旅长,战后晋升为师长,并被派往台湾任总督。1900—1904 年退役。1904—1905 年日俄战争时期重返军界。1904 年 6 月起任第 3 集团军司令,指挥围攻旅顺口。攻陷旅顺后参加了沈阳战役。战后任天皇的军事参议官和享有特权的贵族子弟学习院名誉院长。——130、131。

尼古拉二世(**罗曼诺夫**)(Николай II(Романов)1868—1918)——俄国最后一个皇帝,亚历山大三世的儿子。1894 年即位,1917 年二月革命时被推翻。1918 年 7 月 17 日根据乌拉尔州工兵代表苏维埃的决定在叶卡捷琳堡被枪决。——114。

## O

欧文,罗伯特(Owen,Robert 1771—1858)——英国空想社会主义者。当过学徒和店员。1800—1829 年在苏格兰新拉纳克管理一所大纺织厂,关心工人的工作和福利条件,使工厂变成模范新村。1820 年在所著《关于减轻社会疾苦的计划致拉纳克郡的报告》中,论述了他的空想社会主义思想体系,提出组织劳动公社的计划。1824 年到美国创办"新和谐村",结果失败。1829年回国后,在工人中组织生产合作社和工会。1832 年试办"全国劳动产品公平交换市场",又告失败。1834 年任全国总工会联合会主席。尖锐抨击资本主义私有制,首先提出工人有权享有自己的全部劳动产品,但认为社会不平等的主要原因在于教育不够普及,以为通过普及知识就能消除社会矛盾。同情无产阶级,但不主张工人进行政治斗争。主要著作还有《论人性的形成》(1813)、《新道德世界书》(1836—1844)等。——265。

# P

彭加勒,雷蒙(Poincaré, Raymond 1860—1934)——法国政治活动家和国务活动家;职业是律师。1887—1903 年为众议员。1893 年起多次参加法国政府。1912—1913 年任总理兼外交部长,1913—1920 年任总统。推行军国主义政策,极力策划第一次世界大战。主张加强协约国和法俄同盟。俄国十月革命后是武装干涉苏维埃俄国的策划者之一。1922—1924 年和1926—1929 年任总理,力主分割德国(1923 年占领鲁尔区),企图建立法国在欧洲的霸权。——210。

皮尔苏茨基,约瑟夫(Pilsudski, Józef 1867—1935)——波兰国务活动家,法西斯独裁者。早年参与创建波兰社会党,1906 年起是波兰社会党革命派领导人。第一次世界大战期间统帅波兰军团配合德军对俄作战。1918—1922年是地主资产阶级波兰的国家元首,残酷镇压革命运动。1920 年是波兰进攻苏维埃俄国的积极策划者之一。1926 年 5 月发动军事政变,建立法西斯独裁制度。1926—1935 年任国防部长,1926—1928 年和 1930 年任总理。1934 年与希特勒德国订立同盟。——111、161。

普列奥布拉任斯基,叶夫根尼·阿列克谢耶维奇(Преображенский, Евгений Алексеевич 1886—1937)—— 1903 年加入俄国社会民主工党,布尔什维克。曾在奥廖尔、布良斯克、莫斯科等地做党的工作,多次被捕和流放。1917 年二月革命后在乌拉尔做党的工作,在党的第六次代表大会上当选为候补中央委员。十月革命后做党的工作和军事政治工作。1918 年是"左派共产主义者"。国内战争期间任第 3 集团军政治部主任。1920 年在党的第九次代表大会上当选为中央委员、中央委员会书记。1920—1921 年工会问题争论期间支持托洛茨基的纲领。党的第十次代表大会后任中央委员会和人民委员会的财政委员会主席、教育人民委员部职业教育总局局长、《真理报》编辑等职。1923 年起是托洛茨基反对派的骨干分子。1927 年被开除出党,1929 年恢复党籍,后来被再次开除出党。——17。

## Q

切尔诺夫,维克多·米哈伊洛维奇(Чернов, Виктор Михайлович 1873—1952)——俄国社会革命党领袖和理论家之一。1902—1905 年任社会革命党中央机关报《革命俄国报》编辑。曾撰文反对马克思主义,企图证明马克思的理论不适用于农业。第一次世界大战期间持社会沙文主义立场,曾参加齐美尔瓦尔德代表会议和昆塔尔代表会议。1917 年 5—8 月任临时政府农业部长,对夺取地主土地的农民实行残酷镇压。敌视十月革命。1918 年 1 月任立宪会议主席;曾领导反革命的萨马拉立宪会议委员会,参与策划反苏维埃叛乱。1920 年流亡国外,继续反对苏维埃政权。在他的理论著作中,主观唯心主义和折中主义同修正主义和民粹派的空想混合在一起;企图以资产阶级改良主义的"结构社会主义"对抗科学社会主义。——40、83、86—89、94、101。

瞿鲁巴,亚历山大·德米特里耶维奇(Цюрупа, Александр Дмитриевич 1870—1928)——1891 年参加俄国革命运动,1898 年加入俄国社会民主工党。曾任《火星报》代办员。1901 年起先后在哈尔科夫、图拉、乌法等地做党的工作,屡遭沙皇政府迫害。1917 年二月革命后任俄国社会民主工党乌法统一委员会委员、乌法工兵代表苏维埃委员、省粮食委员会主席和市杜马主席。十月革命期间任乌法军事革命委员会委员。1917 年 11 月起任副粮食人民委员,1918 年 2 月起任粮食人民委员。国内战争时期主管红军的供给工作,领导征粮队的活动。1921 年 12 月起任人民委员会和劳动国防委员会副主席。1922 年起任全俄中央执行委员会和苏联中央执行委员会主席团委员。1922—1923 年任工农检查人民委员,1923—1925 年任国家计划委员会主席,1925 年起任国内商业和对外贸易人民委员。在党的第十二至第十五次代表大会上当选为中央委员。——175、213、223、224、251。

## S

施略普尼柯夫,亚历山大·加甫里洛维奇(Шляпников, Александр Гаврилович 1885—1937）——1901 年加入俄国社会民主工党。曾在索尔莫沃、穆罗姆、彼得堡和莫斯科做党的工作。1905—1906 年两度被捕,1908 年移居国外。第一次世界大战期间在彼得堡和国外做党的工作,负责在党中央国外局同俄国局和彼得堡委员会之间建立联系。1917 年二月革命后任党的彼得堡委员会委员、彼得格勒工兵代表苏维埃执行委员会委员和彼得格勒五金工会主席。十月革命后参加第一届人民委员会,任劳动人民委员,后领导工商业人民委员部。1918 年参加国内战争,先后任南方面军革命军事委员会委员和里海—高加索方面军革命军事委员会主席。1919—1922 年任全俄五金工会中央委员会主席,1921 年 5 月起任最高国民经济委员会主席团委员。1920—1922 年是工人反对派的组织者和领袖。1921 年在党的第十次代表大会上当选为中央委员。后在经济部门担任负责职务。1933 年清党时被开除出党。1935 年因所谓"莫斯科反革命组织'工人反对派'集团"案被追究刑事责任,死于狱中。1988 年恢复名誉。——41、42、48、49、163。

斯帕戈,约翰（Spargo,John 生于 1876 年）——美国社会党人。1901 年起任社会党全国执行委员会委员。1917 年退出社会党,参与创建美国劳工和民主联合会以及民族主义党。反对布尔什维主义。写有一些社会经济问题的著作。——47。

斯图科夫,英诺森·尼古拉耶维奇（Стуков,Иннокентий Николаевич 1887—1936）——1905 年加入俄国社会民主工党。曾在基辅、托木斯克、巴尔瑙尔做党的工作,屡遭沙皇政府迫害。1917 年二月革命后先后任党的彼得堡委员会委员和莫斯科区域委员会委员,参加区域委员会的常务委员会。十月革命期间任莫斯科军事革命委员会委员。一月革命后从事党的工作和苏维埃工作,历任党的莫斯科委员会鼓动宣传部部长、《莫斯科工人报》编辑、《红色处女地》杂志出版社编辑等职。1918 年是"左派共产主义者"。1920—1921 年支持民主集中派。1927 年参加托洛茨基反对派。——147、148。

索柯里尼柯夫（**布里利安特**）,格里戈里·雅柯夫列维奇（Сокольников（Бриллиант）,Григорий Яковлевич 1888—1939）——1905 年加入俄国社会民主工党。1905—1907 年在莫斯科做宣传鼓动工作。1907 年被捕,流放西伯利亚,后从流放地逃走。1909—1917 年住在国外,第一次世界大战期间为托洛茨基的《我们的言论报》撰稿。1917 年二月革命后是党的莫斯科委员会和莫斯科区域局成员、《真理报》编委。在党的第六、第七、第十一至十五次代表大会上当选为中央委员。1924—1925 年为政治局候补委员。1930—1936 年为候补中央委员。十月革命后从事苏维埃、军事和外交工作。1918—1920 年任几个集团军革命军事委员会委员。1920 年 8 月—1921 年 3 月任土耳其斯坦方面军革命军事委员会委员和方面军司令,全俄中央执行委员会和俄罗斯联邦人民委员会土耳其斯坦事务委员会主席。1921 年起任财政人民委员部部务委员、副财政人民委员,1922 年起任财政人民委员,1926 年起任国家计划委员会副主席。1932 年任副外交人民委员。1925 年参加"新反对派",后加入"托季联盟"。1936 年被开除出党。——201。

索凌,弗拉基米尔·戈尔杰耶维奇(Сорин, Владимир Гордеевич 1893—1944)——1917 年加入俄国社会民主工党(布)。1918 年任谢尔普霍夫县委书记,追随"左派共产主义者"。1918—1919 年任东方面军革命法庭庭长,1919—1920 年任莫斯科省委委员。1920—1925 年任俄共(布)莫斯科委员会委员和莫斯科委员会常务委员会委员。1924 年起任俄共(布)中央列宁研究院院长助理,1936—1939 年任马克思恩格斯列宁研究院副院长。——147、148。

## T

塔尔塔科夫斯基,Л.М.(Тартаковский, Л.М. 生于 1886 年)——1902—1917 年为俄国社会民主工党党员,孟什维克。1917—1919 年属社会民主党人国际主义派。1919 年起为布尔什维克党党员。1905—1906 年任敖德萨五金工会理事会理事,1907 年任基辅总工会责任书记。1911—1916 年(有间断)任莫斯科工商业职员工会主席团委员。十月革命后从事工会工作,先后在苏维埃职员工会、全俄工会中央理事会、全俄农林工会和全俄五金工会中央委员会工作。——51。

唐恩(古尔维奇),费多尔·伊里奇(Дан(Гурвич), Федор Ильич 1871—1947)——俄国孟什维克领袖之一;职业是医生。1894 年参加社会民主主义运动,加入彼得堡工人阶级解放斗争协会。1896 年 8 月被捕,监禁两年左右,1898 年流放维亚特卡省,为期三年。1901 年夏逃往国外,加入《火星报》柏林协助小组。1902 年作为《火星报》代办员参加了俄国社会民主工党第二次代表大会的筹备会议,会后再次被捕,流放东西伯利亚。1903 年9 月逃往国外,成为孟什维克。俄国社会民主工党第四次(统一)代表大会和第五次(伦敦)代表大会及一系列代表会议的参加者。斯托雷平反动时期和新的革命高涨年代在国外领导取消派,编辑取消派的《社会民主党人呼声报》。第一次世界大战期间是社会沙文主义者。1917 年二月革命后任彼得格勒苏维埃执行委员会委员和第一届中央执行委员会主席团委员,支持资产阶级临时政府。十月革命后反对苏维埃政权,1922 年被驱逐出境,在柏林领导孟什维克进行反革命活动。1923 年参与组织社会主义工人国际。1923 年被取消苏联国籍。——87。

屠格涅夫,伊万·谢尔盖耶维奇(Тургенев,Иван Сергеевич 1818 — 1883)——俄国作家,对俄罗斯文学语言的发展作出重大贡献。他的作品反映了 19 世纪 30—70 年代俄国社会的思想探索和心理状态,揭示了俄国社会生活的特有矛盾,塑造了一系列"多余人"的形象;这些"多余人"意识到贵族制度的必然灭亡,但对于改变这一制度又束手无策。在俄国文学中第一次描写了新一代的代表人物——平民知识分子。反对农奴制,但寄希望于亚历山大二世,期望通过"自上而下"的改革使俄国达到渐进的转变,主张在俄国实行立宪君主制。——191。

屠拉梯,菲力浦(Turati,Filippo 1857 — 1932)——意大利工人运动活动家,意大利社会党创建人之一,该党右翼改良派领袖。1896—1926 年为议员,领导意大利社会党议会党团。推行无产阶级同资产阶级阶级合作的政策。第一次世界大战期间持中派立场。敌视俄国十月革命。1922 年意大利社会党分裂后,参与组织并领导改良主义的统一社会党。法西斯分子上台后,于 1926 年流亡法国,进行反法西斯的活动。——101。

托多尔斯基,亚历山大·伊万诺维奇(Тодорский,Александр Иванович 1894—1965)——1918 年加入俄共(布)。1918—1919 年是特维尔省韦谢贡斯克县执行委员会委员,曾任《韦谢贡斯克代表苏维埃消息报》和《红色韦谢贡斯克报》编辑。著有《持枪扶犁的一年》一书,得到列宁的高度评价。国内战争时期任旅长和师长,后在一些军事机关担任高级指挥职务。1955

年起为苏军退役中将,从事著述活动。——207。

托洛茨基(**勃朗施坦**),列夫·达维多维奇(Троцкий(Бронштейн),Лев
Давидович 1879—1940)——1897 年参加俄国社会民主主义运动。在俄国
社会民主工党第二次代表大会上是西伯利亚联合会的代表,属火星派少数
派。1905 年同亚·帕尔乌斯一起提出和鼓吹"不断革命论"。斯托雷平反
动时期和新的革命高涨年代,打着"非派别性"的幌子,实际上采取取消派
立场。1912 年组织"八月联盟"。第一次世界大战期间持中派立场。1917
年二月革命后参加区联派,在党的第六次代表大会上随区联派集体加入布
尔什维克党,当选为中央委员。1917 年 10 月 10 日被选入中央政治局。参
加十月武装起义的领导工作。十月革命后任外交人民委员,1918 年初反对
签订布列斯特和约,同年 3 月改任共和国革命军事委员会主席、陆海军人
民委员等职。参与组建红军。1919 年起为党中央政治局委员。1920 年起
历任共产国际执行委员会候补委员、委员。1920—1921 年挑起关于工会问
题的争论。1923 年起进行派别活动。1925 年初被解除革命军事委员会主
席和陆海军人民委员职务。1926 年与季诺维也夫结成"托季联盟"。1927
年被开除出党,1929 年被驱逐出境,1932 年被取消苏联国籍。在国外组织
第四国际。死于墨西哥。——50。

# W

瓦尔克(Вальк)——俄国孟什维克。喀琅施塔得叛乱期间参加所谓的临时革
命委员会。叛乱失败后逃往国外。——86。

万德利普,华盛顿·B.(Vanderlip,Washington B. 生于 1866 年)——美国工业
界代表,工程师。1920 年和 1921 年曾访问苏维埃俄国,建议苏俄和美国签
订堪察加石油和煤炭租让合同。——18、35、46。

威廉二世(**霍亨索伦**)(Wilhelm Ⅱ(Hohenzollern)1859—1941)——普鲁士国
王和德国皇帝(1888—1918)。——223。

乌斯特里亚洛夫,尼古拉·瓦西里耶维奇(Устрялов,Николай Васильевич
1890—1938)——俄国法学家,政论家,立宪民主党的著名活动家。毕业于
莫斯科大学法律系。1916—1918 年任莫斯科大学和彼尔姆大学讲师,为

《俄国晨报》等报刊撰稿。1918—1920 年在西伯利亚任立宪民主党中央委员会东方部主任,曾领导高尔察克政府的出版局。高尔察克匪帮被粉碎后流亡哈尔滨。1921—1922 年为在布拉格和巴黎出版的《路标转换》文集和杂志撰稿,是路标转换派的思想家之一。1920—1934 年任哈尔滨大学教授。1935 年回到苏联后从事教学工作。——204、205。

## X

希尔奎特,莫里斯(Hillquit, Morris 1869—1933)——美国社会党创建人之一;职业是律师。起初追随马克思主义,后来倒向改良主义和机会主义。出生在里加,1886 年移居美国,1888 年加入美国社会主义工人党。该党分裂后,1901 年参与创建美国社会党。1904 年起为社会党国际局成员;曾参加第二国际代表大会的工作。第一次世界大战期间是中派分子。敌视俄国十月革命,反对共产主义运动。——101。

希法亭,鲁道夫(Hilferding, Rudolf 1877—1941)——奥地利社会民主党、德国社会民主党和第二国际机会主义领袖之一,"奥地利马克思主义"理论家。1907—1915 年任德国社会民主党中央机关报《前进报》编辑。1910 年发表《金融资本》一书,对研究垄断资本主义起了一定的积极作用,但书中有理论错误。第一次世界大战期间是中派分子,主张同社会帝国主义者统一。战后公开修正马克思主义,提出"有组织的资本主义"的理论,为国家垄断资本主义辩护。1917 年起为德国独立社会民主党领袖之一。敌视苏维埃政权和无产阶级专政。1920 年取得德国国籍。1924 年起为国会议员。1923 年和 1928—1929 年任魏玛共和国财政部长。法西斯分子上台后流亡法国。——101。

谢姆科夫,谢苗·莫伊谢耶维奇(Семков, Семен Моисеевич 1885—1928)——1903 年加入俄国社会民主工党。曾在俄国一些城市做党的工作。1911 年在列宁领导的隆瑞莫党校(法国)学习。第一次世界大战期间侨居国外。十月革命后做军事和经济工作。国内战争结束后先后任莫斯科工会理事会书记和外高加索工会主席。在党的第十四次和第十五次代表大会上被选入中央监察委员会,后在苏联工农检查人民委员部工作。——148、149。

## Y

叶努基泽,阿韦尔·萨夫罗诺维奇(Енукидзе, Авель Сафронович 1877—

1937)——1898 年加入俄国社会民主工党,布尔什维克。曾在梯弗利斯、巴库、顿河畔罗斯托夫、彼得堡和其他城市做党的工作,屡遭沙皇政府迫害。十月革命期间任彼得格勒军事革命委员会委员。十月革命后在全俄中央执行委员会军事部工作,1918—1922 年任全俄中央执行委员会主席团委员和秘书,1923—1935 年任苏联中央执行委员会主席团委员和秘书。在党的第十三至第十六次代表大会上当选为中央监察委员会委员,在第十七次代表大会上当选为中央委员。——45、175。

伊苏夫,约瑟夫·安德列耶维奇(Исув,Иосиф Андреевич 1878—1920)——俄国社会民主党人,孟什维克。1903 年任俄国社会民主工党叶卡捷琳诺斯拉夫委员会委员,党的第二次代表大会后加入孟什维克,在莫斯科和彼得堡工作。1907 年代表孟什维克参加中央委员会。斯托雷平反动时期和新的革命高涨年代是取消派分子,为《我们的曙光》杂志及其他取消派刊物撰稿。第一次世界大战期间是护国派分子。1917 年任孟什维克的莫斯科委员会委员,进入莫斯科苏维埃执行委员会和第一届中央执行委员会。十月革命后在劳动博物馆工作。——47。

尤登尼奇,尼古拉·尼古拉耶维奇(Юденич,Николай Николаевич 1862—1933)——沙俄将军。1905—1906 年曾在亚美尼亚指挥讨伐队。第一次世界大战初期任高加索集团军参谋长,1915 年 1 月起任高加索集团军司令。1917 年 3—4 月任高加索方面军总司令。1918 年秋侨居芬兰,后移居爱沙尼亚。1919 年任西北地区白卫军总司令,是反革命的"西北政府"成员。1919 年两次进犯彼得格勒,失败后率残部退到爱沙尼亚。1920 年起为白俄流亡分子。——15、110、161。

越飞,阿道夫·阿布拉莫维奇(Иоффе,Адольф Абрамович 1883—1927)——19 世纪末参加俄国社会民主主义运动。1903 年俄国社会民主工党第二次代表大会后是孟什维克。1908 年起和托洛茨基一起在维也纳出版《真理报》。1917 年二月革命后参加区联派,任彼得格勒工兵代表苏维埃委员、第一届中央执行委员会委员。在俄国社会民主工党(布)第六次代表大会上随区联派集体加入布尔什维克党,被选为候补中央委员。十月革命期间任彼得格勒军事革命委员会委员。在党的第七次代表大会上再次当选为候补中央委员。1918 年布列斯特谈判期间先后任苏俄和谈代表团团长和团员,谈判后期为顾问;采取托洛茨基的"不战不和"的立场。1918 年 4 — 11 月任俄罗斯联邦驻柏林全权代表。1919 — 1920 年是同爱沙尼亚、立陶宛、拉脱维亚、波兰进行和谈的代表团成员。1922 — 1924 年和 1924 — 1925 年先后任驻中国大使和驻奥地利大使。1925 — 1927 年追随托洛茨基反对派。—— 50、53。

**本书编审人员　高晓惠　武锡申**

责任编辑：毕于慧

装帧设计：肖　辉　周方亚

责任校对：白　玥

图书在版编目（CIP）数据

列宁论新经济政策/列宁著；中共中央马克思恩格斯列宁斯大林著作编译局编译. —
　　北京：人民出版社，2020.4（2025.9 重印）
（列宁诞辰 150 周年纪念特辑）
ISBN 978－7－01－021947－9

Ⅰ.①列… Ⅱ.①列… ②中… Ⅲ.①列宁著作-新经济政策（苏联） Ⅳ.①A227

中国版本图书馆 CIP 数据核字（2020）第 040307 号

书　　　名　**列宁论新经济政策**
　　　　　　 LIENING LUN XIN JINGJI ZHENGCE

编 译 者　中共中央马克思恩格斯列宁斯大林著作编译局

出版发行　**人民出版社**
　　　　　　（北京市东城区隆福寺街 99 号　邮编 100706）

邮购电话　（010）65250042　65289539

经　　销　新华书店

印　　刷　北京中科印刷有限公司

版　　次　2020 年 4 月第 1 版　2025 年 9 月北京第 3 次印刷

开　　本　787 毫米×1092 毫米 1/16

印　　张　22.25

插　　页　3

字　　数　256 千字

印　　数　10,001－13,000 册

书　　号　ISBN 978－7－01－021947－9

定　　价　49.00 元